초등수학교재연구와 지도

저자소개

유현주
전주교육대학교 수학교육과 교수
서울대학교대학원 수학교육과 교육학박사

나귀수
청주교육대학교 수학교육과 교수
서울대학교대학원 수학교육과 교육학박사

고정화
춘천교육대학교 수학교육과 교수
서울대학교대학원 수학교육과 교육학박사

조영미
공주교육대학교 수학교육과 교수
서울대학교대학원 수학교육과 교육학박사

고은성
전주교육대학교 수학교육과 교수
서울대학교대학원 수학교육과 교육학박사

이동환
부산교육대학교 수학교육과 교수
서울대학교대학원 수학교육과 교육학박사

초등수학교재연구와 지도

초판 발행 2019년 7월 24일
2 쇄 발행 2023년 1월 30일

지은이 유현주, 조영미, 나귀수, 고은성, 고정화, 이동환
펴낸이 최국주
펴낸곳 동명사
출판등록 1950년 11월 1일(제1-76호)
주소 (우 10881) 경기도 파주시 회동길 50(문발동)
전화 031-955-7200(대표)~2, 7203(편집부), 7204(물류)
팩스 031-955-7205
전자우편 webmaster@dmsbook.com
홈페이지 www.dmsbook.com

東明社

ISBN 978-89-411-8206-1 93370
값 20,000원

CONTENTS

제1장

0과 자연수

제2장

분수와 소수

CONTENTS

제4장

측정

CONTENTS

제5장

규칙성

제6장

자료와 가능성

제1장 **0과 자연수**

1. 0과 자연수의 개념

> "자연수는 신이 창조했다.
> 그 나머지 수는
> 인간이 만든 것이다.
>
> –크로네커"

(1) 이론적 배경

수가 언제 어떻게 시작되었는가에 대해 명확한 답을 제시하기는 어렵다. 인류의 역사에 비해 그 흔적을 기록한 역사는 한참 뒤떨어지기 때문이다. 하지만 아무리 원시적인 문화라고 할지라도, 하나와 둘을 구별하는 초보적인 수준의 수에 대한 의식은 있었던 것으로 보인다. 수가 인류의 역사와 문화 속에서 어떤 위치를 차지하였는가 하는 것은 단순히 수가 없는 세상을 상상해보는 것만으로도 충분하다.

학교 교육은 자연수에 대한 학습으로부터 시작되며, 그 이전에도 다양한 형태로 수와 관련된 내용에 대한 습득이 이루어진다. 아이에게 과자를 보여주며 '한 개 줄까?'라고 말할 때, 주위 사람들이 아이에게 관심을 보이며 '몇 살이에요?'라고 물을 때, 자연스럽게 '두 살이요.', '세 살이에요.'라고 하는 상황 속에서 아이들은 수를 경험한다. 의사소통이 더 자유로워지면 아이들의 질문은 폭발적으로 늘어난다. 사물이나 현상을 이해하기 위해 던지는 질문 중 상당수는 수와 관련된 것이다. '우리 집은 3층이에요?', '사과가 다섯 개 있어요.'와 같이 구체적으로 수를 지칭하는 것뿐만 아니라 '오빠 나이가 내 나이보다 많다.'라고 비교할 때에 수의 비교가 함의되어 있다고 할 수 있다. 성장하면서 경험하는 모든 과정은 수에 대한 감각을 키워나가는 과정과 다름없다. 그리고 학교에서 본격적인 수에 대한 학습을 통해 수 개념의 발달을 이루게 된다.

1) 자연수의 의미

역사 속에서 그리고 개인의 인지 발달 과정에서 수 개념은 개수를 중심으로 발달되어 왔다. 하지만 자연수가 다양한 측면으로 설명될 수 있는 복합적인 개념이라는 사실이 오랫동안 여러 학자들에 의해 거듭 논의되어 왔다. 프로이덴탈Freudenthal은 교수현상학적 분석을 통해, 수 개념을 접근 방식에 따라 셈수, 개수, 측정수, 계산수로 구분하였다. 콘프리Confrey는 개념이 단일하거나 불변하는 영원한 것이 아니라 변화하는 것이며 각각이 설명하고자 하는 현상도 다르다는 개념적 변화 이론을 주장하면서 수를 그 예로 들고 있다. 그에 따르면, 수는 집합기수, 순서수, 비, 무한 소수, 점-수 대응, 조작적 수 개념 등으로 구분된다. 손다이크Thorndike는 『산술심리학』이라는 저서에서 자연수의 의미를 계열로서의 의미, 집합으로서의 의미, 비로서의 의미, 관계로서의 의미 등으로 설명하였다. 이러한 수 개념에 대한 다양한 논의들은 수가 하나의 개념으로 규정되기 어려운 복합적인 개념임을 보여준다.

① 집합수

집합수는 가장 오래된 수 개념이면서 가장 현대적인 수 개념으로, "몇 개인가?"라는 질문과 관련된다. 공책 '5'권, 연필 '5'자루 등에서 '5'는 어떤 집합의 원소가 몇 개인가를 나타내는 집합수의 의미로 사용되었다고 할 수 있다. 집합의 수를 결정하는 데 있어 가장 기본적인 조작은 대응이며, 두 집합의 각 원소들 사이에 일대일 대응이 이루어지면 집합의 수는 같다. 집합수는 초등학교에서 수를 도입하는 전형적인 방식이다. 수가 친숙한 대상으로부터 추상화되고, 대응이 아동에 의해 상대적으로 쉽게 학습된다는 점에서 장점이 있다. 하지만 대응 자체만으로는 같은 수의 원소를 가지는지 결정할 수는 있지만 얼마나 많은 원소를 가지고 있는지 결정하지는 못한다. 집합의 수를 결정하기 위해서는 세기 조작이 선행되어야 한다.

② 순서수

일반적으로 수 개념이라고 하면 개수를 먼저 떠올리지만, 일상생활에서 순서수를 상당히 많이 경험하게 된다. 달력의 날짜, 각 기관의 대기 번호표 등하루 일과 중 순서 또는 시간의 흐름과 관련된 일련의 경험이 그것이다. 순서수는 첫째, 둘째, 셋째, 넷째, …를 1, 2, 3, 4와 같이 순서를 나타내기 위해 사용하는 수를 의미한다. 순서수 개념의 가장 현저한 특징은 고유한 순서짓기에 있다. 집합수로서의 수 개념이 원자론적으로 정의된 것과 달리, 순서수 개념은 전체적으로 정의되고, 다른 수와의 관계로 정의된다. 이러한 순서수 개념을 형식화하여 자연수를 정의한 것이 페아노 공리계이다. 이러한 순서수적 측면은 자연수만의 독특성을 보여주며, 자연수의 본질을 드러내 준다. 프로이덴탈은 이러한 순서수 개념을 자연수의 수열인 셈수로 명명한 바 있다.

③ 측정수

측정수는 단위에 대한 배수로서의 수의 의미이다. 일상생활에서 개수를 세는 것도 중요하지만, 길이, 무게, 부피, 시간 등과 같이 양을 측정하는 활동이 매우 중요하다. 측정수는 우리를 둘러싼 다양한 현상을 설명할 때 가장 자주 사용하게 되는 수의 형태이다. 측정은 "얼마나 많은가?"를 나타내는 것이라 할 수 있다. 5m, 5kg, 5mL, 5시간 등에 사용된 5는 연속량을 측정한 결과를 나타내는 측정수이다.

④ 이름수

수를 이용하여 사물에 이름을 붙이거나 분류하기 위한 목적으로 수를 사용하기도 하는데, 이러한 수의 의미를 이름수 또는 명목수라고 한다. 운동선수의 등번호, 자동차의 번호판, 우편번호, 전화번호 등과 같이, 개수나 순서를 고려하지 않고 단순히 대상을 확인하기 위한 정보를 제공하는 것이 이름수이다.

2) 기수법

① 숫자의 탄생

인간의 가장 큰 특징 중의 하나는 언어를 가지고 있다는 점이다. 전달하고 싶은 뜻이 있어도 언어가 없다면 그 뜻을 온전히 담아낼 수 없다. 마찬가지로 수라는 수학적 개념을 전달하기 위해서는 그 표현 양식인 숫자가 필요하다. 종종 이들 용어는 구별되지 않은 채 사용되기도 한다. 한마디로 숫자는 수를 표기하고 나타내는 방법이다. 수는 숫자와 별개로 독립적으로 존재할 수 있지만, 숫자로 인해 더욱 활발하게 소통하고 그 개념적 범주를 확장해나갈 수 있다.

수 개념이 발달해가는 과정에서 수를 일컫는 '말'이 먼저였는지 아니면 수를 나타내는 '표기'가 먼저였는지는 정확히 알 수 없다. 다만 사물의 세기는 말로 하는 수 이름인 수사와 써서 나타내는 수 기호인 숫자와 함께 서서히 발달해왔다. 언어는 구체적인 데에서 추상적인 개념으로 발달해왔으며, 인류는 추상적인 개념으로서의 수의 이름을 만들고 이를 표기하기까지 상당한 시간이 걸렸을 것으로 추정할 수 있다.

한편, 숫자는 언어와 마찬가지로 문화적 성격을 지닌다. 따라서 수를 표기하는 방법 역시 시대와 문화, 언어 등에 따라 다양하게 발달하였다. 인류 문명의 발달을 보여주는 이집트, 바빌로니아, 인도, 중국에서 수를 표기한 흔적이 드러나고 있다. 기원전 4000년 전 이집트와 바빌로니아 지역에서 사용된 원시적인 쓰기 형식은 이전의 그림 문자로 나타낸 기록이 간단한 기호를 이용하는 형식으로 변화되어 갔다는 것을 보여준다. 놀라운 것은 이러한 원시적인 표기 형태 중에 수학에 관한 내용이 다수 포함되어 있다는 점이다. 특히, 고대에 나타난 수학적 표기 형태 중에 두드러진 것은 수를 표현하는 숫자였다.

② 수 표기

각 문명권에서 사용한 수 표기 양식은 다양하게 나타나는데, 수를 표기하기 위해 사용하는 상징화에 따라 그 방식이 구별된다. 주사위나 도미노의 점 패턴과 같이 어떤 하나의 대상에 해당하는 하나의 기호를 반복하는 방식으로부터, 고대 문명권에서와 같이 정확한 기호와 상징을 이용하여 수를 표기한 방식을 거쳐, 인류의 보편적 고안물로서 이용되고 있는 숫자 기호의 사용에 이르렀다.

• 바빌로니아의 수 표기

바빌로니아는 문명의 발달뿐 아니라 수학이 세계에서 가장 일찍 발달한 곳으로 인정받고 있다. 역사상 처음으로 나타난 숫자 역시 바빌로니아 숫자라고 알려져 있다. 이 지역에서는 주로 찰흙을 사용하여 기록하였기 때문에 비교적

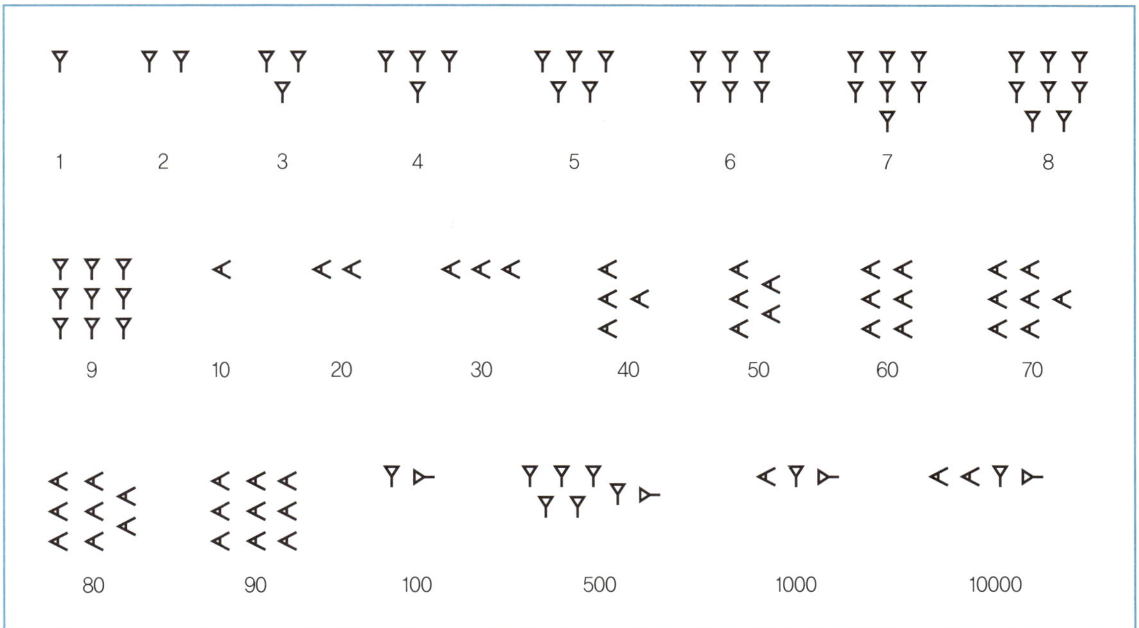

그림 1.1 바빌로니아 수 표기

짧은 시간에 한꺼번에 표현해야 했다. 결국 바빌로니아에서는 찰흙을 긁는 대신 눌러서 자국을 남길 수 있는 세모꼴의 끝을 가진 첨필을 사용하였고, 수를 기록할 때에도 쐐기문자를 이용하였다.

바빌로니아의 수 표기 방식에서는 숫자가 커짐에 따라 쐐기의 개수를 추가하였으며, 일의 자리의 수를 쐐기의 개수로 구분하였다. 꼿꼿하게 선 쐐기가 1을, 옆으로 넓은 쐐기는 10을 나타내었으며, 이것은 1을 나타내는 쐐기 왼쪽에 다섯 번까지 쓸 수 있었다. 이 두 가지 쐐기 모양을 결합하여 다른 모든 수를 나타내었는데, 처음 두 가지 기호를 이용하면 59까지의 수를 나타낼 수 있다. 바빌로니아의 수 표기 방식은 60진법의 위치적 기수법을 사용하였다. 따라서 60은 위치를 왼쪽으로 옮겨 1에 해당하는 숫자를 적어 넣었다. 다만 당시 영0에 대한 기호가 없어서 각 쐐기 묶음이 어느 자리를 나타내는지 구별할 방법이 없었고, 따라서 완벽한 위치적 기수법을 성취하지는 못하였다.

- 이집트의 수 표기

이집트는 통일 국가로 안정된 후 강력한 행정 체계가 발달하였고, 인구 조사, 세금 징수, 군대 징집 등이 이루어지면서 큰 수의 셈이 요구되었다. 이집트는 기원전 3500년경에 이미 발달된 수 체계를 갖게 되었는데, 그들이 사용한 문자 체계는 상형 문자, 곧 그림 문자이었다. 상형 문자로 나타낸 수 기호를 살펴보면, '일'은 막대 또는 지팡이 그림, '십'은 막대를 구부린 모양, '백'은 당시

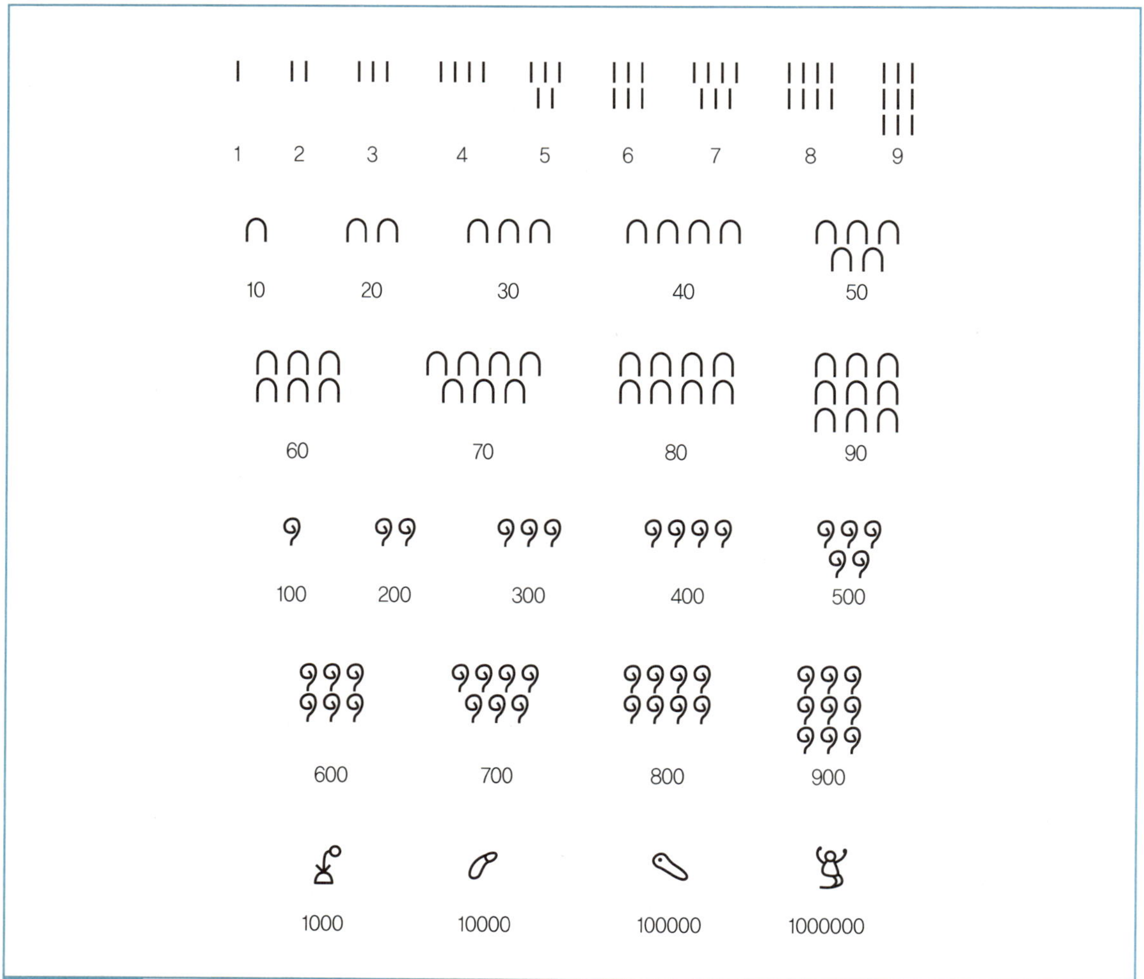

그림 1.2 이집트의 수 표기

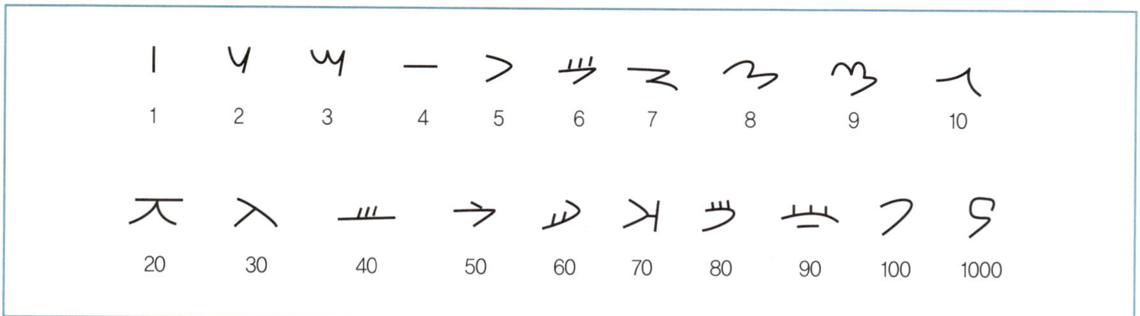

그림 1.3 이집트 신관 문자

백 단위 길이였던 측량용 새끼줄 모양, '천'은 연꽃 모양, '만'은 집게손가락 또는 파피루스의 싹 모양, '십만'은 올챙이를 형상화한 모양, '백만'은 수가 너무 커서 놀란 사람이 손을 번쩍 든 모양, '천만'은 태양의 모습을 그린 것으로 신을 뜻하며 사람의 지혜로는 헤아릴 수 없는 수인 무한대를 뜻하기도 하였다.

수들은 십진법을 바탕으로 이런 기호들을 더하는 방법으로 표현되었다. 일반적으로 오른쪽에 더 큰 단위의 수를 썼으나 기호들을 두세 행으로 배열하여 옆으로 길어지는 것을 방지하기도 하였다. 이는 표현된 수의 값이 쓰여진 상형문자들의 순서에 영향을 받지 않았기 때문에 가능하였다. 이집트는 위치적 기수법을 따르지 않았다. 이후 이집트에서는 기록이 용이하고 그림에 덜 의존하는 간결한 형태의 신관 문자로 표기 형태가 대체되었다. 10의 거듭제곱을 여러 번 반복하여 만든 수를 새로이 만드는 '숫자화'의 작업이 이루어졌다.

• 그리스의 수 표기

기원전 5세기경의 이오니아 사람들은 이집트 신관 문자와 같이 숫자화된 기수법을 사용하였다. 그들은 그리스 알파벳 24자와 당시 페니키아 글자 세 개로 숫자를 만들었다. 27개의 글자는 1부터 9까지의 수와 그 각각의 10의 배수와 100의 배수를 나타내었다. 따라서 1부터 999까지의 모든 수를 세 개의 기호로 표현할 수 있었다. 다만 알파벳을 사용하므로 일상 언어와의 구분이 모호하여

1	α	10	ι	100	ρ
2	β	20	$\varkappa$	200	σ
3	γ	30	λ	300	τ
4	δ	40	μ	400	υ
5	ε	50	ν	500	ϕ
6	ϛ	60	ξ	600	χ
7	ζ	70	o	700	ψ
8	η	80	π	800	ω
9	θ	90	ϙ	900	ϡ

그림 1.4 이오니아 수 표기

1 = I	
5 = Γ(penta) peate(5)의 머리 문자	pentagon (오각형)
10 = Δ(delta) deka(10)의 머리 문자	decameter (10m)
100 = H(hecta)	hectameter (100m)
1000 = X(kilo)	
50, 500, 5000은 수 기호의 조합 500 : ??	

그림 1.5 그리스 수 표기

강세 부호나 연장된 선분을 긋는 등 다른 표현을 첨가해야 했다.

그리스 본토에서는 수 이름의 머리 문자를 사용하는 방식을 취하였는데, 5진법과 10진법을 혼용하는 형식이었다. 이집트 기수법에 비해서는 단순하지만, 다소 복잡하고 일관성이 결여된 측면이 있고, 지필 계산 가능성이 희박하다는 단점이 있었다. 2857은 2857 = ΧΧ𐅅ΗΗΗ𐅄𐅃ΙΙ와 같이 나타내었다.

- 마야의 수 표기

마야는 20을 기본수로 하고 5를 보조 단위로 하는 20진법을 사용하였다. 무엇보다 마야의 수 표기에서 가장 두드러지는 것은 0을 나타내는 기호를 사용했다는 점이다. 마야 수 표기는 위치적 기수법에 근거하여 1, 5, 0을 이용하여 수를 위에서부터 아래로 적어나가는 방식을 이용하였다.

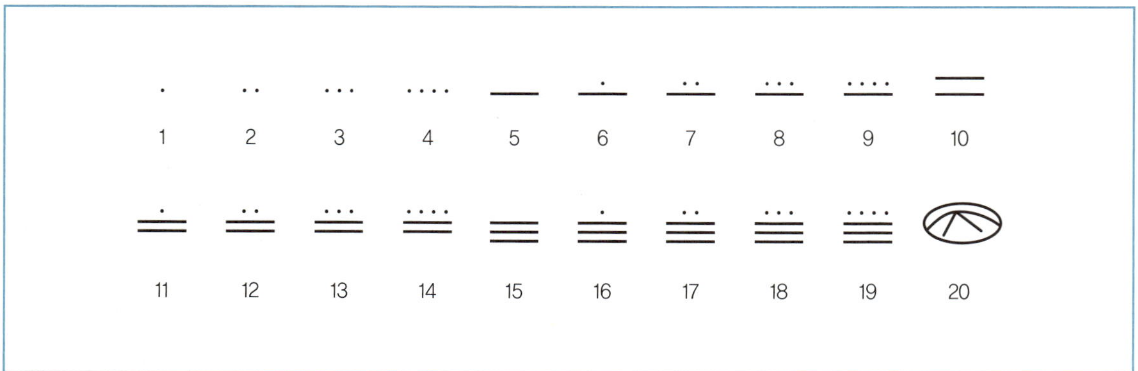

그림 1.6 마야의 수 표기

- 중국의 수 표기

중국의 수 표기를 살펴보면 1부터 4까지의 수는 그 수만큼 막대를 가로로 표기하여 나타내고 5부터 새로운 기호를 만들어 사용하였다. 세월이 지나면서 한자의 형태가 오늘날과 같이 변화되었다.

중국은 밑수에 해당하는 10개의 숫자와 다른 기호 집합인 10^2, 10^3, 10^4, …등의 수 표기를 이용하여 큰 수를 나타내었다. 예를 들어, 3759는 三千七百五十九와 같이 나타내었다.

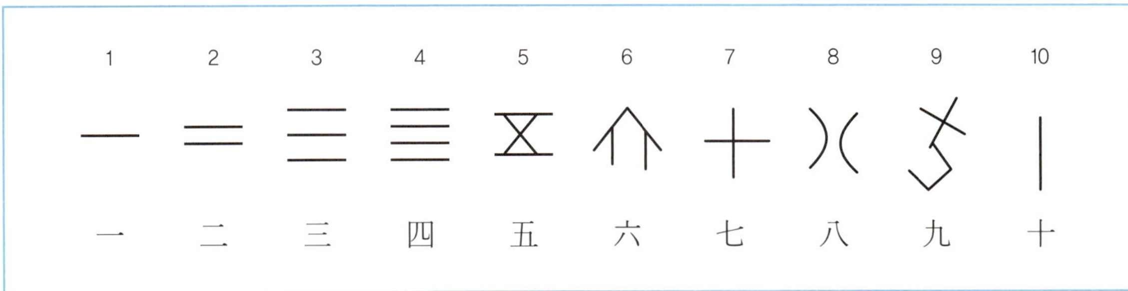

그림 1.7 중국의 수 표기

- 인도 아라비아 수 표기

인도의 수 표기 방식은 현재 전 세계적으로 통용되는 숫자의 기원이 되었지만, 실제로 오랜 시간 변형 과정을 거쳐 왔다. 그럼에도 불구하고 인도 숫자가 현대적 수 표기 방법으로 채택되게 된 데에는 두 가지 원리가 작용하고 있다.

첫째, 자릿수를 정하는 원리를 이용하여 일의 자리에 쓰이는 처음 아홉 개의 기호가 그것들의 10의 거듭제곱의 배수의 기호로도 쓰일 수 있다는 사실이다. 처음 아홉 개의 기호 이외의 기호가 불필요하게 되었다는 사실은 보다 경제적인 표기법으로의 변화를 이끌게 되었다.

둘째, 현대적 기수법으로 옮겨가는 단계에서 가장 긴요했던 기호 0의 도입이다. 인도에서 수를 표기할 때 아홉 개의 기호를 사용하였다는 것은 현대적 기수법에서 빈자리를 나타내는 0의 도입이 이루어지지 않았다는 것을 보여준다. 실제로 가장 오래된 0의 기록은 876년의 비문 가운데 나타난다. 인도의 기수법에서 열 번째 숫자인 0이 도입됨으로써 현대적인 기수법이 완성되었다.

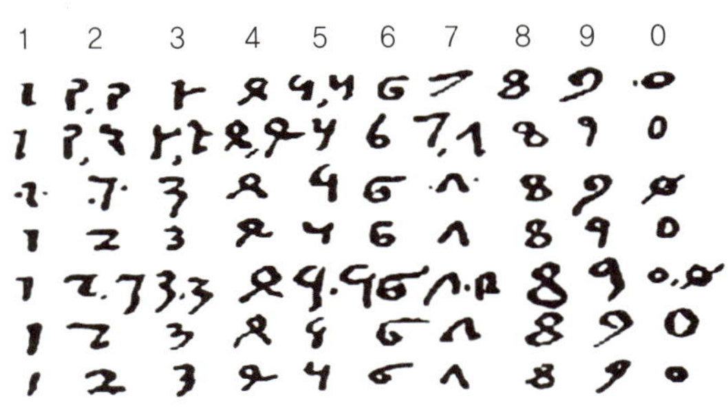

그림 1.8 인도 숫자의 진화

③ 수 표기에 나타난 특징

이집트의 수 표기 방법에 나타난 바와 같이, 기본적인 수 표기를 채택한 후 그러한 수 표기를 반복적으로 되풀이하여 더 큰 수를 나타내는 방법을 가법적 기수법 또는 단순 그룹핑법이라고 한다. 바빌로니아의 수 표기에서도 기본적인 60군 안에서는 단순 그룹핑법이 적용되었다고 할 수 있다. 가법적 기수법의 경우 큰 수를 나타낼 때 많은 공간을 차지하는 단점이 있으나, 직관적으로 수의 크기를 인식하는 데에는 유리하다.

중국의 숫자는 밑수 10이 취해진 후 1, 2, 3, …, 9에 해당하는 一, 二, 三, …, 九와 같은 기호들과 10, 10^2, 10^3, …에 해당하는 十, 百, 千, …등의 기호들을 선택한 후 두 집합의 기호들을 곱하여 더하는 방식으로 큰 수를 표현하게 된다. 이와 같이 기본적인 숫자 기호와 10배, 100배, …등 배를 나타내는 숫자 기호를 조합하여 수를 나타내는 방법을 승법적 기수법이라고 한다.

바빌로니아와 마야의 수 표기, 오늘날의 인도 아라비아 수 표기는 동일한 수 표기가 어느 위치에 있느냐에 따라 서로 다른 값을 나타낸다. 이와 같은 수 표기 방법을 위치적 기수법이라 한다.

3) 명수법

① 수 읽기

개념으로서의 수를 표기로 나타내었다면, 수를 읽는 방법은 어떨까? 아직 문명화되지 않은 시기에는 몸짓으로 수를 표현하는 경우가 많았고, 큰 수를 나타낼 필요성을 느끼지 않아 1, 2 정도, 많아야 3까지를 표현하는 방법을 가지고 있는 경우도 있었다. 작은 수를 나타내는 몇 개의 수사를 반복하여 더 큰 수를 나타내기도 하였다. 예컨대 오스트레일리아와 뉴기니 사이 지방의 원주민은 1을 나타내는 '우라펀'과 2를 뜻하는 '오코사'를 이용하여 3을 '오코사 우라펀', 4를 '오코사 오코사', 5를 '오코사 오코사 우라펀', 6을 '오코사 오코사 오코사'와 같이 나타내기도 하였다. 하지만 문명이 발달하면서 사회가 점점 복잡해지고 큰 수의 필요성이 대두되면서 새로운 수사를 만들어가게 되었다.

한편, 나라마다 사용하는 언어가 다르기 때문에 숫자를 읽는 방식도 사용하는 언어에 따라 다르다. 하나, 둘, 셋, 넷, 다섯, …, 원one, 투two, 쓰리three,

포four, 파이브five, …, 이一, 얼二, 싼三, 쓰四, 우五, …등 숫자를 읽는 방식은 나라마다 다양하다.

우리나라는 우리말 수사와 한자어 수사를 가지고 있다. 1, 2, 3, 4, 5, 6, 7, 8, 9, 10은 하나, 둘, 셋, 넷, 다섯, 여섯, 일곱, 여덟, 아홉, 열과 같이 우리말로 읽을 수도 있고, 일, 이, 삼, 사, 오, 육, 칠, 팔, 구, 십과 같이 한자어 수사로 읽을 수도 있다.

② 큰 수 읽기

큰 수를 만들기 위해 수에 이름을 붙이는 방식은 나라마다 차이가 있다. 우리나라는 일, 십, 백, 천이라는 단위를 기본으로 하고, 더 큰 수를 표현하기 위해 새로운 단위 만, 억, 조 등을 도입하는 방식이다. 이에 반해 미국은 one일, ten십, hundred백을 기본 단위로 하고, 더 큰 수를 표현하기 위해 thousand천, million백만, billion십억, trillion조 등을 도입하는 방식이다. 수의 이름을 붙이는 방식에 있어서 몇 개의 기본 단위를 사용하는가에 따라 장단점이 있을 수 있다. 우리나라와 같이 기본 단위의 수가 많은 경우 새로운 단위가 천천히 도입되지만, 기본 단위의 수가 적은 경우 새로운 단위가 더 일찍 도입되어야 한다.

이러한 명수법에 따르면 우리나라는 큰 수를 읽을 때 네 자리마다 콤마를 표시하면 읽기가 수월하고, 미국은 세 자리마다 콤마를 표시해야 읽기가 더 수월하다. 오늘날은 서구에서 들어온 인도 아라비아 숫자를 채택함으로써 서구적 표기 방식이 도입되어 세 자리마다 콤마를 표시하고 있다. 이 때문에 우리는 큰 수를 읽을 때 다소 불편함을 감수해야 한다.

4) 자연수의 성질

자연수는 유리수, 실수로의 확장에서 기초가 되는 수이다. 따라서 자연수가 가지는 여러 가지 성질을 이해하는 것은 여러 가지 면에서 의의를 가진다. 초등학교 교육과정에서는 홀수와 짝수, 약수와 배수, 소수와 합성수, 그리고 그 성질을 다룬다.

① 홀수와 짝수

자연수의 집합에서는 임의의 자연수 a, $m \in N$에 대하여 $a = mk + r$인 k, $r(k \geqq 0,\ 0 \leqq r < m)$이 유일하게 결정된다. 따라서 $k = 2$인 경우, 임의의 자연수 a는 $a = 2k$ 또는 $a = 2k+1$이 성립한다. $a = 2k$ 꼴일 때, a를 짝수라 하고, $a = 2k+1$ 꼴일 때, 홀수라고 한다. 즉, 홀수와 짝수는 2로 나누었을 때 나머지가 각각 1인 수와 나누어떨어지는 수이다. 용어에 주목해서 보자면, 홀수는 둘씩 짝을 지었을 때 하나가 '홀'로 남는 수이며, 짝수는 모두 '짝'을 이루는 수이다.

② 약수와 배수

- 약수와 배수

자연수의 집합 N에 대하여, a, $b \in N$에 대하여 $b = ac$인 $c \in N$이 존재할 때, a를 b의 약수, b를 a의 배수라고 한다. 초등수준에서는 b가 a로 나누어떨어질 때 a를 b의 약수, b를 a의 배수라고 한다. a, $b \in N$에 대하여, a와 b의 약수를 a, b의 공약수라고 한다. 그리고 공약수 중 가장 큰 수를 최대공약수라 한다. a, $b \in N$에 대하여, a와 b의 배수를 a, b의 공배수라고 한다. 그리고 공배수 중 가장 작은 수를 최소공배수라 한다.

- 배수 판정법

수학적 문제를 해결하는 과정에서 어떤 수가 다른 수로 나누어떨어진다는 것을 알면 문제가 쉽게 해결되기도 하고, 일상생활에서 편리할 때가 많다. 주어진 수가 어떤 수의 배수인지를 판정하는 방법은 다음과 같다.

먼저, 일의 자리의 수가 0, 2, 4, 6, 8과 같이 2의 배수이면, 주어진 수는 2의 배수이다. 일의 자리의 수가 0, 5와 같이 5의 배수이면, 주어진 수는 5의 배수이다. 이는 주어진 식을 전개식으로 나타내면 명확해진다.

$$\begin{aligned} abcde &= a \times 10^4 + b \times 10^3 + c \times 10^2 + d \times 10^1 + e \times 10^0 \\ &= 10 \times (a \times 10^3 + b \times 10^2 + c \times 10^1 + d \times 10^0) + e \end{aligned}$$

다음으로 주어진 수의 각 자리의 수의 합이 3의 배수이면 그 수는 3의 배수이고, 주어진 수의 각 자리의 수의 합이 9의 배수이면 그 수는 9의 배수이다.

$$\begin{aligned} abcde &= a\times10^4+b\times10^3+c\times10^2+d\times10^1+e\times10^0 \\ &= a\times(9999+1)+b\times(999+1)+c\times(99+1) \\ &\quad +d\times(9+1)+e\times10^0 \\ &= 9\times(a\times1111+b\times111+c\times11+d\times1)+(a+b+c+d+e) \end{aligned}$$

한편, 주어진 수의 마지막 두 자리의 수가 4의 배수이면 주어진 수는 4의 배수이고, 주어진 수의 마지막 세 자리의 수가 8의 배수이면 그 수는 8의 배수가 된다.

$$\begin{aligned} abcde &= a\times10^4+b\times10^3+c\times10^2+d\times10^1+e\times10^0 \\ &= 100(a\times10^2+b\times10^1+c\times10^0)+(d\times10^1+e\times10^0) \\ abcde &= 1000(a\times10^1+b\times10^0)+(c\times10^2+d\times10^1+e\times10^0) \end{aligned}$$

주어진 수가 2의 배수이고 동시에 3의 배수이면 그 수는 6의 배수이다.

주어진 수를 일의 자리부터 세 자리씩 묶은 후 차례대로 +, −부호를 붙여 합한 값이 7의 배수이면 주어진 수가 7의 배수가 된다. 이는 $1001 = 7\times11\times13$은 7의 배수이며, $1000 = (1001-1)$이라는 사실로부터 유도할 수 있다.

$$\begin{aligned} abcdefgh &= ab(1000000)+cde(1000)+fgh \\ &= ab(1001-1)^2+cde(1001-1)+fgh \\ &= 1001(ab\times1001-2ab+cde) \\ &\quad +\{ab(-1)^2+cde(-1)^1+fgh(-1)^0\} \end{aligned}$$

③ 소수와 합성수

- 소수와 합성수

덧셈의 관점에서 보면 모든 자연수는 1을 차례로 더해서 얻은 수이다. 따라서 모든 자연수는 1의 합으로 나타낼 수 있다. $6 = 1+1+1+1+1+1$이다.

한편, 자연수를 곱셈의 관점에서 보면 자연수는 차례로 작은 수의 곱으로 분해하여 더 이상 나누어지지 않을 때까지 곱한 수로 볼 수 있다. $6 = 2\times3$이다.

그런데 자연수 중에는 1을 제외한 두 자연수의 곱셈으로 나타낼 수 없는 수가 존재한다. 이처럼 '그 이상 작은 수의 곱으로 분해할 수 없는 자연수'를 소수라고 한다. 덧셈의 관점에서 원자는 1뿐이지만, 곱셈의 관점에서 원자는 소수이다. 자연수는 약수가 하나뿐인 수 1, 약수가 1과 자신뿐인 소수, 약수가 3개 이상인 수라는 3가지 범주로 나눌 수 있다. 약수가 3개 이상인 범주에 속하는 수를 합성수라고 한다. 1을 소수로 간주하면, 어떤 수를 소인수분해해도 반드시 1이 포함되고, 1을 몇 번 곱한 것인지 특정할 수 없는 문제가 발생한다. 따라서 1은 소수도 합성수도 아닌 수로 정한다.

• 소수 찾기

소수는 그 개수가 무한하다. 그리고 흥미로운 사실은 소수의 분포가 아주 변덕스럽다는 점이다. 예컨대, 1과 10 사이에는 4개(2, 3, 5, 7), 21과 30 사이에는 2개(23, 29), 90과 100 사이에는 1개(97), 100과 110 사이에는 4개(101, 103, 107, 109)의 소수가 존재한다. 소수의 분포가 어떤 법칙에 의해 지배받는지, 소수를 계통적으로 찾는 방법은 없는지 등은 수학자들의 관심사이기도 했다. '에라토스테네스의 체'는 소수를 찾는 간단한 방법 중의 하나이다. 1부터 100까지의 수를 차례로 배열한 다음, 소수 2를 남겨두고 2의 배수를 걸러낸다. 걸러지지 않은 수 중 가장 작은 수 3은 그보다 작은 소수인 2로 나누어지지 않으므로 소수가 된다. 소수 3을 남겨두고 3의 배수를 걸러낸다. 이와 같은 방법을 계속해나가면서 걸러내고 남은 가장 작은 수인 소수들을 찾을 수 있다.

(2) 0과 자연수 개념 지도의 실제

1) 수 개념 발달의 기초

① 전-수개념

수와 관련된 어린아이들의 경험은 수 개념 형성 및 기능 발달을 위한 토대가 된다. 이러한 경험을 '전-수개념'이라고 지칭할 수 있는데, 이러한 경험 중 대표적인 것이 분류하기와 규칙 찾기 등이다.

분류하기는 반드시 수와 관련되어 이루어지는 것은 아니지만, 수 세기를 하기 위해 이루어져야 할 선결 요건이다. 예컨대, 어떤 장난감을 세고자 하면, 다른 물건들 사이에서 그 장난감을 구별하여 분류할 수 있어야 한다. 이렇게 분류하게 되면 세어야 할 대상이 정의되고 셀 준비가 된 것이다.

규칙 찾기는 수학의 본질을 잘 드러내는 활동이다. 수학은 다름 아닌 규칙성, 즉 패턴을 찾는 학문이라고 할 수 있다. 예컨대, 모양이나 속성을 일정한 규칙에 따라 배열하는 활동, 주어진 패턴을 보고 그것을 확장시키는 활동 등은 규칙성을 찾는 전형적인 활동이다. 이러한 규칙 찾기는 차후 수 감각, 순서 짓기, 수 세기, 수열의 학습으로 연결될 수 있다.

② 초기 수 개념

본격적인 수 개념이 형성되기 위해서는 수와 관련된 개념적 이해, 양에 대한 성질, 그리고 일반적으로 아동들이 능숙하게 수행할 수 있는 몇몇 활동이 선행되어야 한다. 수의 보존 개념, 비교하기, 순서 짓기, 묶어 생각하기 등이 그러한 범주에 해당한다.

피아제는 일찍이 수와 양의 보존 개념에 관한 실험을 하였다. 그는 모든 수학적인 내용의 이해에는 어떤 것의 보존이 필요한 조건으로 가정되고 있다고 보고 수의 보존이라는 독특한 개념을 도입하였다. 집합의 보존성을 결여할 경우 수 세기가 무의미하게 되고, 일대일대응이 필연성을 잃게 되므로, 보전성의 결여가 곧 수 개념의 결여를 의미하게 된다는 것이다. 수 개념을 이해하기 위한 최소한의 준거로 일대일 대응에 의해 두 집합의 대등성을 보일 수 있어야 하고, 그 대등성이 원소의 배열과 무관하게 보존된다는 것을 이해할 수 있어야 한다는 것이다. 그림 1.9는 그러한 대등성을 확인할 수 있는 예이다. 피아제에 따르면, 아동은 6.5세~7세 경이 되면 자발적으로 일대일 대응에 의한 대등

그림 1.9 집합의 보존성

성을 발견하고 수의 보존을 이해하게 된다.

한편, 아동들은 수 세기를 하기 전부터 작은 수를 인식한다. 보통 '각지' Subitizing라고 하는 이러한 능력은 사물이 몇 개인지를 즉시 인식하는 것이다. 각지는 학령기 초의 아동이 개발시켜야 하는 인지 능력 중 하나이다. 다섯 또는 여섯, 더 나아가 열 개까지의 양을 시각적으로 재빠르게 인식하는 것은 다음 몇 가지 이유에서 중요하다. 사물의 개수를 즉각적으로 인지하는 것은 일일이 세는 것에 비해 시간을 절약하고, 수의 순서 관계를 일찍 인식할 수 있다. 또한 세련된 수 세기 기능을 개발하게 해주고, 덧셈, 뺄셈과 같은 연산을 세지 않고 수행하므로 그 발달이 촉진된다. 주사위나 도미노에 있는 6 또는 12까지의 점 패턴, 수도 등은 개수를 시각적으로 인식하게 해주는 유용한 교구이다. 하지만 사물의 개수가 커질 경우 패턴을 즉각적으로 인지하는 것에 한계가 있다. 따라서 묶음을 이용하여 전체 개수를 인식할 필요가 있다.

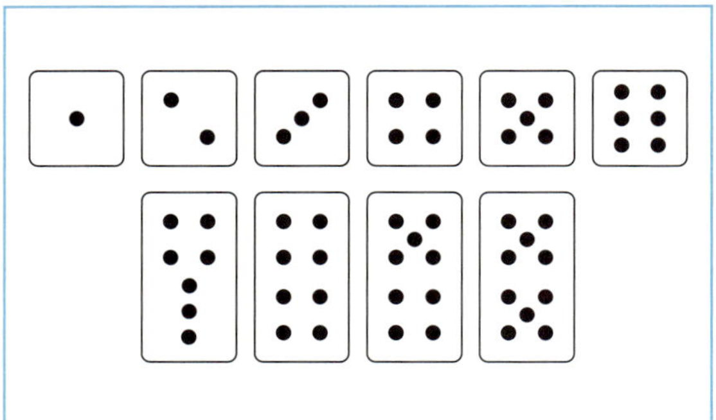

그림 1.10 주사위와 도미노 패턴

양을 비교하는 활동은 수 세기와 수에 대한 지식의 발달에 있어 필수적이다. 양은 직접적으로 비교하거나 일대일 대응 후 나머지를 확인하여 비교하거나 사물의 개수를 세어 비교하는 방법 등이 있다. 이와 같이 비교한 후 그 결과를 '많다', '적다', '같다'와 같은 표현으로 나타내게 된다. 한편, '하나 더 많다'와 '하나 더 적다'라는 개념은 수열을 구성하는 수의 순서 관계를 이해하기 위해 선행되어야 한다. 이와 같이 비교하는 활동을 통해 '하나 더 많다/적다'의 개념은 순서와 연속의 개념, 더 나아가 수 계열을 이해하는 기초가 된다.

2) 100까지의 수

① 자연수 개념 지도

학생들은 학교에 입학하기 전부터 이미 실생활에서 수를 다루며 수 세기 경험을 하게 된다. 자연수를 지도할 때는 이러한 수 세기 경험을 바탕으로 수를 형식화하고 확장한다. 교실에 놓인 물건이나 사진 속의 사물들, 동화 속의 등장인물과 소재 등을 세어보는 활동을 통해 사물의 개수로서의 자연수의 의미를 이해하게 한다.

집합수의 경우, 여러 개의 사물과 하나, 둘, 셋, …과 같은 수사를 대응시켜 마지막 사물에 대응된 수사가 사물의 개수가 된다는 것을 이해하게 한다. 이러한 수 개념을 이해하기 위해서는 모형모델, 수학적 용어, 수학적 기호를 연결하여 지도해야 한다.

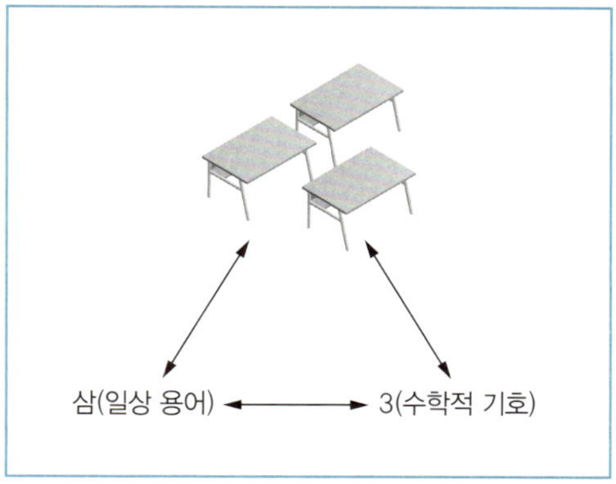

이러한 도식에서는 모형모델과 그 개수를 나타내는 형식적인 수학적 기호가 나타난다. 그런데 수를 나타내는 비형식적 표현 중 하나로 수도數圖는 수 개념을 이해하고 수를 감각적으로 파악하는 데 매우 유용하다. 더욱이 이러한 수도가 일정한 패턴을 가진 것으로 제시될 경우 수에 대한 감각을 기를 수 있고, 수를 분해하고 합성하는 활동을 수행하기 위한 훌륭한 기초가 될 수 있다. 주사위와 도미노 패턴, 십틀에 제시된 수도 등을 사용할 수 있다.

또한 첫째, 둘째, 셋째, …와 같이 세는 활동을 통해 순서를 나타내는 자연수의 의미를 이해하게 한다. 또한 대상의 이름을 나타내는 것으로서의 자연수의 의미를 이해시킨다.

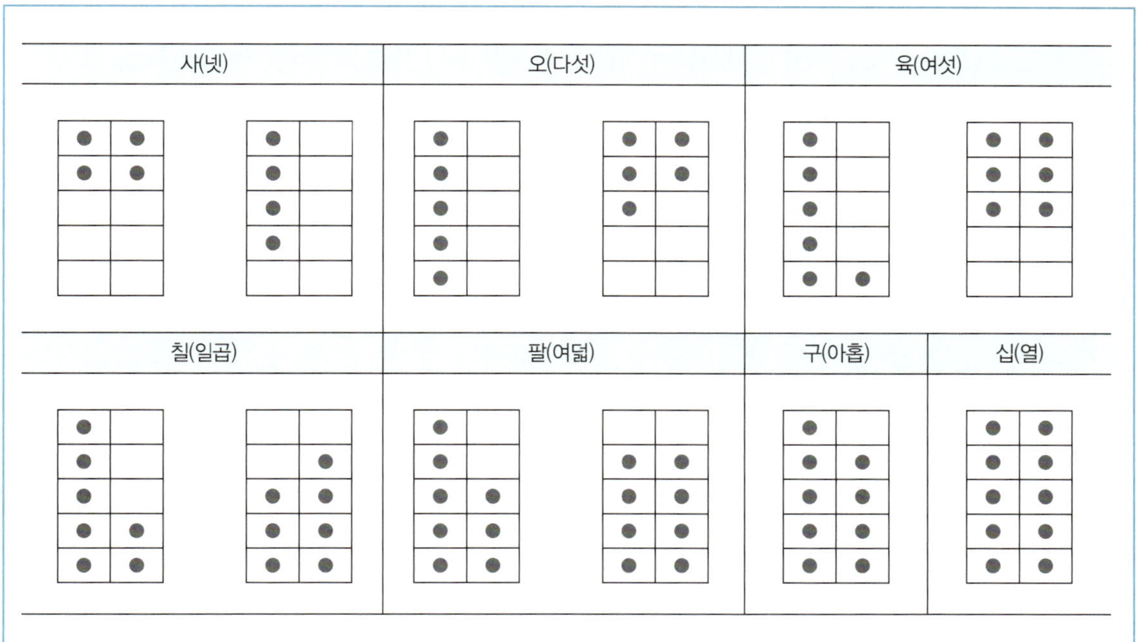

그림 1.11 십틀에 제시된 수도

② **수 읽고 쓰기**

우리나라는 수를 읽을 때 고유어 수사와 한자어 수사를 사용하는 방법을 동시에 사용한다. 이 점은 아동들이 수를 읽을 때 혼란을 겪는 부분이기도 하다. 따라서 수를 세거나 읽는 방법을 지도할 때 이 두 가지 방법을 모두 다루어야 한다. 다만, 고유어 수사를 사용할 경우에는 고유어로만 읽도록 하고, 한자어 수사를 사용할 경우에는 한자어로만 읽도록 한다. 예컨대, 67은 '예순일곱' 또는 '육십칠'로 읽고 '육십일곱'으로 읽지 않도록 한다. '3개', '3명', '3장', '3살', '5kg', '5m', '5L', '5°'를 관습적으로 어떻게 읽는지 생각해보자. 대체로 '세 개', '세 명', '세 장', '세 살', '오 킬로그램', '오 미터', '오 리터', '오 도'로 읽는다. 우리말 수사와 한자어 수사는 그것이 사용되는 맥락이나 방식에 차이가 있다. 한자어 수사는 차례나 번호를 붙일 때, 측정한 값을 나타낼 때, 한자어 단위가 붙을 때 사용한다. 즉, 순서수, 이름수, 연속량의 측정수인 경우 사용한다. 예를 들어 아파트의 동수와 호수를 나타내는 5동 113호, 자기 반을 소개하는 4학년 1반, 특정 물건의 무게를 나타내는 300g 등을 읽을 때 한자어 수사를 사용한다. 이에 반해, 우리말 수사는 개수나 횟수를 나타낼 때, 순우리말 단위가 붙을 때 사용한다. 즉, 이산량과 관련된 집합수를 나타낼 때 사용한다. 예를 들어, 사과 다섯 개, 나이 열두 살 등을 나타낼 때 우리말 수사를 사용한다. 똑같이 나이를 소개할 때에 숫자 뒤에 오는 단위에 따라 같은 수를 다르게 읽어야 하는 상황도 있다. 예컨대, 나이를 말할 때 여덟 살 또는 8팔세라고 말하지만 여덟 세 또는 팔 살이라고 말하지 않는다.

이렇게 수사를 구분해야 하는 이유는 상황에 따라 어떤 수사를 사용하는지에 대한 원칙과 관습이 존재할 뿐만 아니라 어떤 수사를 사용하느냐에 따라 전혀 다른 의미로 해석될 수 있기 때문이다. 예를 들어, 나는 책을 '쉰두52 쪽' 읽었다는 말과 '52오십이쪽' 읽었다는 말은 전혀 다른 의미로 읽힌다. 전자의 경우 횟수 또는 개수를 강조하는 것으로 읽고 있는 책의 1쪽부터 52쪽까지 모두 읽었다는 양의 의미를 나타내는 반면, 후자의 경우는 읽고 있는 쪽 중 52번째 쪽을 읽었다는 순서와 차례의 의미를 강조하는 표현이다. '3번'을 '세 번'으로 읽으면 횟수를 나타내지만, '삼번'이라고 읽으면 반 번호와 같이 이름수를 나타내게 된다. '5학년'을 '오학년'으로 읽으면 이름수를 의미하고, '다섯 학년'이라고 읽으면 학년이 다섯 개 있다는 집합수를 의미하게 된다. 따라서 수사를 정확히 사용하여 수를 정확히 읽어야 수가 나타내는 정확한 의미를 표현할 수 있다.

숫자는 필순과 모양을 지도하되 다음과 같이 바른 순서로 쓸 수 있도록 한다. 다만 어린 아동의 경우 미세한 근육이 발달하지 못하고, 눈과 손 사이의 조정 능력이 부족하여 숫자 쓰기를 어려워할 수 있다. 이런 아동에게는 성급하게 기호화를 강요하여 좌절과 불안을 유발하기보다 수 개념에 더 초점을 맞추도록 해야 한다.

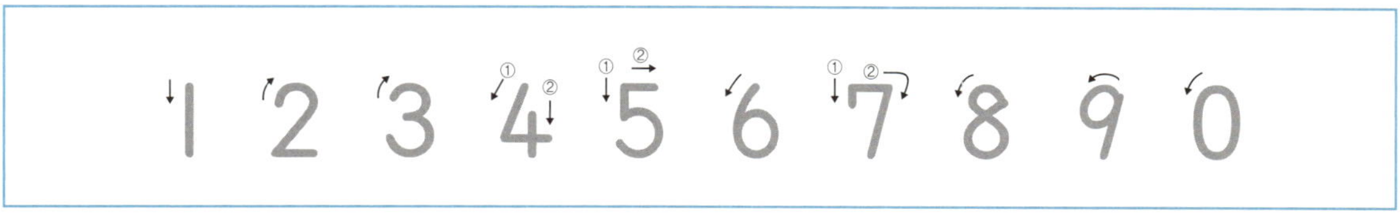

③ 수 세기

수 세기는 수의 값을 부르는 과정이다. 수 세기를 하는 과정은 하나부터 시작하여 일련의 수 이름을 순서대로 말하는 행위와 수의 이름을 말할 때 사물을 하나씩 대응시키는 행위로 이루어진다. 따라서 수를 세기 위해서는 수 이름과 수의 순서를 알고 있어야 한다. 이처럼 수 세기 활동에 포함된 인지적 작용과 선행 조건을 생각할 때, 이러한 수 세기 능력이 수년에 걸쳐 순차적으로 발달해 가는 과정임을 간과해서는 안 된다. 수 세기 과정은 기본적으로 다음과 같은 원리가 요구된다.

첫째, 일대일 대응의 원리이다. 세어지는 대상에는 하나의 수 이름이 할당된다. 즉, 대상과 수 이름 사이에 일대일 대응을 할 수 있어야 한다는 것이다. 둘째, 순서화된 수 이름의 원리이다. 대상을 셀 때 수 이름은 정해진 순서대로 사용해야 한다. 셋째, 순서 무관의 원리이다. 수 이름은 순서대로 명명해야 하지만, 세고자 하는 대상의 순서는 고정되어 있지 않다. 각각의 대상을 한 번씩 세기만 하면 된다. 넷째, 기수의 원리이다. 대상의 개수는 마지막 대상을 셀 때 사용한 수 이름이다. 다섯째, 추상의 원리이다. 셀 수 있는 대상은 그것이 어떤 사물인지에 상관없이 셀 수 있고, 구체적인 사물뿐만 아니라 상상의 것도 셀 수 있다. 이러한 수 세기의 원리를 정확하게 인지하지 못하는 경우 다양한 오류를 보이게 된다. 예컨대, 대상을 정확하게 대응시켜 갈 수 있지만 수 이름의 순서를 올바르게 하지 못하는 경우, 순서는 옳으나 대상과 수 이름을 일대일로 대응시키지 못하는 경우 등이 그러한 예이다. 이처럼 수 세기에서는 대상과 수 이름을 차례대로 일대일 대응시킬 수 있어야 기계적인 수 세기를 탈피하여 올바른 수 세기로 나아가게 된다.

수 세기는 구체물에서 시작하여, 수직선, 수 배열표 등을 이용하여 앞으로 세기, 거꾸로 세기, 뛰어 세기 등을 학습하는 것으로 나아가게 된다. 앞으로 세기는 어떤 수에서 시작하여 수가 커지는 방향으로 수의 이름을 말하며 세는 방법이다. 거꾸로 세기는 어떤 수에서 시작하여 수가 작아지는 방향으로 수의 이름을 말하며 세는 방법이다. 앞으로 세기는 덧셈의 발달에, 그리고 거꾸로 세기는 뺄셈의 발달에 핵심적인 전략이므로 능숙하게 셀 수 있도록 해야 한다. 이러한 세기를 연습하기 위한 자료로 달력이나 수 배열표를 활용할 수 있다. 수직선 역시 수의 순서를 시각적으로 보여주고, 시작점으로부터 도착점까지 앞으로 또는 거꾸로 셀 수 있는 훌륭한 모델이다. 다만 수직선을 이용한 세기에서는 두 점 사이의 '간격'을 세어야 함에도 불구하고, 두 점 사이에 있는 '점' 또는 시작점과 도착점을 포함한 점의 개수를 세는 오류를 범하기 쉽다. 따라서 수직선 모델에서는 그 점을 명확히 지도할 필요가 있다.

뛰어 세기는 수 이름을 하나씩 말하는 대신 둘씩, 다섯씩, 열씩 등 특정한 값만큼씩 말하면서 세는 방법이다. 뛰어 세기에서도 앞으로 세거나 거꾸로 셀 수 있다. 뛰어 세기는 동전 세기와 같이 금전 거래에서 흔히 사용하게 되는 매우 중요하고 유용한 기능이다. 또한 이후 학습하게 되는 곱셈의 기초가 되는 동수누가의 경험을 제공한다. 뛰어 세기를 위한 활동 역시 구체물, 수직선, 수 배열표 등을 이용하여 할 수 있다.

④ 자릿값에 따른 수의 크기 비교

수의 크기 비교는 구체물의 개수를 세어 많고 적은 것에 대해 생각해보게 하는 것으로 시작한다. 수틀 또는 수판에 사물의 개수를 동그라미로 나타낸 후 대응관계를 이용하여 많고 적음을 비교해보게 할 수 있다. 구체물의 많고 적음을 비교하는 활동은 추상적인 수를 비교하는 활동으로 이어진다. 물건의 수를 비교할 때는 '많다', '적다'로 말하지만, 수를 비교할 때는 '크다', '작다'로 말한다는 점에 유의하도록 한다.

수의 순서는 1 작은 수와 1 큰 수, 10 작은 수와 10 큰 수 등을 찾는 활동을 통하여 이해시킬 수 있다. 그리고 이는 곧 수의 계열에 대한 이해로 나아갈 수 있게 해준다. 수 배열표는 수의 순서와 수 계열을 이해하는 모델로 활용할 수 있다.

1	2	3	4	5	6	7	8	9	10
11	12	13	14	15	16	17	18	19	20
21	22	23	24	25	26	27	28	29	30
31	32	33	34	35	36	37	38	39	40
41	42	43	44	45	46	47	48	49	50
51	52	53	54	55	56	57	58	59	60
61	62	63	64	65	66	67	68	69	70
71	72	73	74	75	76	77	78	79	80
81	82	83	84	85	86	87	88	89	90
91	92	93	94	95	96	97	98	99	100

그림 1.12 수 배열표

⑤ 수의 합성과 분해

10 이하의 수 범위에서 수를 합성하고 분해하는 것은 구체물을 이용하여 주로 하게 된다. 10 이하의 수를 두 수로 분해하거나 두 수를 하나의 수로 합성하는 것은 자연수 학습에서 가장 중요한 기능 중 하나로 아무리 강조해도 지나치지 않다. 수의 합성과 분해는 유연한 수 감각을 기르고, 주어진 수에 대한 보수 관계를 이해하게 함으로써 이후 덧셈과 뺄셈 학습의 중요한 기초가 된다. 수의 합성과 분해는 구체물이나 손가락을 다양한 방법으로 가르고 모으는 활동, 점 패턴을 통한 다양한 게임, 수 기준을 활용한 활동 등을 통해 연습할 수 있다.

점 패턴을 통한 게임으로는 주사위의 눈을 활용한 구성요소와 핵심 구성요소 게임을 들 수 있다. 6의 눈을 스티커로 가린 주사위 두 개를 던져 나온 수 패턴을 도미노 모양의 게임판에 그려 넣으면서 각각의 수를 말하고, 그려진 도미노 전체의 값, 즉 두 주사위의 합을 말하는 게임이다. 이때, 더블 패턴이나 두 눈의 수의 차이가 1인 관계를 큰 소리로 말해보게 한다. 나온 두 주사위의 눈을 보면서 "7의 구성요소는 2와 5입니다", "9의 핵심 구성요소는 4와 5입니다", "8의 핵심 구성요소는 4와 4입니다"라고 말하게 한다.

오틀5×1 배열이나 십틀5×2 배열 역시 수를 다양하게 표현할 때 구성될 수 있는 관계들을 나타냄으로써 수의 합성과 분해를 이해하는데 도움이 된다. 이러한 게임과 활동들은 수를 융통성 있게 생각하게 하고, 이를 통해 수 감각을 증진시킨다.

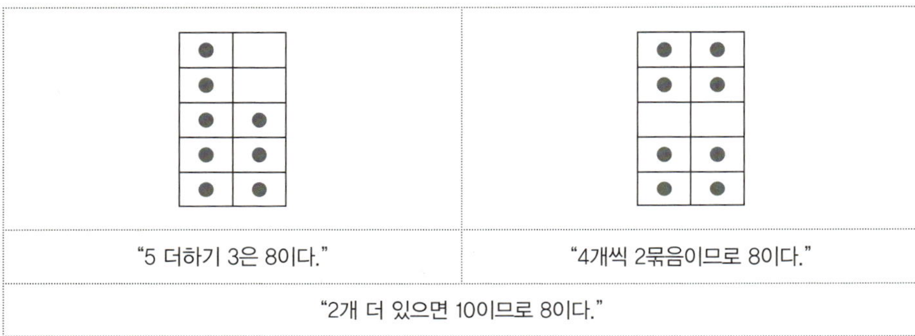

그림 1.13 8에 대한 다양한 이해

수의 합성과 분해에서 가장 특별한 경우는 10의 분해와 합성이다. 우리가 사용하는 수 체계는 10을 기본으로 하는 십진법 체계이기 때문이다. 따라서 십틀은 수에 대한 묶음 인식을 개발하고, 자릿값을 이해하게 하는 데 가장 효과적인 모델이 된다.

3) 자릿값과 수의 확장

① 위치적 기수법

인도-아라비아 수 체계를 채택하고 있는 우리의 수 표기 방식은 위치적 기수법이고, 밑을 10으로 하는 십진법을 기본으로 한다. 따라서 0부터 9까지 수가 기본수로 작용하며, 10은 새로운 모임을 결정하는 값이다. 10을 만들게 되면 위치가 바뀌게 되는데, 이때 숫자의 위치가 나타내는 값이 자릿값이다. 0은 해당하는 자리에 아무것도 없음을 나타낸다. 한편, 수는 확장된 표기법인 전개식으로 나타낼 수 있는데, 각 자릿값의 합으로 표현된다.

$$36947 = 3 \times 10000 + 6 \times 1000 + 9 \times 100 + 4 \times 10 + 7$$

② 자릿값의 원리 지도

자릿값은 수에 대한 감각을 형성해나가는 과정에서 그리고 큰 수로 확장해나가는 과정에서 수를 이해하고 의미를 형성하는 데 핵심적이고, 우리 수 체계의 근간을 이루는 개념으로서 매우 중요한 기본 개념이다. 자릿값은 수 세기에서 조직적인 구조를 제공하게 되는데, 9에서 10으로, 99에서 100으로, 999에서 1000으로의 넘어가는 과정에서 기호적으로 또는 언어적으로 중요한 역할을 하게 된다. 또한 9에 1을 더하여 10을, 99에 1을 더하여 100을, 999에 1을 더하여 1000이 되는 덧셈의 과정에서 자릿값의 변화를 경험하게 된다. 십진법 체계에서는 각 자리의 값이 10의 거듭제곱을 나타내게 된다. 두 자릿수, 세 자릿수 등으로 수를 확장하는 가운데 위치적 기수법과 함께 자릿값을 이해하게 된다.

자릿값 개념을 발달시키기 위해서는 묶기와 교환하기에 대한 명백한 규칙을 이해할 수 있도록 도와주는 활동을 제시할 필요가 있다. 수모형 활동, 즉 낱개 모형 10개를 묶어 십모형 1개로, 십모형 10개를 묶어 백모형 1개로 교환하는 활동을 들 수 있다. 자릿값 개념을 개발하는 데 도움이 되는 자료는 비묶음 자료와 묶음 자료 두 가지 유형이 있다. 콩이나 블록, 빨대 등이 산재해 있는 경우 비묶음 자료이며, 이들 자료를 10개씩 한 묶음으로 만들게 되면 묶음 자료가 된다. 자릿값 개념을 형성하는 데 있어 구체적 자료를 이용한 실제적 경험이 필수적이며, 이들 사이의 관계를 언어적으로 표현해보게 하는 것이 중요하다. 비묶음 자료는 묶기 활동과 관련하여 중요한 경험을 제공한다. 다만 수량이 증가할 경우 묶음 모델을 사용하는 것이 보다 효과적이다. 묶기 활동은 미지의 수량을 해석 가능한 형태로 조직하는 방법을 제공한다는 점에서 중요하다.

한편, 자릿값 모델은 비례적 모델도 있고, 비비례적 모델도 있다. 예컨대, 수 모형, 연결큐브, 빨대 등은 십에 해당하는 물건의 크기가 일에 해당하는 물건의 크기의 10배가 되는 비례적 모델이다. 반면, 십 원짜리 10개는 백 원짜리 1개와 크기가 같지 않지만 그 값은 같다. 동전이나 위치에 따라 값이 다르게 설정된 주판과 같이 그 크기가 값에 비례하지 않는 것은 비비례적 모델이다. 일반적으로 아동들은 비례적 모델을 통해 묶음과 교환의 의미를 보다 쉽게 이해한다.

자릿값 개념을 확실히 익히기 위해 십 모델과 일 모델이 필요하다. 예를 들어, 연결큐브를 사용하여 23은 다음과 같은 몇 가지 다른 방식으로 표현할 수 있다.

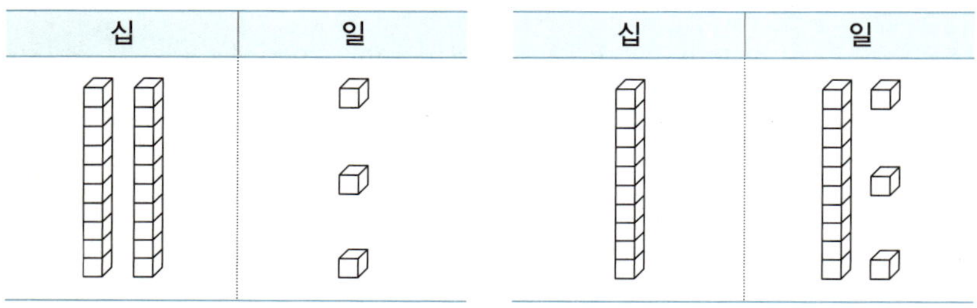

그림 1.14 23에 대한 서로 다른 표현

이때 주어진 양을 최소한의 개수로 나타내는 것이 자릿값에서는 매우 중요하다. 그리고 그러한 조건을 만족시키기 위해서는 각 자리에 해당하는 물건의 개수가 10개를 넘으면 교환해야 한다는 것을 이해해야 한다.

자릿값 판 위에 물건을 직접 놓아보는 활동이 매우 유익한데, 이는 구체적 모델로부터 기호적 표현으로 진행하도록 하는 데 도움을 주기 때문이다. 이 두 가지 표현을 서로 바꾸어보고 모델을 언어로 설명하는 과정을 반복하게 해야 한다. 또한 구체적 모델을 유창하게 말할 수 있는 단계가 되면 다양한 방식으로 주어진 수를 설명해보도록 한다. 이러한 활동은 14와 41의 차이를 혼동하지 않도록 도와준다. 또한 14, 41과 같이 순서가 바뀐 수를 구체적 모델을 통해 나타내보도록 하는 것은 사용되는 숫자는 같지만 자릿값 때문에 그 크기가 다르다는 점을 시각적으로 보여주어 자릿값의 의미를 공고히 해줄 수 있다. 특히 자릿값과 관련하여 아동들은 흔히 '오십삼'을 503이라고 쓰거나 '백삼십구'를 100309로 쓰는 오류를 범하곤 하는데, 수를 자릿값 판 위에서 수모형으로 나타내보고 그것을 수로 기록하게 하는 것은 오류를 예방하는데 도움을 줄 수 있다.

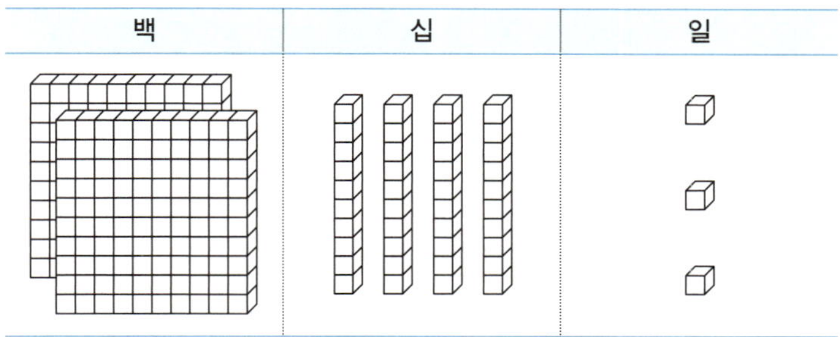

또한 위의 활동에서 구체물을 확장된 식으로 표현해보는 활동은 각 자리의 수가 나타내는 크기를 기호와 연결시켜준다는 점에서 의미가 있다.

자연수의 학습이 다섯 자리 이상의 수로 확장될 경우 자릿값 개념의 확장에서 중요한 변화가 나타난다. 우리나라는 수를 읽을 때 네 자리마다 마디를 끊어서 읽는 방식을 채택하고 있다. 따라서 자릿값 판이 다음과 같은 방식으로 확장되며, 이때 각각의 마디는 만, 억, 조로 읽고, 각 마디 안의 수는 천, 백, 십, 일로 읽는다.

조				억				만				일			
천	백	십	일	천	백	십	일	천	백	십	일	천	백	십	일

2. 0과 자연수의 연산

(1) 이론적 배경

아동들은 일상의 다양한 문제 상황 속에서 자연스럽게 사칙연산을 접하게 된다. 그리고 실제로 해보기, 구체적인 모델 사용하기, 그림 그리기 등을 활용하여 계산하면서 연산의 의미를 개발하기 시작한다. 덧셈과 뺄셈, 곱셈과 나눗셈은 서로 역연산 관계에 있다. 또 곱셈이 동수누가로서 덧셈과 관련되며, 나눗셈이 동수누감으로써 뺄셈과 관련된다. 이들 상호 간의 연관성은 수업을 통해 개발되어야 한다.

1) 사칙연산의 수학적 의미

사칙연산은 수학적으로는 이항연산으로서 두 원소 a, b를 원소 c에 대응시키는 사상이다. 즉, 집합 A, B, C가 주어졌을 때, A와 B의 곱집합 A×B에서 C로의 사상이다. 따라서 자연수의 연산은 자연수 집합의 두 원소의 순서쌍 (a, b)를 한 원소 c로 대응시키는 것이며, 덧셈은 (a, b)를 $a+b=c$로, 뺄셈은 (a, b)를 $a-b=c$로, 곱셈은 (a, b)를 $ab=c$로, 나눗셈은 (a, b)를 $a\div b=c$로 대응시키는 것이다.

2) 덧셈과 뺄셈 상황

덧셈과 뺄셈은 서로 역연산의 관계에 있는만큼 유사한 상황에서 두 연산이 설명될 수 있다. 일상생활에서 덧셈이 이루어지는 상황은 크게 합병과 첨가라는 두 가지 상황으로 설명된다. 합병은 별도의 물리적 행동이 수반되지 않는 정적인 상황이며, 따라서 동시적이다. 예컨대, '성희는 풍선을 3개 가지고 있고, 주희는 풍선을 5개 가지고 있습니다. 두 사람은 몇 개의 풍선을 가지고 있습니까?'라는 문제가 제시하는 상황이다. 반면, 첨가는 물리적 행동이 수반되는 동적인 상황이며, 따라서 순차적이다. 예컨대, '성희가 풍선을 5개 가지고 있었습니다. 그런데 주희가 성희에게 풍선을 2개 주었습니다. 성희는 몇 개의 풍선을 가지고 있습니까?'라는 문제가 제시하는 상황이다.

뺄셈이 이루어지는 상황은 크게 제거구잔, 비교구차, 동치부분-전체라는 세 가지 상황으로 설명된다. 제거 상황은 주어진 양에서 특정한 양만큼을 제거한 다음 남은 양이 얼마인지를 알아보는 동적이고 순차적인 상황이다. '선경이는 바둑알이 8개 있었습니다. 그중 3개를 상진이에게 주었습니다. 몇 개가 남았습니까?'라는 문제가 제시하는 상황이다. 이 뺄셈 상황은 조작적이어서 아동들이 학습하기 가장 쉬운 상황이다. 비교 상황은 두 양을 서로 일대일대응 시킨 다음 그 차이를 구하는 상황이다. '검은색 바둑돌이 7개 있고, 흰색 바둑돌이 3개 있습니다. 검은색 바둑돌은 흰색 바둑돌보다 몇 개나 더 많습니까?'라는 문제가 제시하는 상황이다. 동치 상황은 전체 양과 부분의 양을 알고 있을 때 나머지 부분의 양을 구하는 상황이다. 뺄셈 상황에서는 한 집합이 논리적으로 두 개의 부분집합으로 분리될 수 있으므로 동치 상황이 나타난다. '선우는 풍선을 5개 가지고 있습니다. 그 중 3개는 빨간색이고 나머지는 파란색입니다. 파란색 풍선은 몇 개입니까?'라는 문제가 제시하는 상황이다.

3) 곱셈 상황

곱셈 상황은 대략 묶음, 비교, 조합, 넓이와 배열, 비율과 관련된 상황으로 설명된다.

묶음은 가장 기본적이고 일반적인 곱셈 상황으로 같은 개수씩 묶어 놓은 집합을 동수누가로 처리하는 상황이다. 집합의 개수와 크기가 제시되고 전체 개수를 구해야 할 때 덧셈을 통해 해결할 수 있는 상황이다. '지수가 20장씩 묶여있는 색종이 3묶음을 가지고 있습니다. 색종이는 모두 몇 장입니까?'라는 문제가 제시하는 상황이다.

비교는 뺄셈에서와 같이 두 집합의 크기를 비교하는 상황인데, 뺄셈에서는 두 집합의 차이를 구하는 것이었다면, 곱셈에서는 한 집합이 다른 집합의 몇 배인가를 찾는 것이다. '지영이는 연필을 5자루 가지고 있고, 민영이는 지영이의 3배를 가지고 있습니다. 민영이가 가지고 있는 연필은 몇 자루입니까?'라는 문제가 제시하는 상황이다. 이 문제에서는 민영이가 지영이보다 '몇 자루 더' 가지고 있는가 하는 정보가 아니라 '몇 배'라는 정보가 중요하게 작용한다.

조합은 서로 다른 두 집합 또는 두 유형의 항목이 주어져 있을 때, 그들을 짝지을 수 있는 모든 경우의 수를 구하는 상황이다. 이는 두 집합의 원소로 이루어진 순서쌍을 구하는 것과 같다. '영기는 상의 3가지와 하의 2가지를 가지고 있습니다. 상의와 하의를 한 벌로 입을 수 있는 방법은 몇 가지입니까?'라는 문제가 제시하는 상황이다.

넓이와 배열은 가로와 세로를 곱해서 직사각형의 넓이를 구하는 것이 보여주는 상황이 전형적이다. 직사각형의 넓이는 단위가 되는 정사각형으로 나누어 그 단위가 얼마인지를 구하게 되는데 이때 개수를 세는 대신 곱해서 그 값을 구하게 된다. '가로가 4cm, 세로가 3cm인 직사각형이 있습니다. 이 직사각형의 넓이는 얼마입니까?'라는 문제가 제시하는 상황이다. 배열은 묶음의 상황을 넓이 모델로 시각화할 수 있는 상황이다. 주어진 대상이 직사각형으로 가지런히 정렬되어 있을 때 전체가 얼마인지 알아보는 상황이다. '타일을 한 줄에 다섯 장씩 세 줄을 깔았습니다. 타일을 모두 몇 장 깔았습니까?'라는 문제가 제시하는 상황이다.

비율은 비율과 항목의 수가 주어졌을 때 전체의 값을 구하는 상황이다. '1병에 600mL 들어 있는 사이다가 5병 있습니다. 사이다는 모두 몇 mL입니까?'라는 문제가 제시하는 상황이다. 비율은 묶음 상황에 비해서는 다소 어렵지만, 곱셈을 다양하게 이해하고 해석하기 위해 경험시켜야 할 곱셈 상황이다.

4) 나눗셈 상황

나눗셈이 이루어지는 상황은 크게 등분과 측정포함으로 나눌 수 있다. 등분은 전체를 똑같은 양으로 나누었을 때, 나누어진 부분의 크기, 즉 단위의 크기가 얼마인지를 묻는 상황이다. '민수는 카드를 40장 가지고 있습니다. 친구 4명에게 똑같이 나누어 주려고 합니다. 한 사람에게 몇 장씩 나누어 주어야 합니까?'라는 문제가 제시하는 상황이다. 등분 상황에서는 전체가 모두 소진될 때까지 순차적으로 분배하게 되며, 그 과정을 통해 단위의 크기가 얼마인지를 확인하게 된다.

측정포함은 전체를 단위로 측정하면 단위가 몇 번 포함되는지 그 수를 묻는 상황이다. '카드 40장을 한 사람에게 5장씩 나누어주면 몇 사람에게 나누어 줄 수 있습니까?'라는 문제가 제시하는 상황이다. 이러한 상황에서는 주어진 양이 다 소진될 때까지 단위만큼씩 덜어내어 몇 번을 덜어내었는지를 확인하게 된다. 단위가 몇 번 포함되는가를 확인하게 된다는 점에서 포함제라고도 한다. 등분 상황과 측정 상황은 서로 다른 의미가 있지만, 계산이라는 측면에서 같은 나눗셈으로 통합된다.

나눗셈 상황과 관련하여 중요한 것은 아동들이 등분 상황이나 측정 상황을 판단할 수 있는지보다는 주어진 상황이 나눗셈을 요구하는 상황임을 판단할 수 있는가이다. 그리고 그러한 판단을 할 수 있도록 하기 위해서는 아동들이 두 가지 유형의 나눗셈 상황을 제대로 인식하도록 돕는 것이 필요하다.

5) 연산의 성질

사칙연산은 이항 연산, 즉 두 수로 이루어진 순서쌍을 하나의 수로 대응시키는 함수로 정의된다. 이러한 연산이 가지는 수학적 성질을 정확히 진술하거나 그 이름을 지도할 필요는 없지만, 각 성질의 의미와 그것이 언제 적용되는지 이해하는 것은 사칙연산을 하는 데 도움이 된다.

① 닫혀있다.

연산의 결과가 본래의 집합에 속할 때 그 연산은 주어진 집합에 대하여 닫혀 있다고 한다. 자연수 집합에 들어 있는 임의의 두 수를 더하거나 곱하면 그

값이 자연수가 되기 때문에 자연수는 덧셈과 곱셈에 대하여 닫혀 있다. 하지만 3−5, 3÷5와 같이 두 자연수에 대한 뺄셈과 나눗셈의 결과가 반드시 자연수가 되는 것은 아니므로, 자연수는 뺄셈과 나눗셈에 대하여는 닫혀 있지 않다.

② 교환법칙

두 수의 순서를 바꾸어 연산을 수행한 결과가 같으면 교환법칙이 성립한다고 한다. 자연수의 집합에서 모든 원소 a, b에 대하여, $a+b = b+a$, $a\times b = b\times a$이므로, 자연수에서는 덧셈과 곱셈에 대한 교환법칙이 성립한다. 이 사실은 아동이 알아야 할 덧셈 관계나 곱셈 관계의 수를 줄여준다는 점에서 유익하다.

③ 결합법칙

연산을 연달아 시행할 때 연산을 수행하는 순서를 바꾸어도 결과가 같으면 결합법칙이 성립한다고 한다. 자연수에서는 덧셈과 곱셈에 대한 결합법칙이 성립한다. 즉 셋 이상의 수를 더하거나 곱할 때 어떤 수부터 더하거나 곱해도 상관없다. 결합법칙은 쉬운 연산이나 값을 얻기 유리한 부분을 먼저 계산할 수 있게 해준다. 예컨대, $63\times5\times2$를 $63\times5 = 315 \rightarrow 315\times2 = 630$의 과정이 아니라, $63\times10 = 630$의 과정으로 쉽게 얻을 수 있다. $6+8+2$ 역시 $6+8 = 14 \rightarrow 14+2 = 16$이 아니라, $6+(8+2) = 6+10 = 16$으로 답을 보다 쉽고 빠르게 얻을 수 있다.

④ 분배법칙

덧셈을 시행한 후 특정한 값을 곱한 값은 각각의 곱셈을 하여 합한 값과 같다. 이를 덧셈에 대한 곱셈의 분배법칙이 성립한다고 한다. 이러한 법칙을 이용하면 어려운 곱셈구구를 2단, 5단, 10단과 같은 기억하기 쉬운 수로 쪼개어 구할 수 있다. $8\times7 = 8\times(5+2) = 8\times5+8\times2 = 40+16$이 되어 56임을 얻을 수 있다. 실제로 암기 능력이 취약한 아동의 경우 구구단을 모두 외우기 어렵다. 이때 결합법칙을 이용하면 비교적 쉽게 값을 말할 수 있는 2단, 5단, 9단을 중심으로 추론하여 값을 얻을 수 있다.

⑤ **항등원**

연산을 수행한 결과 자기 자신이 되게 하는 값을 그 연산에 대한 항등원이라고 한다. 임의의 자연수 a에 대하여 $a+0 = a$, $a \times 1 = a$이므로 덧셈에 대한 항등원은 0, 곱셈에 대한 항등원은 1이 된다.

(2) 자연수 연산 지도의 실제

1) 덧셈과 뺄셈

① **수의 합성과 분해**

• 가르기와 모으기

학생들은 수 개념을 발달시켜나가는 가운데 수가 다양한 묶음으로 합성되고 분해될 수 있다는 것을 알게 된다. 이러한 수의 합성과 분해는 덧셈과 뺄셈을 위한 중요한 기초가 된다. 따라서 학생들은 덧셈과 뺄셈 연산의 기초가 되는 가르기와 모으기를 다양한 구체물, 시각적 도식, 형식적인 기호를 통해 풍부하게 경험해야 한다.

• 구성요소와 보수

가르기와 모으기는 합해서 주어진 수가 되는 두 수를 찾는 것과 관련된다. 9는 $1+8$, $2+7$, $3+6$, $4+5$, $5+4$, $6+3$, $7+2$, $8+1$과 같이 두 수의 합으로 표현된다. 여기서 합해서 9가 되는 두 수는 9의 '구성요소'이다. 주어진 수의 구성요소를 찾는 과정이 가르기이다. 이들 세 수 사이의 관계는 약간 다른 관점에서 설명이 가능하다. 9를 만들기 위해 1에 더해야 하는 수는 8이다. 8은 9에 대한 1의 '보수'이다. 자연수의 덧셈과 뺄셈에서는 구성요소와 보수에 대한 이해가 무엇보다 중요하다. 따라서 형식적인 수 기호 조작에 들어가기 전에 수의 구성에 관한 풍부한 탐색과 활동이 선행되어야 한다.

수의 구성요소와 보수 관계를 이해하는 데 유용한 활동으로는 앞에서 설명한 점 패턴의 탐구, 점 패턴을 이용한 활동이나 게임을 들 수 있다. 구체적인 조작물을 통해 1부터 10까지의 수에 대한 점 패턴을 구성하고, 점차 시각적 이미지를 통한 패턴의 인식으로 나아간다. 점 패턴에 다소 익숙해지면 주사위를 이용한 게임을 할 수 있다. 연산에서는 5의 구성요소를 이용해야 하는 경우가 자주 발생한다. 따라서 5와 6의 눈을 각각 1과4, 2와 3으로 바꾼 두 주사위를 이용하여 두 눈의 합이 5가 나오는 경우 게임판을 색칠하는 게임 등은 구성요소를 탐색하는 유용한 활동이 될 수 있다. 이러한 패턴 중심의 활동은 세기 활동에서 탈피하여 합을 즉각적으로 결정하는 데 도움이 된다. 이러한 활동이 친숙해진 후에는 숫자 카드를 이용하여 형식적인 수준에서 구성요소 또는 보수를 탐색할 수 있다.

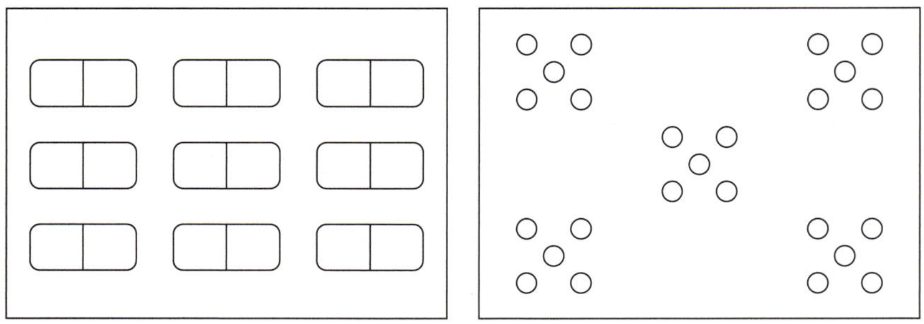

그림 1.15 게임판

② **덧셈과 뺄셈 지도 모델**

덧셈과 뺄셈을 지도하기 위해서 다양한 모델을 사용할 수 있다. 이러한 모델은 묶음 모델, 직선 모델, 복합 모델이 대표적이다.

- 묶음 모델

묶음 모델은 양에 바탕을 둔 개수 개념을 표현하는데 유용한 모델로, 10으로 묶는 활동을 강조하여 십진법의 개념을 지도하고 덧셈과 뺄셈의 표준 알고리즘을 지도하기 위해 주로 사용하는 모델이다. 대표적으로는 수모형, 연결형 큐브, 화폐모형, 카운터나 바둑돌, 빨대와 같은 산가지 등의 교구를 사용한다.

- 직선 모델

직선 모델은 자연수의 순서수 개념을 표현하는데 유용하며, 세기를 기초로 연산을 수행할 수 있도록 도울 수 있다. 수직선, 숫자 카드를 일렬로 늘어놓은 수직선, 막대 모양으로 된 수직선, 구슬을 이어 놓은 줄, 빈 수직선 등이 연산에 사용할 수 있는 직선 모델이다.

- 복합 모델

복합 모델은 개수적 측면과 순서수적 측면을 모두 가지고 있는 모델이다. 5칸 두 줄로 된 십 틀, 두 줄 이상으로 구성된 주판, 10줄로 구성된 100 주판, 정사각형으로 배열된 100칸 수 표 등이 복합 모델에 해당한다.

③ 덧셈과 뺄셈 전략

- 직접 모델링

직접 모델링에 의한 지도 전략은 연결큐브, 바둑돌, 빨대, 손가락 등 구조화되지 않은 구체물이나 반구체물을 사용하여 하나씩 세기, 이어 세기, 묶어 세기, 거꾸로 세기, 얼마까지 더하기, 짝짓기 등의 전략을 사용하는 것이다.

가령, 토마토 4개와 토마토 2개를 합하면 모두 몇 개인지 구하는 덧셈과 관련된 문제가 주어졌을 경우, 전체를 하나씩 셀 수도 있고, 토마토 4개를 이미 알고 있으므로, 4에 이어서 '5, 6'과 같이 앞으로 세기를 할 수 있다. 또한 전체를 '2, 4, 6' 등과 같이 묶어 셀 수 있다.

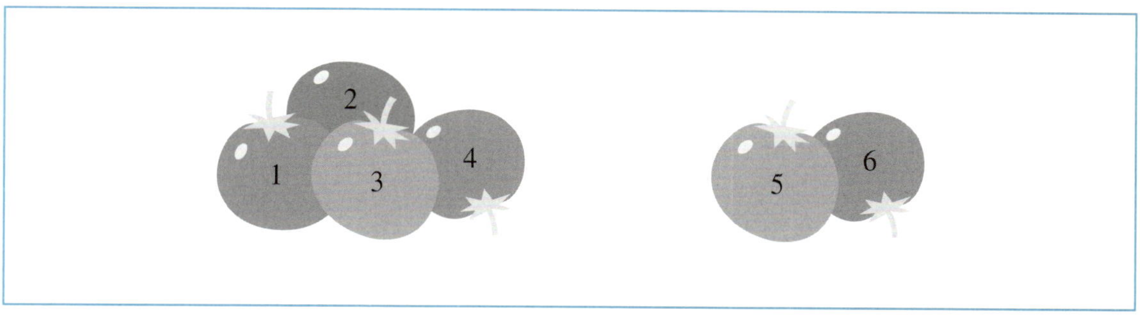

토마토 8개에서 토마토 4개를 빼면 모두 몇 개인지를 구하는 뺄셈과 관련된 문제가 주어졌을 경우, 4개를 덜어낸 후 '1, 2, 3, 4'와 같이 남은 구체물을 하나씩 셀 수도 있고, 토마토 8개에서 '7, 6, 5, 4'와 같이 거꾸로 세기를 할 수 있다.

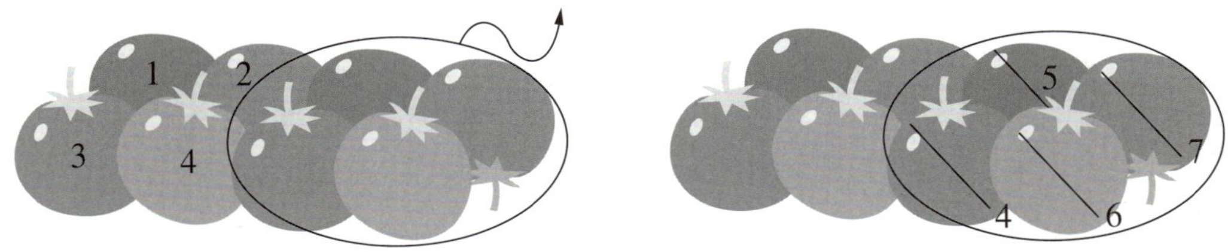

또한 토마토 4개가 8개가 되려면 몇 개가 더 있어야 하는지 알기 위해 8이 될 때까지 '5일, 6이, 7삼, 8사'라고 세는 전략을 사용할 수 있다. 이 전략은 거꾸로 세기가 인식론적으로 어려움을 야기하기 때문에 문제 상황을 앞으로 세기로 바꾸어 문제를 해결하는 전략으로 '상보적 덧셈'이라고 부른다.

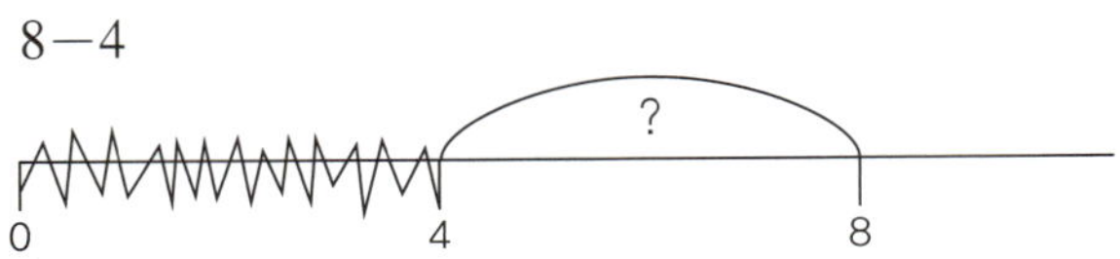

그림 1.16 상보적 덧셈을 이용한 8−4 계산

또한 풍선 7개와 풍선 3개를 비교하는 문제에서 구체물이나 그림을 이용하여 둘을 짝지어 보고 남은 부분을 하나씩 세는 짝짓기 방법을 사용할 수 있다.

- 수 관계에 기초한 전략

수 세기에 기초한 전략은 수판, 구슬 줄, 수모형과 같이 5나 10의 구조를 가진 구조화된 모델을 이용하여 수에 대한 시각적 이미지를 구성하고 앞으로 세기, 거꾸로 세기, 두 배 하기, 하나 더하기, 하나 덜기 등의 전략을 사용하는 것이다. 구조화된 모델에 익숙해지면서 시각적으로 알게 되는 수 관계를 사용하는 전략이다. 예컨대, 풍선 3개와 풍선 4개를 합하는 상황에서 4가 $3+1$이므로 $3+4=3+(3+1)=(3+3)+1=6+1=7$과 같이 변형하여 두 배 전략을 사용할 수 있다. 또는 $3+4=(4-1)+4=(4+4)-1=8-1=7$

과 같이 하나 덜기 전략을 사용할 수 있다. $3+4 = 3+(2+2) = (3+2)+2 = 5+2 = 7$과 같은 방식으로 5의 구조를 머릿속에 그리면서 '6, 7'을 세어 구할 수 있다. 수식 자체만 보면 복잡한 듯이 보일 수 있지만, 앞에서 언급한 수의 구성요소를 이해하고 능숙하게 활용할 수 있는 경우에는 이러한 절차가 순식간에 이루어진다. 풍선 8개에서 풍선 6개를 빼는 경우, $8-6 = (5+3)-(5+1) = 3-1 = 2$와 같이 5를 중심으로 수를 구조화하여 계산할 수 있다.

덧셈과 뺄셈을 할 때 연산의 성질 등을 활용하면 유용하다. 예컨대, $2+5$는 $5+2$로 바꾸면 앞으로 세기 전략을 사용하거나 5의 구조를 지닌 수판 등의 이미지를 이용하여 계산할 때 쉽게 구할 수 있다.

- 받아올림과 받아내림이 있는 덧셈과 뺄셈

받아올림이나 받아내림이 있는 덧셈과 뺄셈에서는 수에 대한 가르기와 모으기, 10에 대한 보수 찾기를 능숙하게 할 수 있어야 하고, 자릿값에 대한 개념을 기반으로 수를 조작할 수 있어야 한다. 따라서 이러한 덧셈과 뺄셈의 초기 지도에서는 문제 상황을 다양한 교구를 활용하여 모델로 나타내고, 그러한 교구의 조작을 통해 결과를 유도한 후 이를 형식화하는 단계로 나아가야 한다.

예를 들어, '초록색 사과 6개와 빨간색 사과 9개가 있습니다. 사과는 모두 몇

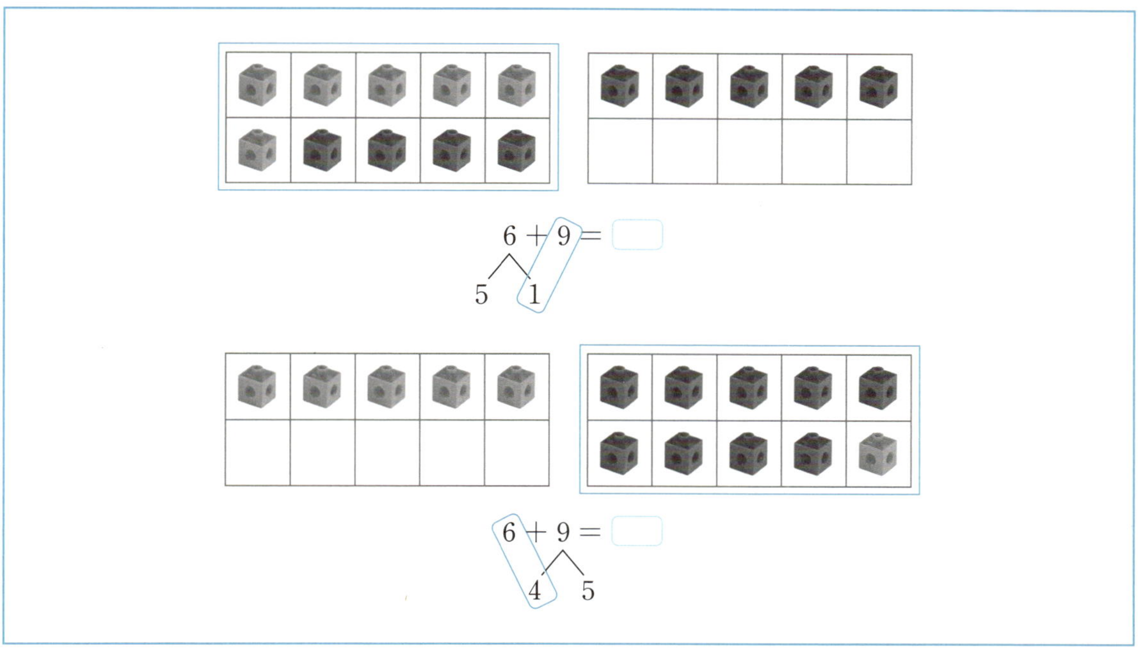

개입니까?'라는 문제 상황이 주어졌다고 하자. 이는 연결큐브를 이용하여 다음과 같은 모델로 나타낼 수 있다. 이때, 두 연결큐브의 합이 10보다 크므로, 10묶음으로 묶는 조작을 수행하여야 한다. 이러한 조작은 자릿값과 10에 대한 보수 개념에 대한 이해를 전제로 한다. 이 문제의 경우 두 가지 방식으로 10묶음을 만들 수 있다. 10에 대한 9의 보수 1을 찾고, 6을 1과 5로 가르기 할 수도 있고, 10에 대한 6의 보수 4를 찾고, 9를 4와 5로 가르기 할 수도 있다.

받아올림이 없는 경우에는 세어서 답을 구하는 것이 필요하지만, 받아올림이 있는 경우에도 계속 세어서 계산할 경우 계산의 원리를 이해하는 데로 나아가지 못하면 궁극적으로 계산 능력을 기르기 어렵다. 따라서 받아올림이 필요한 덧셈의 지도에서 자릿값과 보수 개념, 가르기와 모으기 조작을 능숙하게 할 수 있도록 지도해야 한다. 이러한 다양한 조작 활동의 결과를 말로 표현하고, 식으로 나타내는 방법을 설명할 수도 있다.

받아내림이 있는 뺄셈의 경우도 받아올림이 있는 덧셈과 같이 유사한 과정을 통해 지도할 수 있다. '연필이 14개 있습니다. 그중 9개를 친구에게 주었습니니

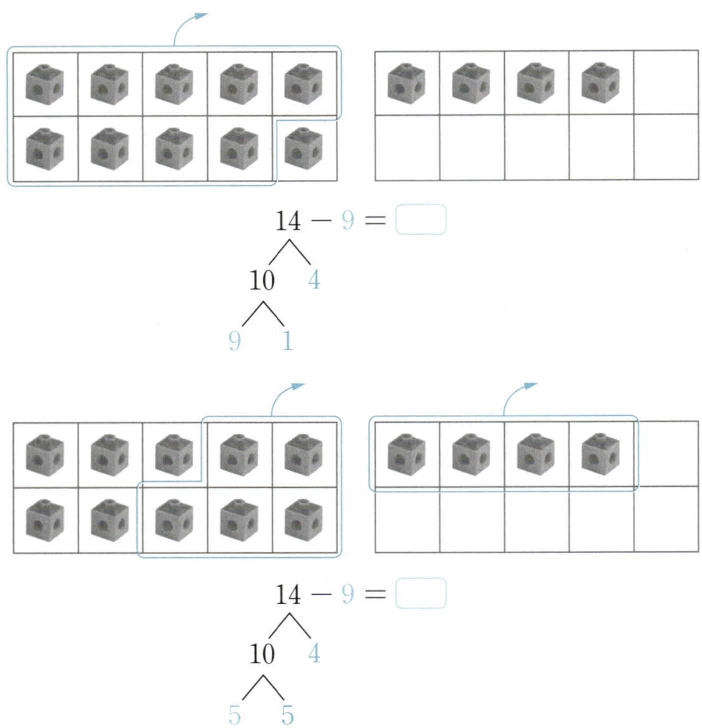

다. 남은 연필은 몇 개입니까?'와 같은 문제 상황이 주어지면, 이를 연결큐브와 같은 교구를 활용하여 수학적 모델로 나타낼 수 있다. 이때 9개를 빼는 작업은 여러 가지 방법으로 수행할 수 있다. 하나는 10묶음 큐브에서 9개를 먼저 빼고 난 후 남은 큐브와 낱개 큐브를 세는 방법이고, 다른 하나는 전체 큐브 14개에서 낱개에 해당하는 4개를 뺀 후 남은 5개를 10묶음에서 빼고 남은 큐브를 세는 방법이다. 전자의 경우를 감가법이라고 하고, 후자의 경우를 감감법이라고 한다.

- 두 자릿수의 덧셈과 뺄셈

받아올림이 있는 덧셈을 이해하였다면 두 자릿수의 덧셈은 쉽게 이해할 수 있다. 수모형 등을 통해 덧셈식에 대한 모델을 구성하고, 각 자리에 해당하는 수끼리 더하면 된다는 것을 이해해야 한다. 한편, 받아올림이 있는 경우, 낱개 10개가 모여 하나의 10묶음을 이루듯이, 십모형 10개가 모여 하나의 100모형을 이룬다는 것을 이해하도록 한다. 이 단계부터는 자신의 활동 과정과 결과를 기호를 이용하여 형식화하는 것을 도와야 한다. 덧셈의 원리를 일반화하기 시작하며, 수식을 통해 형식화하고 반대로 기호로 나타낸 덧셈식을 이해할 수 있도록 도와야 한다. 받아내림이 있는 뺄셈도 덧셈과 유사하게 수모형 등을 통

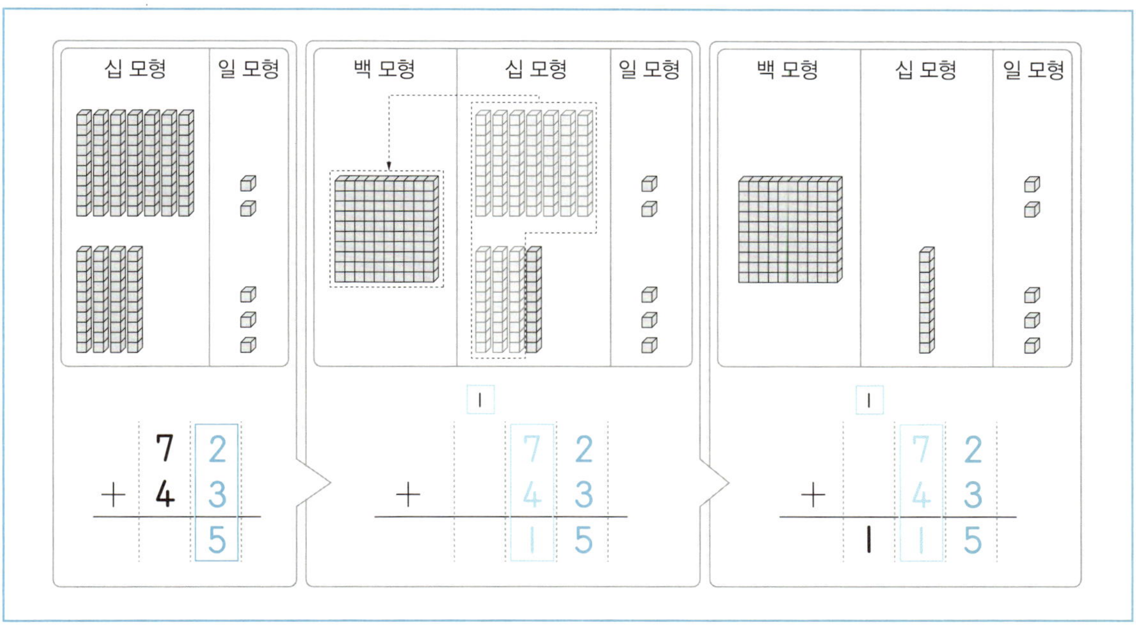

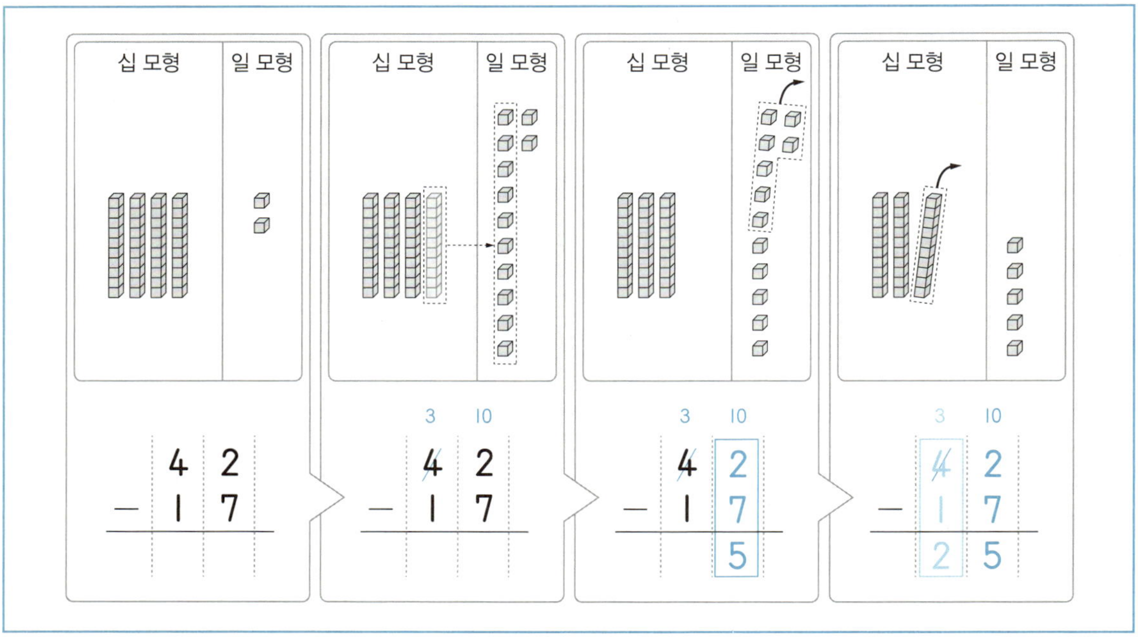

해 모델화하고 형식화할 수 있다.

여러 자리의 수의 덧셈과 뺄셈은 자릿값에 대한 이해와 앞에서 수행한 받아올림과 받아내림의 원리를 통해 쉽게 일반화된다.

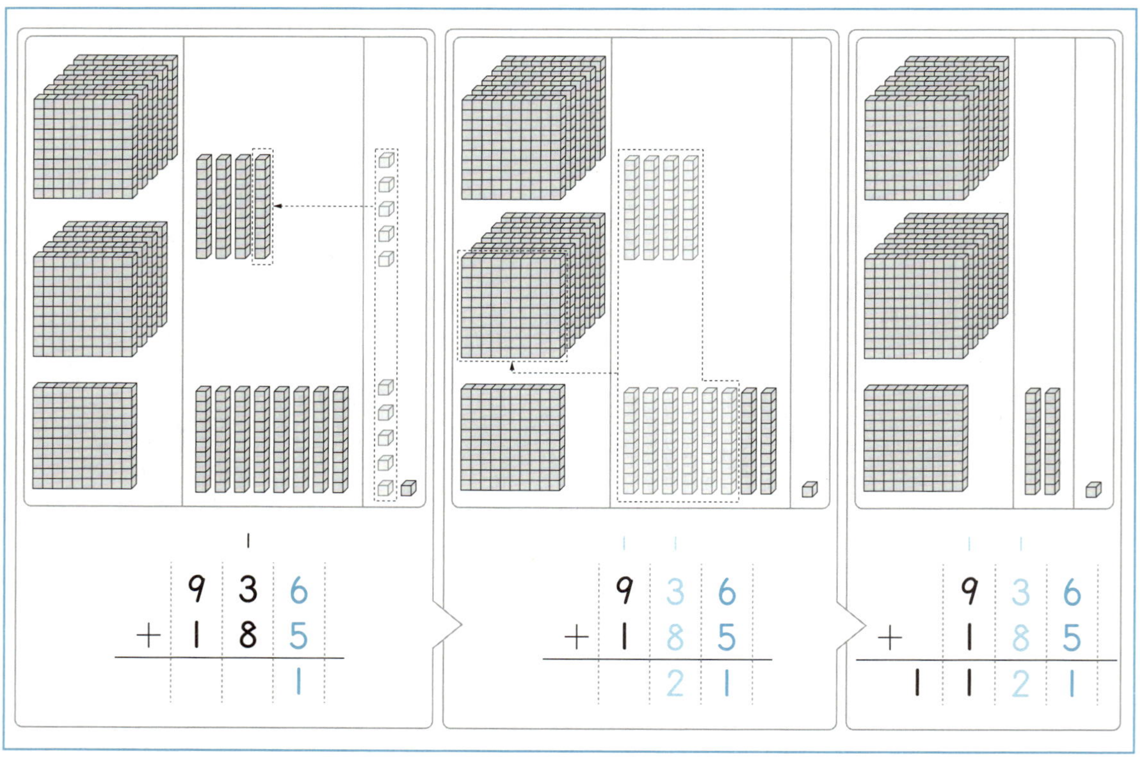

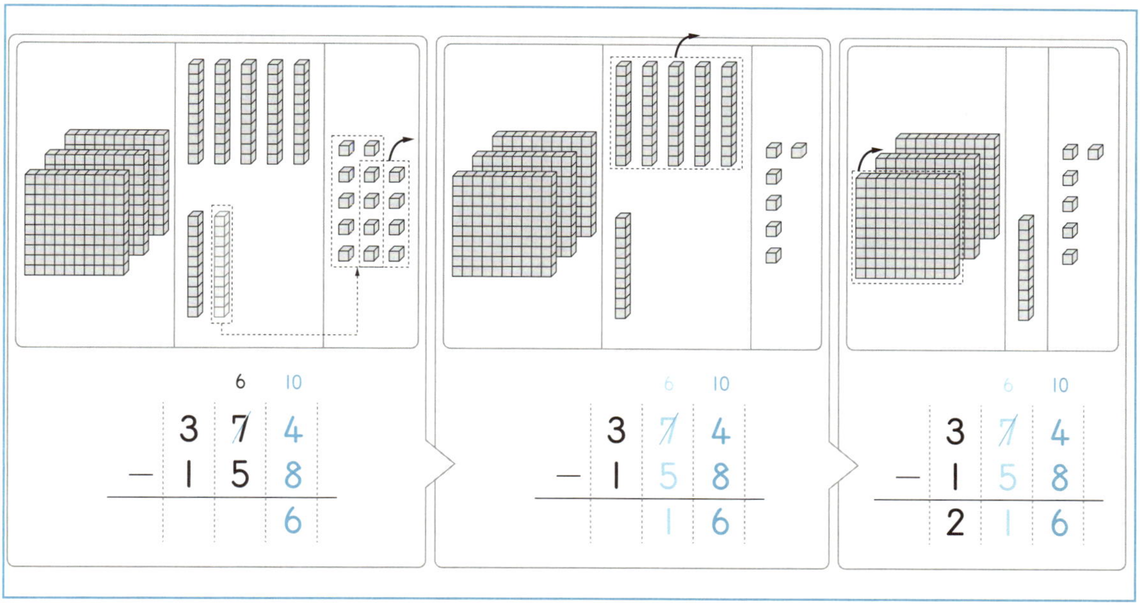

2) 곱셈

① 곱셈구구

곱셈의 본질은 더하는 수가 모두 같은 경우의 특별한 덧셈, 즉 동수누가로 볼 수 있다. 따라서 더하기나 수 세기로 값을 구할 수 있지만, 더 빠르게 구하기 위해 곱셈을 이용하게 된다. 기본 곱셈구구는 한 자리수인 두 인수와 그 곱으로 구성된다. 곱셈구구가 의미 있게 이해되기 위해서는 구구단표와 같은 것을 처음부터 제시하거나 구구단을 기계적으로 암기하기보다는 문제 상황, 구체물을 통한 조작적 경험, 다양한 사고 전략을 개발하도록 도울 필요가 있다.

곱셈구구를 위한 사고 전략으로는 교환법칙, 뛰어 세기, 동수누가, 부분으로 분해하기, 1과 0으로 곱하기, 규칙성 찾기 등이 있다. 곱셈의 교환법칙은 넓이나 퀴즈네어 막대를 이용하여 설명할 수 있다. 가로와 세로의 길이가 각각 3cm와 4cm인 직사각형을 90° 회전하면 두 도형의 넓이는 각각 $3\times4(cm^2)$, $4\times3(cm^2)$가 된다. 이는 퀴즈네어 막대와 같은 구체물을 통해 확인할 수 있다. 연두색 막대 4개를 쌓아놓으면, 이 모양은 3이 4개 있는 것으로 보아 3×4로 표현된다. 그 위에 막대를 세로로 세워 꼭 포개놓으려면 쌓은 연두색 막대의 개수에 해당하는 크기의 막대, 즉 보라색 막대를 세로로 세워야 한다. 이때 처음 쌓은 막대의 크기에 해당하는 3개의 막대를 놓게 되어 4×3이 된다. 결국 곱셈

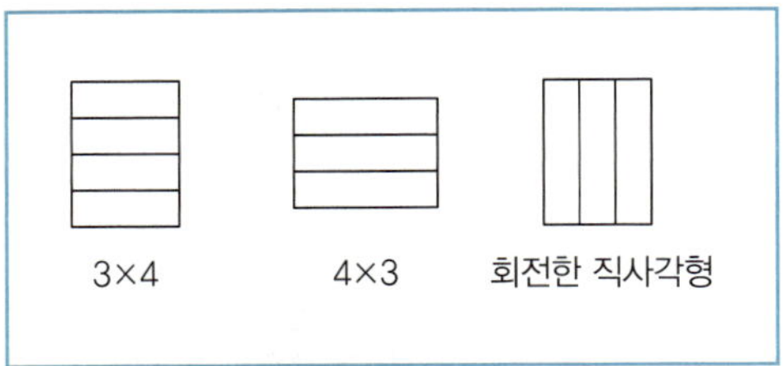

그림 1.17 곱셈의 교환법칙

의 교환법칙이 성립함을 쉽게 확인할 수 있습니다.

뛰어세기 전략은 2씩, 5씩 뛰어세기가 가장 효과적이지만 좀 더 연습하면 3씩, 4씩과 같은 배수에도 쉽게 적용할 수 있다. 시계의 분을 읽는 활동은 5씩 뛰어세기를 연습하는 좋은 방법이다. 동수누가 전략은 곱셈을 덧셈으로 바꾸는 방법으로 인수 중의 하나가 5보다 작을 때 가장 효율적으로 사용될 수 있다. 이 전략은 구체물이나 조작물을 통한 많은 경험을 통해 발달시킬 수 있으며, 계산기도 동수누가를 경험하도록 하는 데 사용할 수 있다. 부분으로 분해하기는 몇몇 구구를 확실히 알고 있을 때, 이미 알고 있는 구구를 이용하여 다른 구구를 유도하는 전략이다. 하나 더 더하기, 두 배 하기, 5단 구구와 나머지를 바꾸기 등을 이용할 수 있다.

$7 \times 8 = \square$

$7 \times 7 = 49$

$7 \times 8 = 49 + 7$

알고 있는 구구의 두 배 전략은 곱하는 수가 2, 4, 6, 8일 때 적용할 수 있는 전략이다. 다양한 모델을 사용하여 시각적으로 제시하면 전략을 익히는 데 도움이 된다.

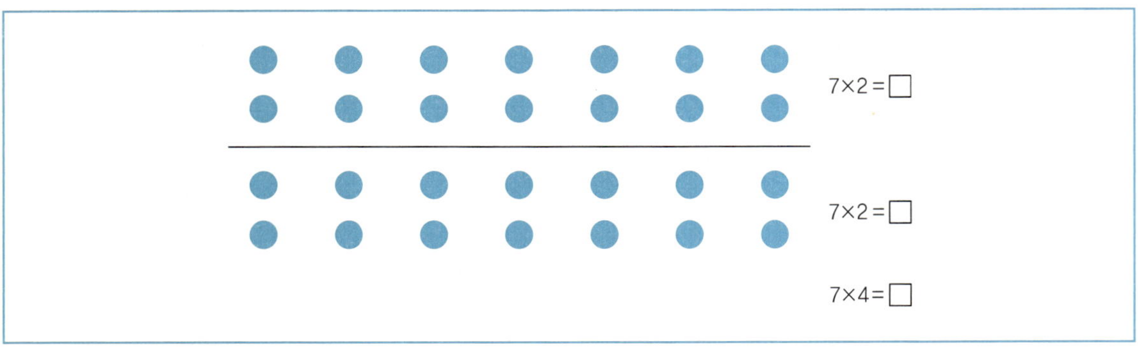

5단 구구와 나머지로 분해하기는 승수가 6, 7, 8인 경우 유용하게 사용할 수 있는 전략이다.

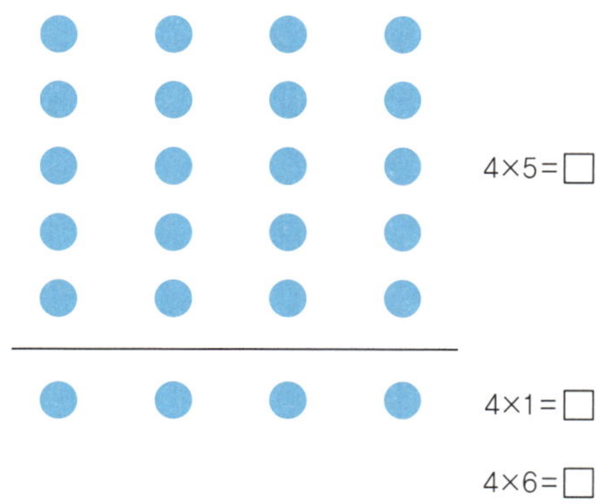

1과 0 곱하기는 곱셈에 관한 초기 경험에서 나온다. 어떤 수에 1을 곱하면 그 수는 변하지 않고, 어떤 수에 0을 곱하면 0이 된다.

규칙성 찾기는 9단에서 가장 유용하고 흥미롭게 나타난다. 9×□의 값에서 십의 자리의 수는 □보다 1 작고, 일의 자리의 수는 결정된 십의 자리의 수와 합해서 9가 되는 수이다.

② 곱셈 지도 모델

곱셈을 지도하는 모델로는 묶음 모델, 직선 모델, 배열 모델, 조합 모델, 넓이 모델을 들 수 있다. 묶음 모델은 사물을 몇씩 몇 묶음으로 만드는 것을 말한다. 직선 모델은 직선 형태를 일정한 간격으로 나누어 연결선을 그려 곱셈을 나타내는 모델이다. 묶음 모델과 직선 모델은 앞에서 제시한 곱셈 상황 중 묶음 상황과 비교 상황을 설명해주기에 적합하다. 배열 모델은 사물을 가로와 세로 방향으로 일정하게 배열하여 직사각형 모양으로 만들고 사물의 개수를

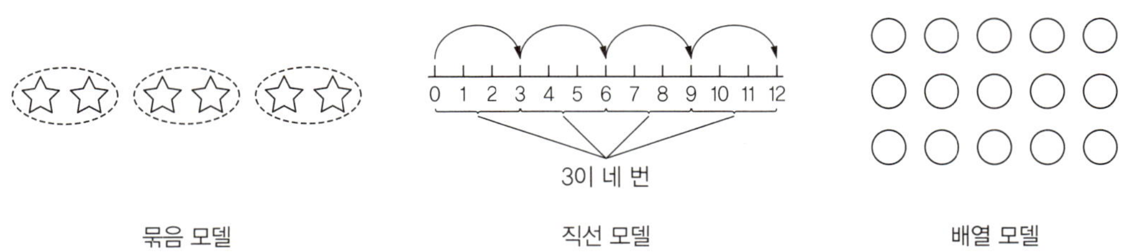

그림 1.18 곱셈 모델

알아보는 모델이다. 넓이 모델은 직사각형 모양을 만들고 그 넓이를 알아보는 모델이다. 배열과 곱셈 모델은 다양한 곱셈 상황에 적용할 수 있는 모델이다. 조합 모델은 두 개 이상의 집합 사이에 만들 수 있는 가능한 순서쌍을 보여주는 것으로 조합 상황을 설명해주는 모델이다.

③ 곱셈 전략

곱셈구구는 기본적으로 암기를 통해 학습하게 되지만, 단순한 암기 이외에 곱셈의 성질이나 다양한 전략을 통해 학습할 수 있다. 상황에 적절한 모델을 사용하여 효과적인 곱셈 전략을 개발하는 것이 필요하다.

곱셈 전략으로는 하나씩 세기, 동수누가, 뛰어 세기, 교환법칙, 분배법칙, 결합법칙 등 곱셈의 성질을 이용하기, 곱셈구구 이용하기, 한 번 더 더하기, 한 번 빼기, 두 배 하기, 이등분하기 등을 이용한 추론 전략 등이 사용된다. 이러한 전략들을 구사하는 수준은 직접 모델링 수준, 수 세기 수준, 구조화 수준, 형식적 수준으로 구분할 수 있다. 직접 모델링 수준은 손가락이나 구체물, 바둑돌, 그림 등으로 곱셈을 모델링한 후 하나씩 세어 나가는 것이다. 4×3의 경우 바둑돌로 4개씩 3번을 놓은 후 차례대로 세는 것이다. 수 세기 수준의 전략은 동수누가와 같은 덧셈을 이용하거나 뛰어 세기를 이용하여 문제를 해결하는 것이다. 6×4의 경우 6에 6을 더하여 12, 6을 한 번 더 더하여 18, 24를 얻는 방식이다. 또는 두 배 하기를 통해 6+6 = 12, 12+12 = 24를 얻는 전략이다. 뛰어 세기의 경우 6×4를 배열 모델로 나타낸 후, 한 줄씩 가리키면서, 6, 12, 18, 24와 같은 방식으로 세는 것이다.

구조화 수준의 전략은 곱셈 상황을 직선 모델이나 배열 모델 등 여러 가지 구조화된 시각적 모델로 나타낸 다음, 곱셈구구를 이용하여 문제를 해결하는 것이다. 이때, 교환법칙, 분배법칙, 결합법칙 등을 사용하게 된다. 예를 들어, 8×6은 곱셈구구가 비교적 쉬운 5단을 이용하여 8×5+8 = 48과 같이 구하는 전략이다. 이는 분배법칙과 한 번 더 더하기 전략을 사용한 것이다. 8×9 = 8×(10−1) = 80−8은 한 번 빼기 전략을 사용한 것이고, 8×6 = (8×3)×2 = 24×2 = 48은 두 배 전략을 사용한 것이다.

형식화 수준의 전략은 특정한 모델의 사용 없이 규칙성이나 곱셈구구, 곱셈의 성질, 수 관계 등을 이용하여 추론하는 수준으로 구조화 전략을 보다 형식화한 수준이다.

④ **(두 자릿수)×(한 자릿수)**

한 자릿수끼리의 곱셈은 곱셈구구 범위 내에서 이루어진다. 하지만 곱해지는 수와 곱하는 수가 두 자리 이상인 수를 포함하는 경우에는 곱셈구구와 자릿값의 원리를 이용하여 지도하게 된다. 계산 알고리즘을 성급하게 도입하게 되면 학생들은 기호의 의미를 정확하게 이해하지 못한 채 기계적으로 학습하게 된다. 따라서 조작 활동과 기호가 연결될 수 있도록 수모형이나 넓이 모델 등을 통해 곱셈의 원리를 이해할 수 있도록 도와주어야 한다.

덧셈이나 뺄셈과 마찬가지로 곱셈을 지도할 때는 문제 상황을 수학적 모델을 이용하여 나타내고, 조작 활동을 통해 결과를 얻고 형식화하게 된다.

먼저, '한 상자에 32개씩 들어 있는 초콜릿을 4상자 샀습니다. 초콜릿은 모두 몇 개입니까?'와 같은 문제 상황이 주어졌다고 가정해보자. 이는 32×4로 표현되는 (두 자릿수)×(한 자릿수)의 계산 문제이다.

이는 계산에서 가장 흔히 사용하는 교구인 수모형, 즉 십모형 3개와 낱개 모형 2개가 4번 반복되는 것으로 나타낼 수 있다. 십진법과 자릿값의 원리에 따라 십모형 10개를 백모형으로 바꾸어 결과를 얻을 수 있다.

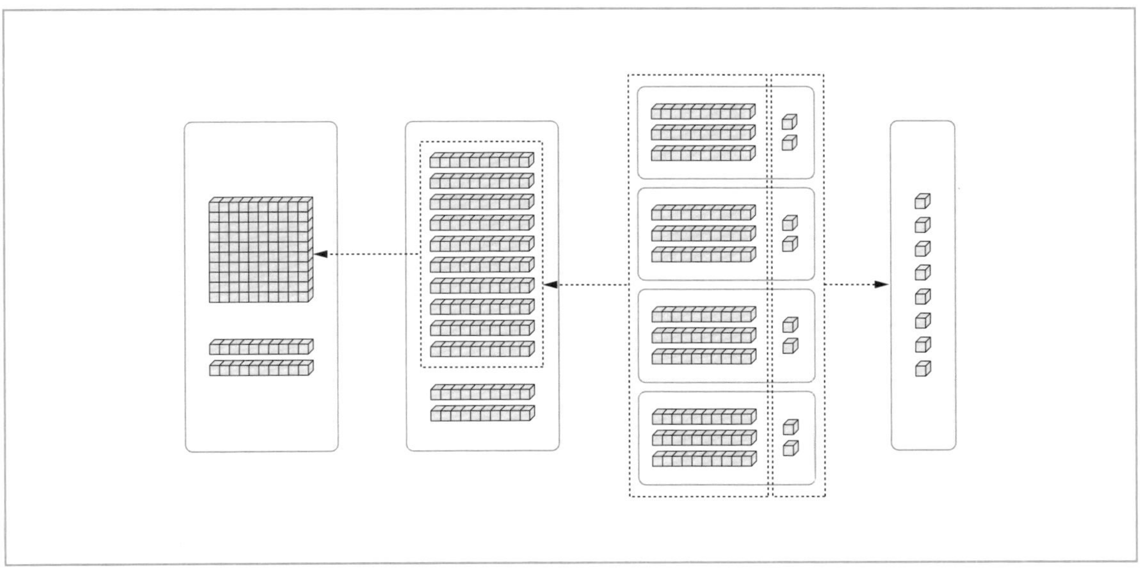

수학적 모델과 조작 활동을 통해 얻어진 결과를 수식으로 형식화하여 나타낼 수 있다. 각각의 자릿값을 구분하여 생각하면 위의 곱셈식은 $32\times 4 = (30+2)\times 4 = (30\times 4)+(2\times 4)$이 된다. 하지만 알고리즘에 익숙해지면 보다 간단하게 곱셈식을 나타낼 수 있다.

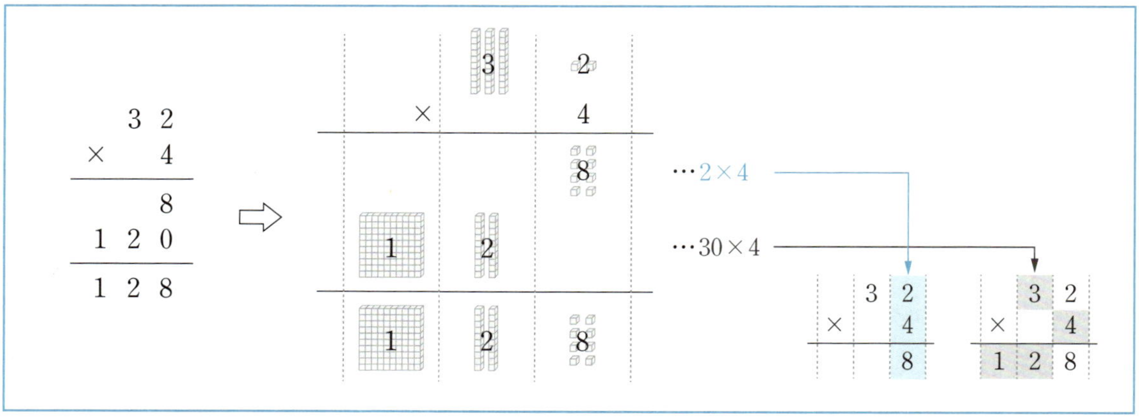

(세 자릿수)×(한 자릿수)의 계산은 자릿값이 하나 늘어나므로 백모형이 추가될 뿐 지도 원리는 동일하다. 예를 들어, 318×3은 $(300+10+8)\times 3 = (300\times 3)+(10\times 3)+8\times 3 = 900+30+24$가 되어 아래와 같이 형식화된다.

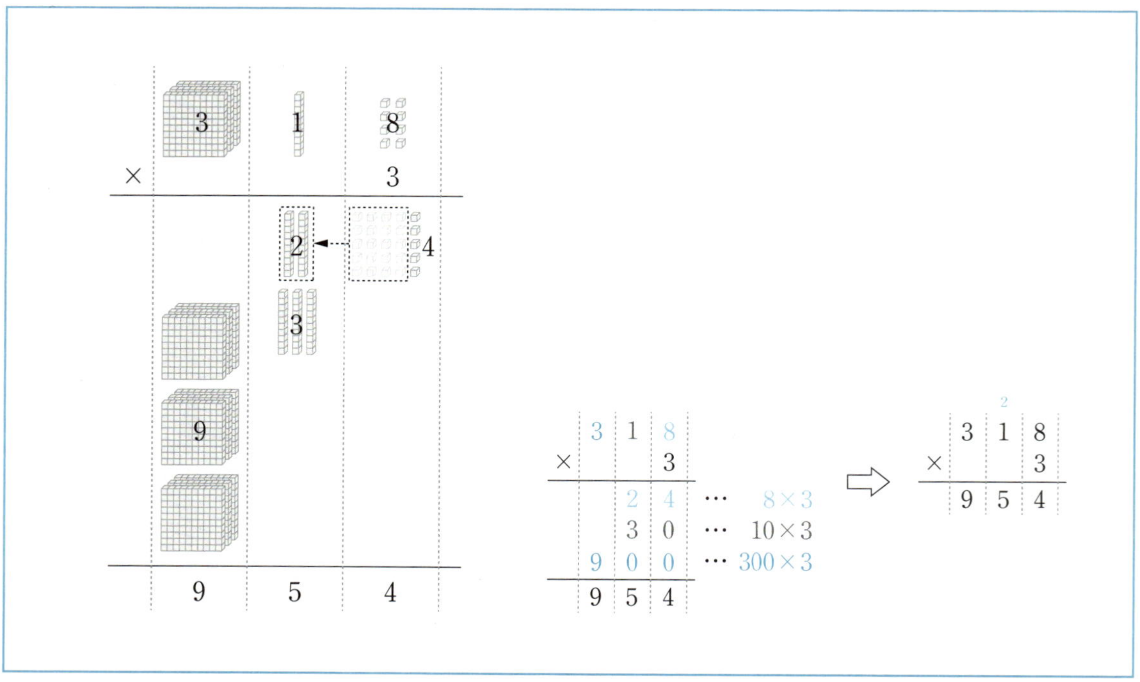

⑤ **여러 자릿수끼리의 곱셈과 표준 알고리즘**

곱해지는 수와 곱하는 수가 두 자릿수인 경우는 곱셈의 계산 원리를 일반화하게 되는 중요한 단계이다. 이 역시 곱셈구구와 자릿값의 원리를 이용하여 지도하게 된다. 계산 알고리즘을 성급하게 도입하게 되면 학생들은 기호의 의미를 정확하게 이해하지 못한 채 기계적으로 학습하게 된다. 따라서 조작 활동과 기호가 연결될 수 있도록 충분한 수모형을 통한 조작, 넓이 모델 등을 통해 곱셈의 원리를 이해할 수 있도록 도와주어야 한다.

'우리 반 학생 25명이 매일 책 한 권씩을 읽었습니다. 13일 동안 읽은 책은 모두 몇 권입니까?'라는 문제 상황은 25×13이 되어 수모형으로 아래와 같은 모델로 나타낼 수 있다. 이러한 모델을 십진법에 따른 자릿값의 원리를 고려하면서 다음과 같이 이해할 수 있다. 25×13 = 25×(10+3) = (25×10)+(25×3) = 250+75.

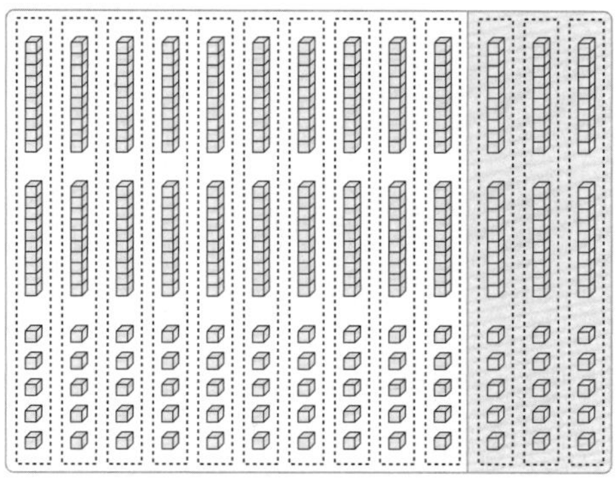

$25\times10 = \square$
$25\times3 = \square$
$25\times13 = \square$

이를 형식화하면 아래와 같은 방식으로 나타낼 수 있다.

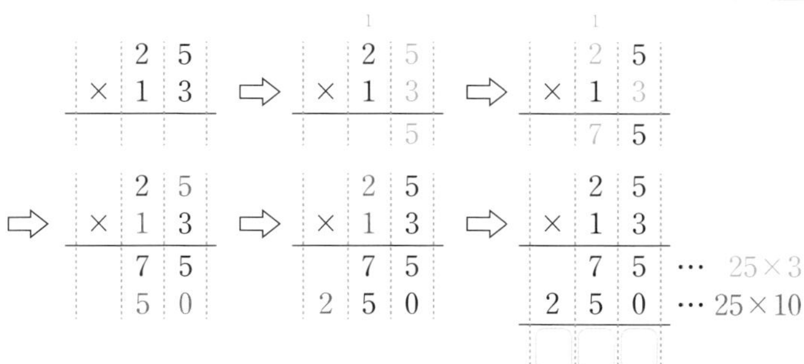

한편, 이 단계에서 곱셈에 대한 알고리즘을 일반화하게 되므로 넓이 모델 등을 통해 원리를 이해하도록 지도할 필요가 있다. 53×29는 넓이 모델을 이용하여 나타내면 각 자리의 수끼리 곱한 값은 서로 다른 영역으로 나타내어진다.

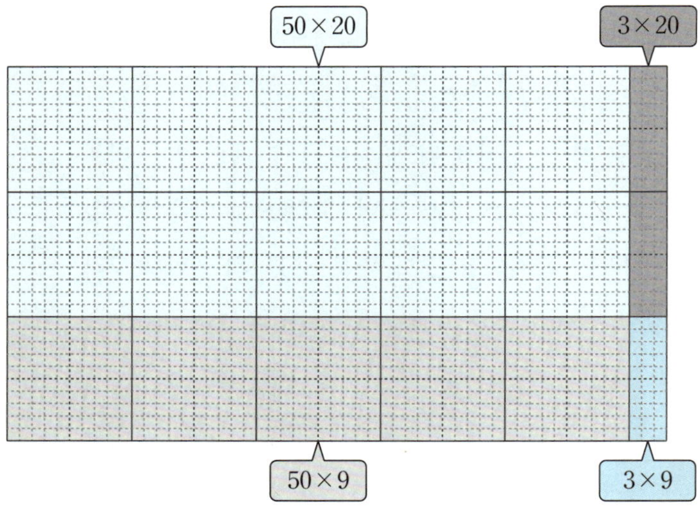

교과서에서 제시하는 표준 알고리즘은 곱하는 수의 일의 자리와 곱해지는 수의 곱을 적고, 곱하는 수의 십의 자리의 수와 곱해지는 수의 곱을 자리를 한 칸 옮겨 적는 방식을 채택하고 있다. 하지만 곱한 값의 실제 크기를 나타내기 위해 0을 붙여줄 수 있다. 이 경우 계산식의 간결함은 덜해지지만 크기를 보다 정확하게 나타내어 이해가 쉬워진다.

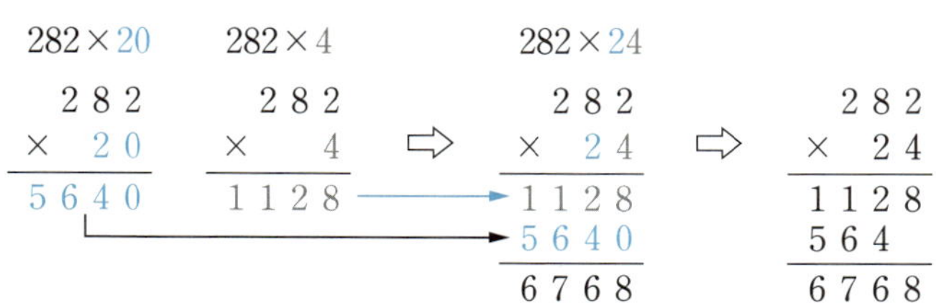

3) 나눗셈

① 구구 범위 내의 나눗셈

최근 수학교육에서 계산기의 활용이 활발해졌기 때문에 나눗셈과 같은 어려운 계산에서 계산기를 사용할 수도 있지만, 여전히 나눗셈과 그 과정에 대해 이해할 필요가 있다. 우리가 일상적으로 경험하게 되는 나눗셈 상황은 나누어떨어지는 상황만 있는 것이 아니라 몫과 나머지를 구하고 그 의미를 해석해야 하는 경우가 더 많다. 계산기가 제시하는 결과는 몫만을 제시하기 때문에 나눗셈 상황에 적용하기 힘든 경우도 많다. 여전히 나눗셈 구구가 요구된다.

덧셈과 뺄셈의 관계처럼, 곱셈과 나눗셈은 서로 역연산 관계이다. 따라서 뺄셈이 덧셈으로 표현될 수 있듯이, 나눗셈은 곱셈으로 표현될 수 있다. 결국 곱셈구구 내의 나눗셈 문제는 곱셈 문제에서 미지수를 찾아 해결할 수 있다. 곱셈구구를 먼저 학습한 후 곱셈구구와 곱셈의 역연산으로서의 나눗셈을 할 수 있게 된다. 역연산 관계로서의 곱셈과 나눗셈을 이해하기 좋은 활동으로는 다음과 같은 게임을 활용할 수 있다. 주사위를 6, 7, 7, 8, 8, 9의 눈으로 변형하고, 게임판에 있는 8개의 상자에 임의의 순서대로 6, 7, 8, 9를 각각 2개씩 적는다. 번갈아 던져 나온 눈의 수에 7을 곱하고, 해당 상자 중 하나에 곱셈식을 적는다. 같은 눈이 나오면 같은 상자에 역연산인 나눗셈식을 적거나 다른 상자에 곱셈식을 적는다. 연이은 다섯 개의 상자에 곱셈 관계와 나눗셈 관계를 먼저 적은 사람이 승자가 된다. 이 게임은 6, 7, 8, 9에 의한 곱셈과 그러한 수로 나누는 나눗셈 관계를 이해하기 위한 게임이다.

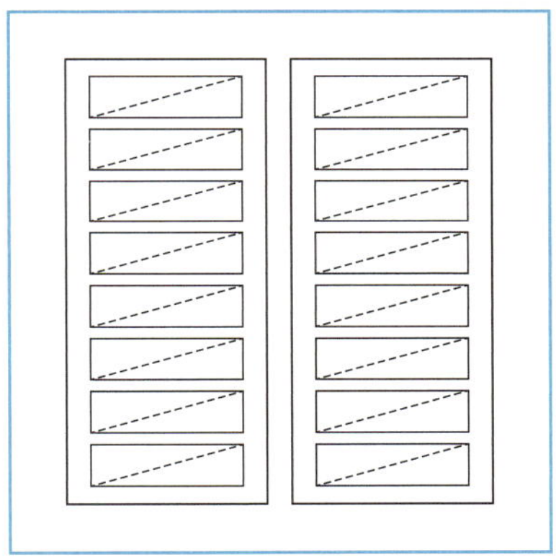

② 나눗셈 지도 모델

나눗셈이 곱셈의 역연산이므로, 곱셈을 나타내는 묶음 모델, 직선 모델, 배열 모델, 넓이 모델 등을 보고 나눗셈식을 적을 수 있다. 하지만 반대로 나눗셈 상황을 모델로 나타낼 경우, 그것이 등분 상황이냐 측정 상황이냐에 따라 모델에 대한 해석이 달라진다. 예를 들어 '빵 8개를 2명에게 똑같이 나누어 주면, 한 명이 과자를 몇 개씩 먹을 수 있는가?'와 같은 등분 상황과 '빵 8개를 한 사람에게 2개씩 준다면, 몇 명에게 나누어 줄 수 있는가?'와 같은 측정 상황은 그림으로 나타내거나 수직선과 막대로 나타낼 수 있다. 하지만 등분제 상황에서는 똑같이 나누는 조작 활동이 수반되어야 하며, 이 경우 직접 하나씩 분배하거나, 동등한 분배가 이루어질 수 있는 양을 예상하여 확인해보거나 수에 관한 지식을 활용하여 몫을 결정하게 된다. 측정 상황에서는 주어진 단위만큼씩 할당하는 조작 활동이 수반되며, 이 경우 단위만큼씩 할당하거나 뛰어 세거나 동수누감의 방법을 통해 몫을 결정하게 된다. 두 가지 상황에 대해 모델을 조작하는 방식은 다음과 같이 상이하게 나타나게 된다.

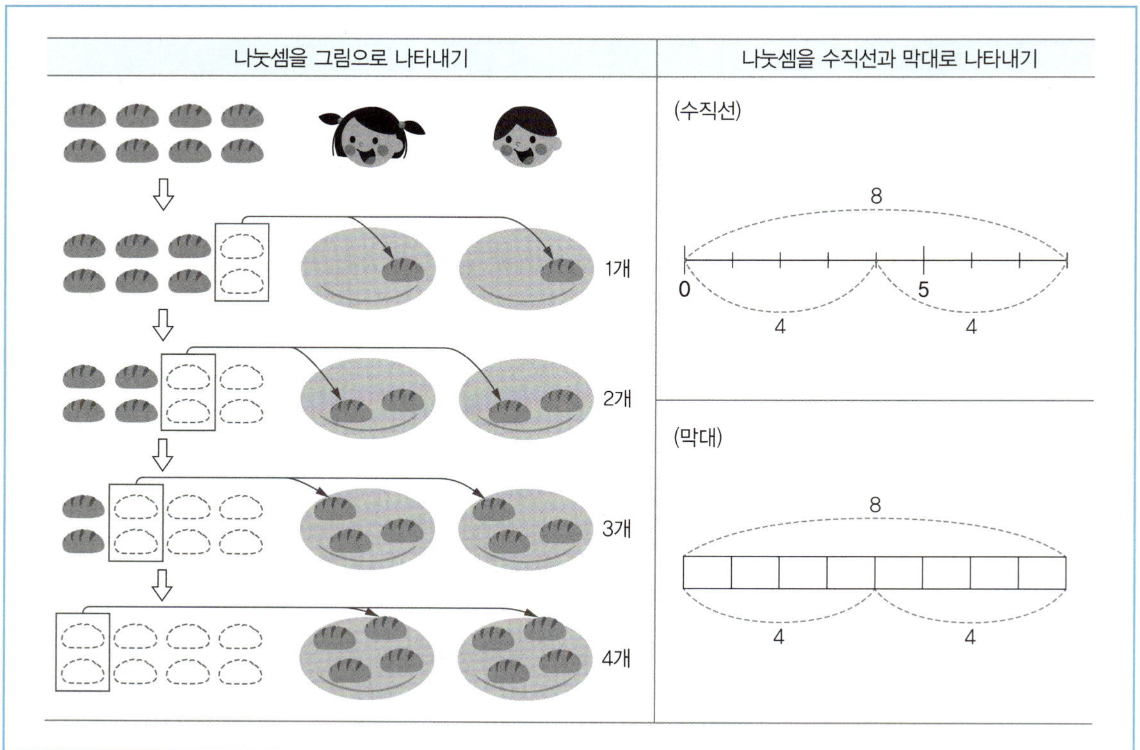

그림 1.19 나눗셈 상황

③ 나눗셈 전략

나눗셈의 본질은 동수누감, 즉 반복된 뺄셈이다. 따라서 구체적인 상황을 떠나 형식적이고 기호적인 나눗셈 수준에서는 측정 상황과 유사하게 나눗셈을 이해하는 것이 유리하다. 그러므로 거꾸로 뛰어 세기, 곱셈으로 생각하기 등은 가장 널리 사용할 수 있는 나눗셈 전략이다. 거꾸로 뛰어 세기는 동수누감의 원리를 그대로 적용하는 전략이다. 그런데 거꾸로 뛰어 세기는 앞으로 세기보다 훨씬 어렵다. 예컨대, $16\div4$의 경우, 16에서 $12(16-4)$, $8(12-4)$, $4(8-4)$, $0(4-4)$ 순으로 4만큼씩 거꾸로 세어 나가야 한다. 이때 몇 번을 세어 0에 이르렀는지 그 횟수를 기억하면서 거꾸로 세는 작업을 함께 수행해야 하기 때문에 기억해야 할 요소가 많다.

따라서 좀 더 생산적인 방법을 고려해야 하며, 곱셈으로 생각하는 것이 하나의 전략이 될 수 있다. 예컨대, 나눗셈은 곱셈의 역연산이므로 $35\div7=\square$을 구하기 위해 7에 얼마를 곱하면 35가 되는지를 구하면 된다. 이때 두 수 사이의 관계가 쉽게 인식되지 않을 경우, 곱을 부분으로 분해하여 생각하는 것이 좋다. 예컨대, $7\times2=14$, $7\times3=21$이므로 $14+21=35$이므로 $35\div7=5$임을 유도할 수 있다.

한편, 곱셈에서와 같이 1과 0이 포함된 나눗셈을 생각할 수 있다. 1로 나누면 그 자신이 되는 것을 쉽게 이해할 수 있다. 반면 나눗셈에 0이 포함된 경우에는 각별히 유의해야 한다. 예컨대, $0\div5$는 0개의 물건을 다섯 사람에게 나누어주면 몇 개씩 나누어주는지, 또는 다섯 개씩 묶어 나누어줄 경우 몇 사람에게 나누어줄 수 있는지를 구하는 것이 되어 답은 명백히 0이 된다. 하지만 어떤 수를 0으로 나누는 것은 불가능하다. $5\div0$은 다섯 개의 물건을 0명의 사람에게 나누어주면 몇 개인지 특정할 수 없고, 0개씩 나누어 주면 몇 명에게 나누어줄 수 있는지 특정할 수 없기 때문이다. 역연산의 관점에서도 0이 포함된 나눗셈이 쉽게 설명된다. $3\div0=a$이면, $3=a\times0=0$이 성립하여야 하므로 불가능하다. $0\div3=a$이면, $0=3\times a$이므로 $a=0$이다. $0\div0=a$이면, $0=a\times0$인 a를 결정하여야 하는데, 어떤 a에 대해서도 식이 성립하게 되어 a를 결정할 수 없다. 따라서 그러한 나눗셈을 정의할 수 없다.

나눗셈 전략을 살펴보았지만, 실제로 나눗셈 전략은 다른 연산의 전략보다 훨씬 가르치기 어렵다. 거꾸로 뛰어 세기 전략은 기억해야 할 것도 많고, 고쳐 묶는 과정도 필요하다. 따라서 나눗셈의 의미를 충분히 이해한 후에는 곱셈구구를 빠르고 정확하게 회상할 수 있도록 하여 곱셈으로 생각하기 전략을 사용하는 것이 가장 효율적이다.

④ (여러 자릿수)÷(한 자릿수)

곱셈구구의 범위를 넘는 나눗셈을 지도할 때에도 다른 연산에서와 같이 문제 상황을 수학적 모델로 나타내고, 조작 활동을 통해 결과를 얻고 형식화하게 된다. 나눗셈은 나누어지는 수와 나누는 수의 크기가 어떠하든지 기본적으로 곱셈구구가 중요하게 작용하게 된다.

(두 자릿수)÷(한 자릿수)의 나눗셈의 가장 기본적인 형태는, 60÷3과 같이 (몇십)÷(몇) 중에서 (몇십)의 십의 자리가 나누는 수로 나누어떨어지는 경우이다. 이러한 예는 수모형을 통해 이해하기 쉽다. '색종이 60장을 3명이 똑같이 나누어 가지려고 합니다. 한 사람당 색종이를 몇 장씩 가질 수 있을까요?'라는 문제 상황이 주어졌다고 하자. 수모형은 아래와 같이 모델화할 수 있고, 등분하는 조작 활동을 통해 몫을 쉽게 얻을 수 있다.

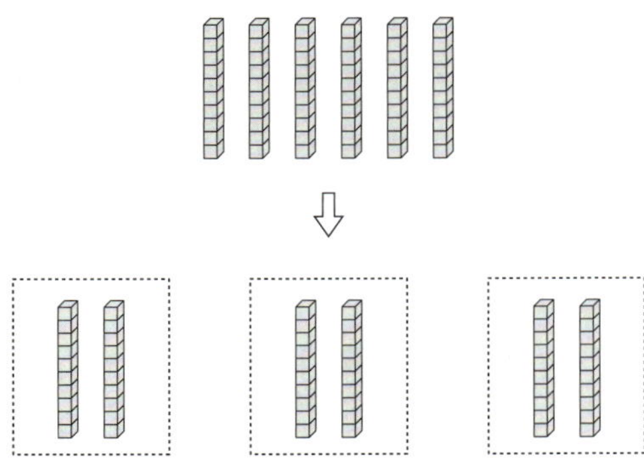

이후 48÷3과 같이 (몇십)의 십의 자리가 나누는 수로 나누어떨어지지 않는 경우로 나아갈 수 있다. 이 경우에는 십모형을 유지한 채로는 등분할이 불가능하기 때문에, 십모형을 최대한 등분할하고 남은 십모형을 낱개모형으로 바꾸어 등분할해야 한다.

이후 나눗셈을 형식화하기 위해서는 십모형을 등분할할 때의 몫을 적고, 낱개모형으로 바꾼 남은 양을 등분할한 몫을 적는 형식으로 이루어진다. 48÷3의 형식화는 다음과 같은 절차를 통해 이루어진다.

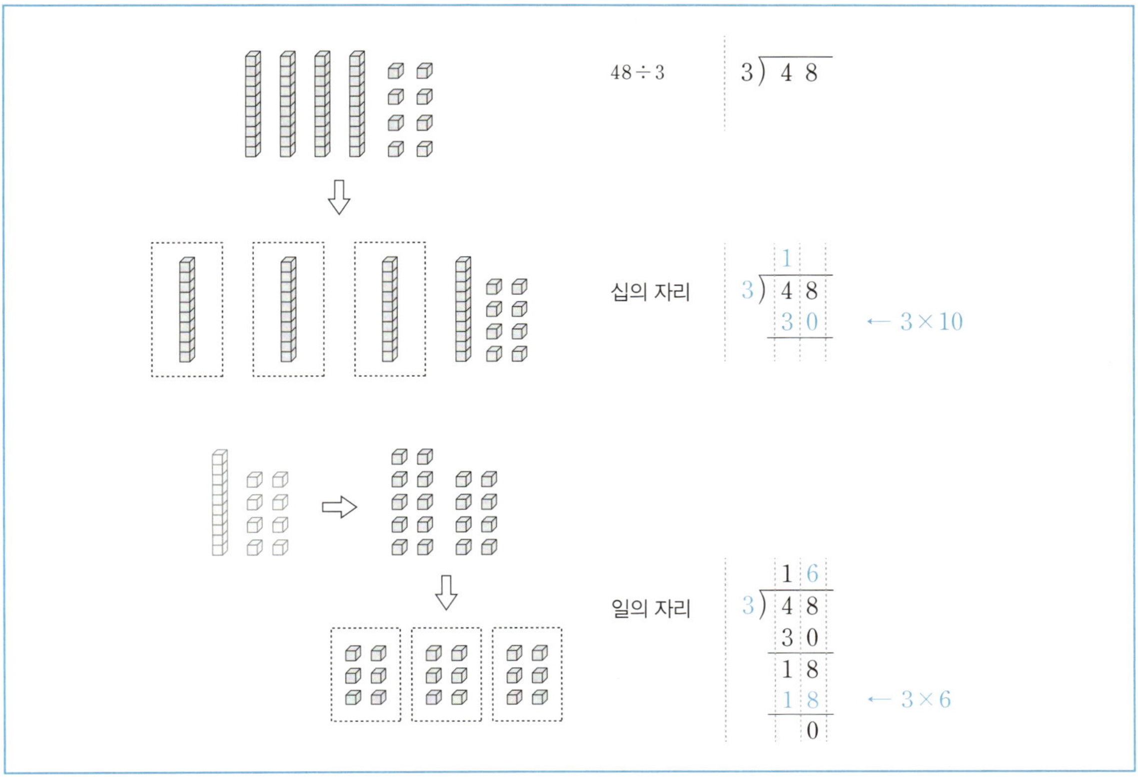

(세 자릿수)÷(한 자릿수)의 계산은 자릿값이 하나 늘어나므로 백모형이 추가될 뿐 지도 원리는 동일하다. 백의 자리가 나누는 수로 나누어지는 경우에는 백모형을 먼저 등분할하고, 그렇지 않은 경우에는 백모형을 십모형으로 바꾸어 십모형을 등분할해야 한다.

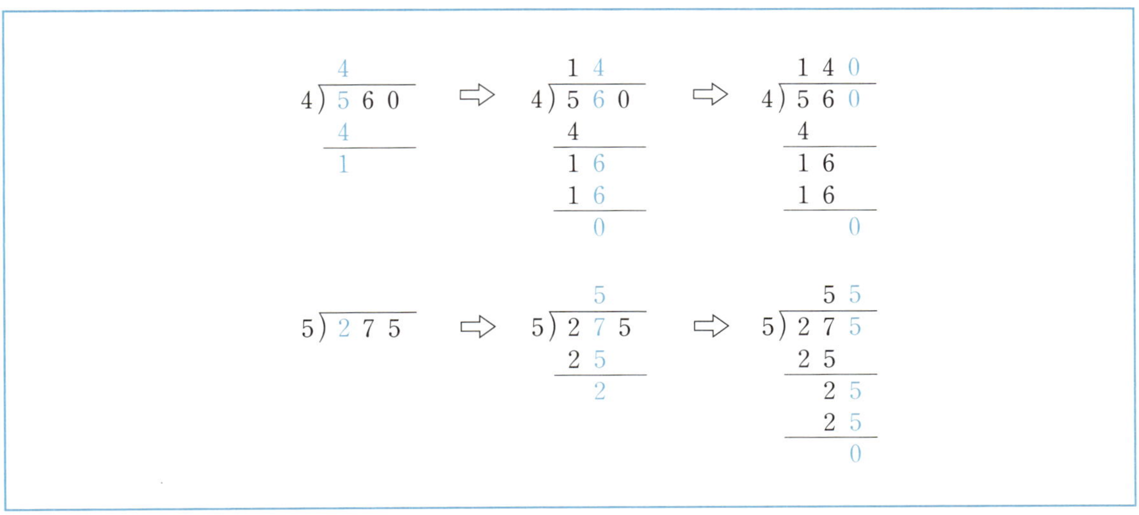

한편, 나머지가 있는 나눗셈은 수학적 모델을 통한 등분할이 완벽하게 이루어지지 않은 경우에 해당한다. 등분할을 하는 과정에서 남은 수양가 나누는 수보다 크거나 같으면 등분할하여 나누는 것이 가능하다. 결국 나머지는 나누는 수보다 작다.

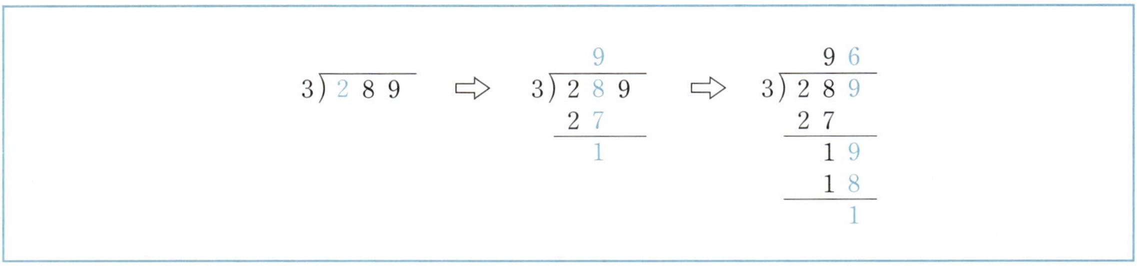

⑤ **여러 자릿수끼리의 나눗셈과 표준 알고리즘**

나누는 수가 두 자릿수인 나눗셈은 나눗셈의 원리를 일반화하게 되는 중요한 단계이다. 나눗셈의 몫을 결정하는 과정이 비교적 까다롭기 때문에 (두 자릿수)÷(몇십)으로부터 시작하여 임의의 수의 나눗셈으로 나아가는 것이 좋다.

'180장의 색종이를 30장씩 묶으면 모두 몇 묶음이 될까요?'라는 문제 상황이 주어졌다고 하자. 이는 180÷30의 값을 구하는 것으로, 수모형으로 나타내어 180 안에 30이 몇 번 들어 있는지를 구하게 된다.

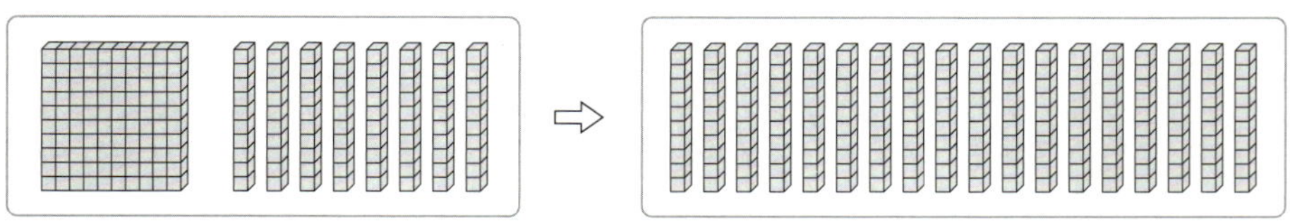

십모형을 단위로 보게 될 경우, 이 문제는 18÷3의 값을 결정하는 것과 같다. 따라서 몫은 곱셈구구의 범위에서 얻을 수 있다. 30으로 나누었을 때 몫이 6이면 피제수는 두 수의 곱 30×6이 된다.

나누어떨어지지 않는 나눗셈의 경우, 몫을 결정하는 방식은 동일하며 나누는 수보다 작은 나머지를 얻게 된다. 이때 (나머지) = {(나누어지는 수) − (나누는 수)×(몫)}이 된다.

나눗셈 지도에서 가장 어려운 단계 중의 하나는 (몇십)이 아닌 (두 자릿수), 즉 (몇십 몇)으로 나누는 경우이다. 나눗셈은 곱셈의 역연산으로, 몫을 구하기 위해서는 나누는 수에 얼마를 곱해서 나누어지는 수를 얻을 수 있는지 결정해야 한다. (몇십 몇)으로 나눌 경우 몫을 결정하는 것이 단순하지 않다. 따라서 몫을 비교적 쉽게 구할 수 있는 (몇십)으로 나눈 나눗셈을 활용하여 가상의 몫을 구하여야 한다. 이때 주의해야 할 점은 나누는 수를 어림하였기 때문에 가상의 몫으로 결정된 값이 정확한 몫이 아닐 수 있다는 점이다. 따라서 몫을 조정하는 과정이 반드시 필요하다. 그것이 적절한지 확인하고, 나누는 수를 (몇십)으로 가정하여 몫을 결정하게 된다. (몇십)을 정할 때 보통 반올림을 활용하지만, 문제 상황에 따라 십의 자리를 높이거나 그대로 둘 수 있다. 나누는 수를 (몇십)으로 하여 몫을 어림하였으면 나누는 수와 곱한 후 나누어지는 수와 비교하게 된다. 나머지, 즉 {(나누어지는 수)−(나누는 수)×(몫)}이 나누는 수보다 크다면 몫을 더 크게 조정하여야 한다. 반대로 {(나누는 수)×(몫)−(나누어지는 수)}가 나누는 수보다 크다면 몫을 더 작게 조정해야 한다.

60÷12의 값을 구할 때, 나누는 수를 20으로 가정하면, 몫은 3으로 어림할 수 있다. 12×3 = 36을 구하여 60과 비교하면 몫을 상향 조정해야 함을 알 수 있다. 반대로 나누는 수를 10으로 가정하면, 몫은 6으로 어림할 수 있다. 12×6 = 72를 구하여 60과 비교하면 몫을 하향 조정해야 함을 알 수 있다.

775÷25의 값을 구하는 과정은 다음과 같다. 먼저 어림을 통해 770 안에 25가 몇 번 들어가는지 결정한다. 30으로 결정 되었으면 770에서 30과 나누는 수 25의 곱인 750을 뺀다. 그 다음 남은 수에 25가 몇 번 들어갈 수 있는지 결정한다.

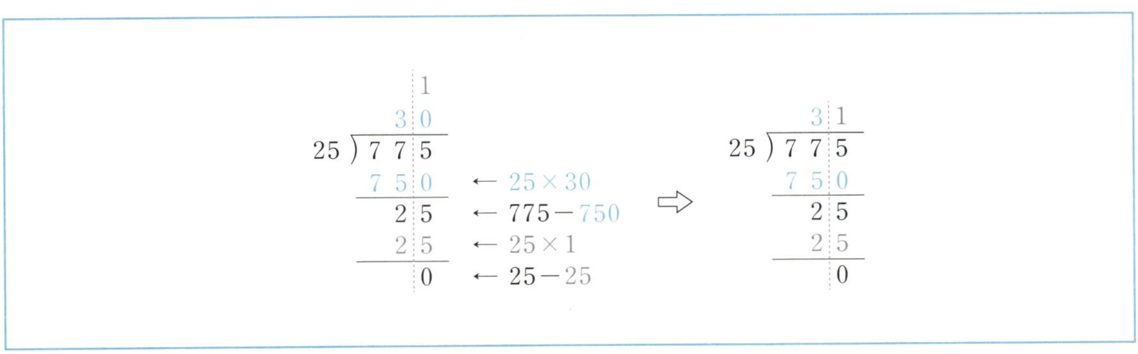

나머지가 있는 나눗셈의 경우도 위와 동일한 단계를 거쳐 몫을 결정할 수 있다.

$$\begin{array}{r l}
25 & \leftarrow 20+5 \\
27\,\overline{)\,685} & \\
\underline{540} & \leftarrow 27\times 20 \\
145 & \leftarrow 685-540 \\
\underline{135} & \leftarrow 27\times 5 \\
10 & \leftarrow 145-135
\end{array}
\quad \Rightarrow \quad
\begin{array}{r}
25 \\
27\,\overline{)\,685} \\
\underline{54} \\
145 \\
\underline{135} \\
10
\end{array}$$

일반적인 나눗셈을 수행할 때, 나누는 수가 두 자릿수 이상이면 나누어지는 수를 앞에서부터 나누는 수의 자릿수만큼 끊어서 몫이 결정될 수 있는지 살펴본다. 몫이 결정될 수 없다면 그다음 자릿수까지 끊어서 몫을 결정해야 한다. 몫이 적절하게 결정되었으면 자릿수를 하나 옮겨 동일한 방법을 적용한다.

나눗셈 알고리즘은 그 절차도 복잡하고 계산하는 과정도 만만치 않다. 따라서 알고리즘 습득을 위한 초인지 전략으로 나눗셈 알고리즘을 기억할 수 있도록 돕는 첫 글자 기억술을 사용하기도 한다. Dad, Mom, Brother, Sister의 머리글자 D－M－B－S를 연상하면서, 나눗셈 알고리즘에서 사용하는 조작을 떠올리는 전략이다. 몫을 결정하기 위해 피제수를 제수로 나누고Divide, 제수와 몫을 곱하고Multiply, 곱한 값을 피제수의 밑에 적고Bring down, 피제수에서 그 값을 뺀다Subtract.

⑥ 검산과 나누는 수 0

계산하기 전에 답을 대강 어림해 보는 것이 중요한 것처럼 계산한 후에 검산하는 것도 매우 중요하다. 검산은 계산 과정이 옳은지를 검토하는 과정이다. 덧셈한 결과가 맞는지 확인하기 위해 뺄셈을 이용할 수 있으며, 뺄셈한 결과가 맞는지 확인하기 위해 덧셈을 이용할 수 있다. 마찬가지로 나눗셈은 그 역연산으로서의 곱셈을 이용하여 검산할 수 있다.

A를 B로 나눈 몫이 Q이고 나머지가 R이 나왔다고 하자. 나눗셈의 과정과 결과가 옳은지 판단하기 위해서는 역연산을 수행하였을 때 A가 나오는지 확

인하면 된다. 즉,

$$A \div B = Q \cdots R$$
$$Q \times B + R = A$$

4) 사칙연산의 다양한 방법 – 대안적인 계산 방법

① 덧셈

표준 알고리즘에서는 오른쪽에서 왼쪽으로 더하고 그 결과를 두 가수의 아래에 쓰게 되지만, 역사적으로 덧셈 방법에 관한 기록에는 왼쪽에서부터 오른쪽으로 더해가거나 그 결과를 두 가수의 위에 적는 방법이 나타난다. 그러한 방법으로 계산하는 과정에서는 오른쪽과 같이 올림을 처리하는 방식이 그대로 드러난다. 그 외에 각 자릿수들끼리 더한 후 그 부분합들을 더하는 방식이 사용되기도 하였다.

```
                 9279
                  389
                  479
                -----
                   27
  6236            220
 51255            900
 -----           9000
 23789          -----
 38576          10147
```

② 뺄셈

우리 교과서에서 제시하고 있는 뺄셈에 대한 표준 알고리즘은 큰 자리에서 단순히 빌리기만 하는 방법이다. 이 경우에는 가르기, 모으기, 재배열 등 다양한 교환이 사용된다. 역사적으로 뺄셈을 할 때 왼쪽으로부터 계산하는 방법이 사용되기도 하였다.

```
                           1            1 1
  6 5 2       6 5 2      6 5 2        6 5 2
– 2 7 6     – 2 7 6    – 2 7 6      – 2 7 6
-------     -------    -------      -------
              4          4            4
                         3 8          3 8
                                      3 7 6
```

또한 아래와 같이 여러 가지 방법으로 뺄셈을 하는 전략들이 사용되기도 하였다.

652 − 276	65¹2 − 2⁸7̸6 6	6¹5¹2 − ³2̸⁸7̸6 6	6¹5¹2 − ³2̸⁸7̸6 376	652 − 276	652 − 276 4 20 300 52	652 − 276 4 20 300 52 376

③ 곱셈

고대 이집트에서는 곱하는 수의 2배, 4배, 8배, 16배 등과 같은 2의 거듭제곱배를 구하여 계산하였다. 임의의 자연수는 2의 거듭제곱의 합으로 표현되므로 곱해지는 수를 2의 거듭제곱의 합으로 나타내어 각각의 곱을 더하는 원리이다. 예컨대, $19\times6=(1+2+16)\times6=(1\times6)+(2\times6)+(16\times6)$과 같이 계산하게 된다.

러시아 곱셈 방법은 $ab=(\frac{1}{2}a)(2b)$의 원리를 이용한 것이다. 곱해지는 수가 짝수일 경우 $\times\frac{1}{2}$를 할 수 있지만 홀수일 경우 자연수 값을 얻을 수 없으므로 (홀수) = (짝수)+1의 형태로 바꾸어 전체 곱한 값을 결정하는데 반영하였다. 예컨대, $15\times5=(14+1)\times5=(14\times5)+(1\times5)=(\frac{1}{2}\times14)(2\times5)+(1\times5)$가 되는 원리를 사용하였다.

19×6

V	1	6
V	2	12
	4	24
	8	48
V	16	96

$(1+2+16)\times6$
$=(1\times6)+(2\times6)+(16\times6)=114$

그림 1.20 이집트 방법

15×5

V	15	5
V	7	10
V	3	20
V	1	40

$(14+1)\times5=(14\times5)+(1\times5)$
$=(\frac{1}{2}\times14)(2\times5)+(1\times5)$

그림 1.21 러시아 방법

이 외에 인도에서 유래하여 유럽에 전해진 일명 격자 곱셈 방법이 있다. 격자 모양의 위와 오른쪽에 곱하는 두 수를 적고 대각선을 따라 같은 위치에 있는 수의 합을 구하는 방식이다. 대각선에 있는 수들은 곱하였을 때 자릿수가 같기 때문에 이 계산 방법이 타당하다.

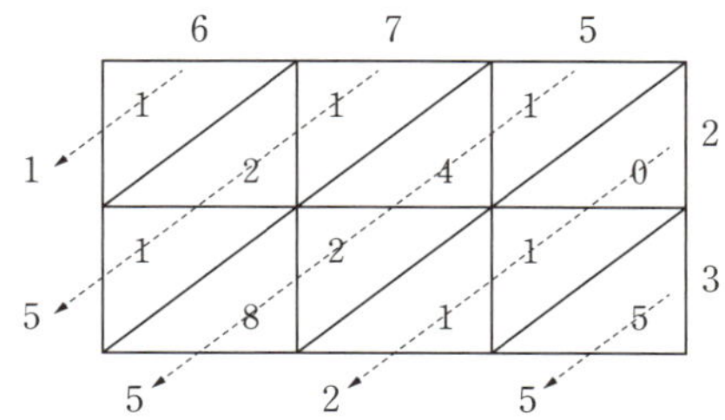

$$10000+4000+1500+20+5=15525$$

그림 1.22 격자 곱셈 방법

④ **나눗셈**

이집트인들은 곱셈에서 사용한 방법을 유사하게 적용하여 나눗셈을 하였다. 19÷8에서 나누는 수를 단위 1로 놓게 되면, 나누어지는 수가 나누는 수의 2배이면 나눗셈의 몫이 2가 되고, 나누어지는 수가 나누는 수의 1/2에 해당하는 수이면 나눗셈의 몫이 1/2이 되는 원리이다. 나누어지는 수 $19=(16+2+1)$이므로 그 몫은 $2+\frac{1}{4}+\frac{1}{8}$이 된다. 다만, 이 방법에서는 나누어지는 수의 특징에 따라 이 방법을 적용하기가 어렵다는 단점이 있다.

2	16	V
1	8	
1/2	4	
1/4	2	V
1/8	1	V

그림 1.23 이집트 나눗셈

한편, 갤리법이라고 하는 나눗셈 방법은 17세기에 현대적인 나눗셈 알고리즘이 확립되기 전까지 널리 사용되었던 방법이다. 이 방법에는 표준 알고리즘에서 몫을 결정하고 나누는 수와 몫의 곱을 빼는 계산 과정이 모두 나타난다. 59078÷74를 계산하기 위해, 어림을 통해 몫의 백의 자리인 7을 결정한 후, 나누는 수의 가장 높은 자리인 70과 몫 7을 곱한 값을 빼준다. 이때 계산한 결과를 주어진 수 위에 적으면서 계산이 끝난 수를 지운다. 나누는 수의 다른 자리에 대해 차례로 같은 과정을 반복한다. 이후 몫의 십의 자리를 결정하고 같은 과정을 반복한다. 절차가 차례로 이루어지는지를 확인하면서 계산하기 위해

각 자리의 몫을 결정할 때마다 나누는 수를 반복해서 적는다. 계산을 모두 마친 상태의 모습이 마치 갤리선이라고 하는 배를 연상시킨다고 하여 갤리법이라고 한다.

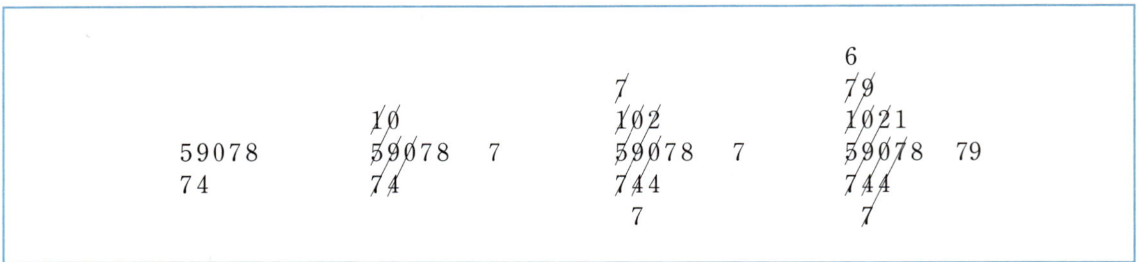

그림 1.24 갤리법

2015 개정 초등수학과 교육과정

0과 자연수 영역

초등학교 1~2학년

[1] **네 자리 이하의 수**

· 0과 100까지의 수 개념을 이해하고, 수를 세고 읽고 쓸 수 있다.

· 일, 십, 백, 천의 자릿값과 위치적 기수법을 이해하고, 네 자리 이하의 수를 읽고 쓸 수 있다.

· 네 자리 이하의 수의 범위에서 수의 계열을 이해하고, 수의 크기를 비교할 수 있다.

· 하나의 수를 두 수로 분해하고 두 수를 하나의 수로 합성하는 활동을 통하여 수 감각을 기른다.

[2] **두 자릿수 범위의 덧셈과 뺄셈**

· 덧셈과 뺄셈이 이루어지는 실생활 상황을 통하여 덧셈과 뺄셈의 의미를 이해한다.

· 두 자릿수의 범위에서 덧셈과 뺄셈의 계산 원리를 이해하고 그 계산을 할 수 있다.

· 덧셈과 뺄셈의 관계를 이해한다.

· 두 자릿수의 범위에서 세 수의 덧셈과 뺄셈을 할 수 있다.

· □가 사용된 덧셈식과 뺄셈식을 만들고, □의 값을 구할 수 있다.

[3] 곱셈

· 곱셈이 이루어지는 실생활 상황을 통하여 곱셈의 의미를 이해한다.

· 곱셈구구를 이해하고, 한 자릿수의 곱셈을 할 수 있다.

(가) 학습 요소

- 덧셈, 뺄셈, 곱셈, 짝수, 홀수, $+$, $-$, $\times$, $=$, $>$, $<$

(나) 교수·학습 방법 및 유의 사항

- 자연수가 개수, 순서, 이름 등을 나타내는 경우가 있음을 알고, 실생활에서 수가 쓰이는 사례를 통하여 수의 필요성을 인식하게 한다.

- 수 세기가 필요한 장면에서 묶어 세기, 뛰어 세기의 방법으로 수를 세어 보고, 실생활 장면에서 짝수와 홀수를 직관적으로 이해하게 한다.
- 두 자릿수를 10개씩 묶음과 낱개로 나타내게 함으로써 위치적 기수법의 기초 개념을 형성하게 한다.
- 수를 분해하고 합성하는 활동은 20 이하의 수의 범위에서 한다.
- '더한다', '합한다', '~보다 ~ 큰 수', '~보다 ~ 작은 수', '뺀다', '덜어낸다, '합', '차' 등의 일상용어를 사용하여 덧셈과 뺄셈의 의미에 친숙하게 한다.
- 덧셈은 두 자릿수의 범위에서 다루되, 합이 세 자릿수인 경우도 포함한다.
- 덧셈과 뺄셈을 여러 가지 방법으로 계산하는 활동을 통하여 연산 감각을 기르게 한다.
- 한 가지 상황을 덧셈식과 뺄셈식으로 나타내는 활동을 통하여 덧셈과 뺄셈의 관계를 이해하게 한다.
- □가 사용된 덧셈식과 뺄셈식은 □의 값을 직관적으로 구할 수 있는 수준으로 다룬다.
- 학생들에게 친근한 실생활 상황을 이용하여 덧셈과 뺄셈에 관련된 문제를 만들고 해결하게 한다.
- 곱셈의 의미는 배의 개념과 동수누가를 통하여 다루고, 1의 곱과 0의 곱은 실생활과 관련지어 다룬다.
- 수와 연산 영역의 문제 상황에 적합한 문제 해결 전략을 지도하여 문제 해결 능력을 기르게 한다.

(다) 평가 방법 및 유의 사항

- 덧셈과 뺄셈을 여러 가지 방법으로 계산하는 활동을 평가할 때는 학생들이 자유롭게 계산하도록 하는 데 초점을 두고 이를 지나치게 형식화하지 않도록 관찰, 면담 등의 다양한 방법을 이용한다.

초등학교 3~4학년

[1] 다섯 자리 이상의 수

· 10000 이상의 큰 수에 대한 자릿값과 위치적 기수법을 이해하고, 수를 읽고 쓸 수 있다.

· 다섯 자리 이상의 수의 범위에서 수의 계열을 이해하고 수의 크기를 비교할 수 있다.

2 **세 자릿수의 덧셈과 뺄셈**

- 세 자릿수의 덧셈과 뺄셈의 계산 원리를 이해하고 그 계산을 할 수 있다.
- 세 자릿수의 덧셈과 뺄셈에서 계산 결과를 어림할 수 있다.

3 **곱셈**

- 곱하는 수가 한 자릿수 또는 두 자릿수인 곱셈의 계산 원리를 이해하고 그 계산을 할 수 있다.
- 곱하는 수가 한 자릿수 또는 두 자릿수인 곱셈에서 계산 결과를 어림할 수 있다.

4 **나눗셈**

- 나눗셈이 이루어지는 실생활 상황을 통하여 나눗셈의 의미를 알고, 곱셈과 나눗셈의 관계를 이해한다.
- 나누는 수가 한 자릿수인 나눗셈의 계산 원리를 이해하고 그 계산을 할 수 있으며, 나눗셈에서 몫과 나머지의 의미를 안다.
- 나누는 수가 두 자릿수인 나눗셈의 계산 원리를 이해하고 그 계산을 할 수 있다.

(가) 학습 요소

- 나눗셈, 몫, 나머지, 나누어떨어진다, 분수, 분모, 분자, 단위분수, 진분수, 가분수, 대분수, 자연수, 소수, 소수점(.), ÷

(나) 교수·학습 방법 및 유의 사항

- 실생활에서 10000 이상의 큰 수가 쓰이는 경우를 찾고 큰 수와 관련하여 이야기하는 활동을 통하여 큰 수에 대한 양감을 기르고 필요성을 인식하게 한다.
- 10000 이상의 수를 비교하면서 수의 크기를 비교하는 방법을 찾아 설명하게 한다.
- 덧셈은 세 자릿수의 범위에서 다루되, 합이 네 자릿수인 경우도 포함한다.
- 곱셈은 '(두 자릿수)×(한 자릿수)', '(세 자릿수)×(한 자릿수)', '(두 자릿수)×(두 자릿수)', '(세 자릿수)×(두 자릿수)'를 포함한다.
- 나눗셈에서 '(두 자릿수)÷(한 자릿수)'는 나누어떨어지는 경우와 나누어떨어지지 않는 경우를 포함하여 몫과 나머지를 이해하게 하고, 나누는 수가 두 자릿수인 나눗셈에서는 '(두 자릿수)÷(두 자릿수)', '(세 자릿수)÷(두 자릿수)'를 다룬다.
- 한 가지 상황을 곱셈식과 나눗셈식으로 나타내는 활동을 통하여 곱셈과 나눗셈의 관계를 이해하게 한다.
- 덧셈, 뺄셈, 곱셈, 나눗셈을 하기 전에 계산 결과를 어림해 보고, 어림한 값을 이용하여 계산 결과가 타당한지 확인해보게 한다.
- 학생들에게 친근한 실생활 상황을 이용하여 덧셈, 뺄셈, 곱셈, 나눗셈에 관련된 문제를 만들고 해결하게 한다.

- 자연수의 사칙계산에서 계산 원리를 이해하거나 계산 기능을 숙달하는 것이 목적이 아닌 경우에는 계산기를 사용하게 할 수 있다.
- 1보다 작은 양을 나타내는 경우를 통하여 분수의 필요성을 인식하게 하고, 분수를 도입할 때 '분모', '분자'를 사용한다.
- 소수의 덧셈과 뺄셈은 계산 원리를 이해할 수 있는 수준에서 간단히 다룬다.
- 수와 연산 영역의 문제 상황에 적합한 문제 해결 전략을 지도하고, 문제 해결 과정을 설명하게 하여 문제 해결 능력을 기르게 한다.

(다) 평가 방법 및 유의 사항

- 다섯 자리 이상의 수에 대해 평가를 할 때는 수를 읽고 쓰는 것뿐만 아니라 수에 대한 양감과 필요성을 인식하게 할 수 있는 문제를 다룬다.
- 나눗셈에 대한 검산에서는 나눗셈식을 보고 곱셈식으로 나타내는 것보다 검산의 목적과 필요성을 이해하는지에 초점을 두고 평가를 한다.

초등학교 5~6학년

1 자연수의 혼합 계산

· 덧셈, 뺄셈, 곱셈, 나눗셈의 혼합 계산에서 계산하는 순서를 알고, 혼합 계산을 할 수 있다.

2 약수와 배수

· 약수, 공약수, 최대공약수의 의미를 알고 구할 수 있다.
· 배수, 공배수, 최소공배수의 의미를 알고 구할 수 있다.
· 약수와 배수의 관계를 이해한다.

(가) 학습 요소

- 약수, 공약수, 최대공약수, 배수, 공배수, 최소공배수, 약분, 통분, 기약분수

(나) 교수·학습 방법 및 유의 사항

- 자연수의 혼합 계산은 계산 순서에 중점을 두고, 지나치게 복잡한 혼합 계산은 다루지 않는다.
- 약수와 배수는 실생활에서 활용되는 경우를 찾아 자연수 범위에서 다룬다.

- 최대공약수와 최소공배수는 두 수에 대해서 구하게 한다.
- 분모가 다른 분수의 크기 비교에서 수 감각을 이용하여 추론하고 토론하는 활동을 하게 한다.
- 분수의 나눗셈은 '(분수)÷(자연수)', '(분수)÷(분수)', '(자연수)÷(분수)'를 다룬다.
- 소수의 곱셈과 나눗셈은 계산 원리를 이해하는 수준에서 간단히 다루고, 복잡한 계산은 계산기를 사용하게 할 수 있다.
- 수와 연산 영역의 문제 상황에서 문제 해결 전략 비교하기, 주어진 문제에서 필요 없는 정보나 부족한 정보 찾기, 조건을 바꾸어 새로운 문제 만들기, 문제 해결 과정의 타당성 검토하기 등을 통하여 문제 해결 능력을 기르게 한다.

(다) 평가 방법 및 유의 사항

- 최대공약수와 최소공배수에 대한 평가에서 소인수의 곱으로 나타내어 구하는 방법은 다루지 않는다.
- 분수의 사칙계산에서 기약분수로 나타낼 것을 요구하지 않을 경우, 계산 결과를 기약분수가 아닌 분수로 나타내는 것도 허용한다.
- 분수의 통분을 이용한 문제에서 공통분모로 최소공배수뿐만 아니라 분모의 곱과 같은 공배수도 이용할 수 있게 한다.

[참고문헌]

교육부(2015). 수학과 교육과정. 교육부.

김용운·김용국(2009). 재미있는 수학여행 1–수의 세계. 김영사.

김응태·박승안(2009). 정수론. 경문사.

Nozaki, A, Ito J., Izumori H., & Ozawa, K.(2001). *Kazu to keisan No Imi Ga Wakaru*. Beret Publishing Co., INC. 고은진(역)(2008). 창의적 문제해결력 수학 1. 수와 계산. 살림Math.

박영훈(2017). 수학은 짝짓기에서 탄생하였다. 가갸날.

백석윤(2011). 페아노가 들려주는 자연수 이야기. 자음과 모음.

우정호(1998). 학교수학의 교육적 기초. 서울대학교출판부.

Auaknin, M. (2003). *Mystères des chiffres*. Editions Assouline. 변광배(역)(2006). 수의 신비. 살림.

Conway, H. J. & Guy, K. R. (1996). *The Book of Numbers*. Springer–Verlag. 이진주·황용석(공역)(2003). 수의 바이블. 한승.

Burton, D. M. (2011) *History of mathematics*. Mcgraw–Hill.

Boyer, B. C. (1991). *A History of Mathematics*. 양영오·조윤동(공역)(2000). 수학의 역사·상. 경문사.

Dantzig, T. (1953). *Number: The language of Science*. Pi Press. 심재관(역)(2007). 과학의 언어 수. 지식의 숲.

Devlin, K. (1994). *Mathematics: The Science of Patterns*. 허민·오혜영(공역)(1996). 수학: 양식의 과학. 경문사.

제2장 **분수와 소수**

1. 분수의 개념

> 수의 기원은
> 모호한 전체를
> 명확한 전체로 만드는
> 과정이다.
>
> –존 듀이

(1) 이론적 배경

1) 분수의 의미

분수가 역사적으로 등장한 것은 이집트의 파피루스에서이다. 그런데 이집트의 분수에는 $\frac{2}{3}$를 제외한 모든 분수가 단위분수의 합으로 되어있다. 즉 $\frac{3}{4}$ 대신 $\frac{1}{2}+\frac{1}{4}$, $\frac{7}{8}$ 대신 $\frac{1}{2}+\frac{1}{4}+\frac{1}{8}$로 표기되어있다. 이집트에서는 왜 $\frac{2}{3}$를 제외한 모든 분수를 이와 같이 서로 다른 단위 분수의 합으로 표현하였는지 Streefland는 그것이 발생한 맥락에서 다음과 같이 설명하고 있다. 그에 따르면, 7개의 빵을 8명에게 똑같이 나누어 주는 등분할의 상황에서 자연수로는 똑같이 나누어 주는 것이 가능하지 않으므로 먼저 4개를 각각 반씩 나누어서 한 사람에게 반($\frac{1}{2}$)씩 나누어주고, 다음으로 2개를 반의 반으로 나누어서 한 사람에게 반의 반($\frac{1}{4}$)씩 나누어주고, 마지막으로 남은 1개를 반의 반의 반으로 나누어서 한 사람에게 반의 반의 반($\frac{1}{8}$)씩 나누어주면 공평하게 나누어진다는 것이다. 다시 말해 $7 \div 8 = \frac{7}{8}$이나 이러한 구체적인 상황에서의 조작 활동을 반영하면 $\frac{7}{8}$이 아닌 $\frac{1}{2}+\frac{1}{4}+\frac{1}{8}$로 정리가 된다는 것이다. 이와 같이 분수는 역사적인 기록물을 참조해 볼 때, 공평한 나누기의 상황에서 자연수로 그 몫을 구하는 것이 곤란한 상황을 해결하는 수단으로 등장했다는 것이다. 이와 같이 분수 개념을 이해하는데 기초가 되는 아이디어가 등분할이다.

분수의 의미를 다룰 때 먼저 분명하게 구별해야 하는 용어가 유리수이다. 유리수rational number는 그 용어에서 알 수 있듯이 그 값을 두 '정수' a, b의 비 또는 몫으로 나타낼 수 있는 수로서 $\frac{a}{b}(b \neq 0)$로 나타내어진다. 이에 비해 분수는 그 값을 두 '수' a, b의 비 또는 몫으로 나타낼 수 있는 수로서 $\frac{a}{b}(b \neq 0)$로 나타내진다. 여기에서 유리수와 분수의 차이는 유리수는 두 정수의 비 또는 몫인데 비해, 분수는 그렇지 않다는 데 있다. 대표적으로 $\frac{\sqrt{3}}{4}$은 유리수는 아니지만 분수이다. 따라서 수학적으로 유리수의 집합은 분수의 부분집합이 되는 것이다방정숙 외, 2005, p. 1344. 그러나 초등학교에서는 무리수를 다루지 않고 0과 자연수를 다루기 때문에 그들로의 비 또는 몫으로 되어있는 유리수인 분수만을 제한적으로 다루며, 이를 유리수라 지칭하지 않고 분수라는 용어를 사용한다. 따라서 초등수학 수준에서 분수는 $\frac{a}{b}$ (a, b는 자연수, $b \neq 0$)라고 정의된다.

초등학생들이 분수 개념을 어려워하는 여러 가지 이유가 있으며 그 가운데 하나가 분수에 여러 가지 의미가 있기 때문이다. 분수가 가지고 있는 여러 가지 의미와 관련하여 서로 다른 의견이 있으나 연구자들은 대체적으로 부분-전체의 의미, 측정의 의미, 몫의 의미, 비의 의미, 연산자의 의미로 설명하고 있다김성준, 2013, pp. 130-134.

① 부분-전체의 의미

이 의미의 분수는 초등학교에서 최초로 다루는 분수의 의미로, 똑같이 나누어진 전체에서 부분의 크기를 전체에 대한 부분의 관계로 나타낸 것이다. 그런데 초등수학에서 이 의미의 분수를 다룰 때, 직관적인 이해를 용이하게 하도록 전체를 연속량 하나로 제시한다. 이때문에 학생들은 분수는 언제나 하나보다

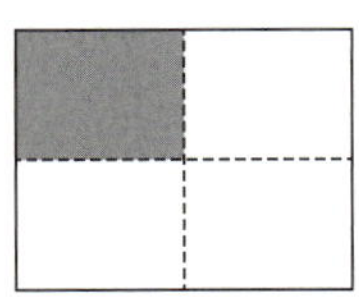

위의 그림에서 색칠된 부분은 전체를 똑같이 4로 나눈 것 가운데 1입니다.
이것을 $\frac{1}{4}$로 나타내고 4분의 1이라고 읽습니다.

그림 2.1 부분-전체 의미로서의 분수

는 작은 크기라는 오개념을 가지기 쉽다. 등분할된 대상에서의 부분의 크기를 부분－전체의 관계로 파악하여 분수 기호로 나타내는 능력은 그 대상이 연속량이든 이산량이든 관계없이 등분할되어 있기만 하다면 그것의 부분을 전체와의 관계로 파악하여 분수로 이해하는데 중요한 역할을 한다김성준 외, p. 130.

② 몫의 의미

분수 $\frac{a}{b}$는 $a \div b(b \neq 0)$의 몫으로 생각할 수 있다. 나눗셈의 몫이 분수가 되는 경우는 일반적으로 몫이 자연수가 되지 않는 경우이다. 몫으로서의 분수의 의미는 2015개정 수학교육과정에서 분수의 나눗셈을 도입하는 과정에서 (자연수) $\div$ (자연수) $=$ (자연수) $\times \frac{1}{\text{자연수}}$임을, 그리고 그것을 이용하여 $a \div b = \frac{a}{b}$로 나타낼 수 있다는 방식으로 다루어진다.

③ 비의 의미

비의 의미로서의 분수는 두 양의 상대적인 크기를 나타낸다. 서로 비교하는 두 양을 분수로 나타낼 수 있다는 것이다. 먼저 두 양 5와 15를 비교하는 방법에는 5가 15보다 10 작다고 차에 의해 비교하는 방법덧셈적 구조와 5는 15의 $\frac{1}{3}\left(=\frac{1}{15}\right)$라고 곱으로 비교하는 방법곱셈적 구조가 있다. 여기에서 두 수 5와 15를 곱으로 비교하는 방법에서 등장하는 $\frac{1}{3}\left(=\frac{1}{15}\right)$가 바로 비의 의미로서의 분수이다.

그리고 곱셈적 구조는 교실에 남학생 20명과 여학생이 10명이 있을 때, "남학생은 전체의 $\frac{20}{30}$이다. 혹은 여학생은 전체의 $\frac{10}{30}$이다"라고 비교하는 포함inclusive의 경우와 같은 상황에서 "남학생은 여학생의 2배이다. 여학생은 남학생의 $\frac{10}{20}$이다"라고 비교하는 분리exclusive의 경우로 구분할 수 있다.

④ 측정의 의미

다음의 막대를 주어진 길이의 단위로 측정하려고 한다.

- 단위: 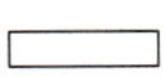
- 막대 1: 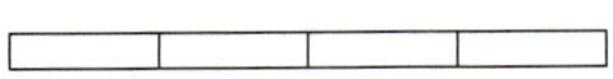

측정의 결과 막대의 길이는 단위의 4배이다. 같은 단위로 다음 막대의 길이를 측정해보자.

- 단위: 
- 막대 2: 

그 결과 막대 2의 길이는 주어진 단위의 4배보다 조금 더 길고 5배에는 미치지 못한다. 이때 자연수만으로는 측정의 결과를 나타낼 수 없게 된다. 4배보다 조금 더 긴 남은 부분은 주어진 단위를 2등분 한 것 가운데 1이라면 막대 2의 전체 길이는 4와 $\frac{1}{2}$이 된다. 이와 같은 상황에서 등장하는 분수가 측정의 의미이다.

⑤ 연산자의 의미

연산자로서의 분수는 주어진 대상을 또 다른 대상으로 확대하거나 축소하는 함수로서의 의미이다. 예를 들면 12의 $\frac{2}{3}$를 구하기 위해서는 '12를 3등분하여 한 부분의 크기를 구하고 그것의 2에 해당하는 부분을 구해야 한다. 즉,

표 2.1 분수의 여러 가지 의미(방정숙, p. 1345)

분수의 의미	설명	예($\frac{2}{5}$)
부분-전체	· 똑같은 부분으로 나눈 전체(분모)에 대한 부분의 수(분자)를 의미	전체를 5등분했을 때의 2부분 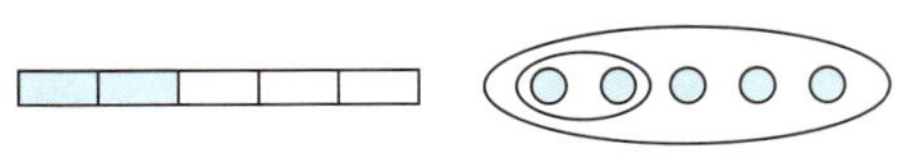
몫	· 나눗셈의 몫을 의미	빵 2개를 5명에게 똑같이 나누어 줄 때 한 사람의 몫
비	· 두 양 사이의 관계를 나타냄 · 부분-전체의 관계가 있는 경우와 없는 경우가 있음	· 부분-전체의 관계가 있는 경우 전체 5개의 바둑돌에 대한 검은 바둑돌 2개의 비 · 부분-전체의 관계가 없는 경우 검은 바둑돌 5개에 대한 흰 바둑돌 2개의 비
연산자	· 분수를 곱하는 함수를 의미	15를 입력하면 6으로, 20을 입력하면 8로, 25를 입력하면 10으로 출력되는 규칙을 가진 입출력기
측정	· 어떤 양을 측정한 결과로서의 분수 · 연속적인 분할이 일어나는 측정	44cm인 나무막대를 10cm인 단위막대로 길이를 측정하면 자연수배인 4배를 하고 4cm가 남게 된다. 이때 4cm는 1/처음단위. 즉 $\frac{1}{10}$로 측정하면 $\frac{1}{10}$을 4번 측정한 값이 되기 때문에 $\frac{4}{10}$가 된다.

12를 3으로 나눈 후 2를 곱해야 한다' 그 결과 8을 얻게 된다. 이때, $\frac{2}{3}$는 주어진 12를 8로 변형시키는 함수, 즉 연산자의 의미를 가지게 되는 것이다.

이상과 같은 분수의 의미를 요약 정리하면 다음의 표 2.1과 같다.

2) 분수 지도를 위한 모델

① 영역 모델

이는 부분-전체 의미로서의 분수의 의미를 지도하기에 적합한 모델로서 전체가 연속량인 영역으로 주어지는 다음과 같은 모형이다.

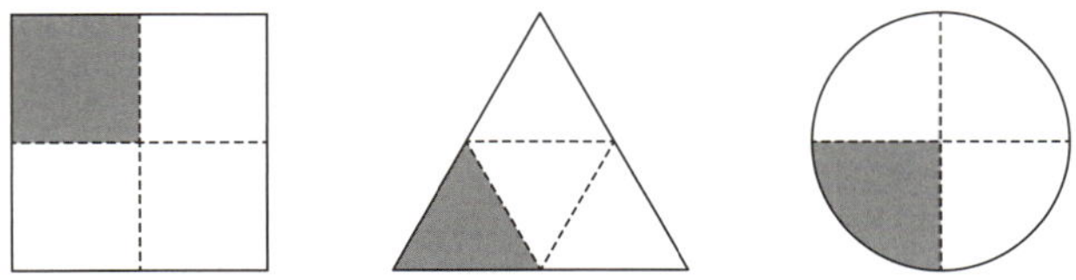

그림 2.2 $\frac{1}{4}$을 나타내는 영역 모형

$\frac{1}{4}$을 나타내는 영역 모델 가운데 직사각형은 등분할이 용이하며, 원은 전체로 파악하기 용이하지만 등분할이 어렵다. 이에 비해 삼각형은 하나의 전체로 파악하기 어렵고 등분할도 용이하지 않다는 특징을 가지고 있다. 그러나 등분할된 전체에서 부분을 전체와의 관계로 나타내는 분수의 본질적인 의미를 지도하기 위해서는 하나의 모델보다 다양한 모델을 사용하는 것이 바람직하다.

이 모델을 활용하여 분수의 의미를 지도할 때 교사는 주어진 영역을 전체로 다루어서 '전체를 똑같이 4로 나눈 것 가운데 1을 $\frac{1}{4}$이라고 나타낸다'고 지도해야 한다. 그렇게 하지 않고 '하나를 똑같이 4로 나눈 것 가운데 1'로 다루게 되면 학생들은 둘 이상의 이산량으로 주어진 전체가 등분할된 상황에 분수를 적용하는 것에 어려움을 겪게 된다.

② 넓이 모델

그림 2.2의 영역 모델에서 등분할된 각 부분은 모양과 크기가 같은 합동이며

각 모델에서 색칠된 부분은 $\frac{1}{4}$이다. 그러나 그림 2.3의 넓이 모델에서 각 부분은 합동은 아니지만 넓이는 같다. 따라서 모델은 등분할되어 있다고 할 수 있고 그 가운데 색칠된 부분을 부분-전체 관계로 $\frac{1}{4}$로 나타낼 수 있다.

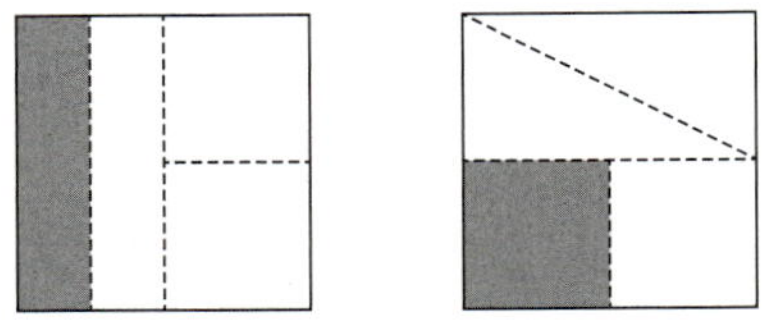

그림 2.3 $\frac{1}{4}$을 나타내는 넓이 모델

③ 길이 모델

길이 모델은 전체가 연속량으로 주어진다는 면에서 영역 모델과 비슷하지만 등분할을 한 방향으로만 하여 제시된다는 점에서 다르다.

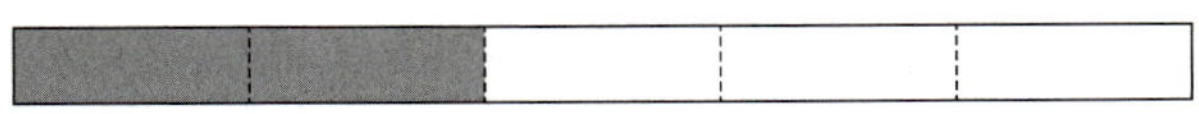

그림 2.4 $\frac{2}{5}$를 나타내는 길이 모델

이 모델은 수직선과 같이 분수가 차지하는 부분을 한쪽 방향으로만 나타낼 수 있고 기준선을 일치시킬 수 있어, 이 모델로 분수를 나타내면 분수의 대소 비교를 직관적으로 파악하기 쉽고, 자연수 덧셈이나 뺄셈과 같이 동분모 분수의 덧셈, 뺄셈을 직관적으로 나타내기 쉽다.

④ 집합 모델

앞서의 모델은 모두 전체가 연속량인데 비해 집합 모델은 그림 2.5와 같이 이산량으로 주어지는 모델이다. 선행 연구에 의하면 학생들은 전체가 이산량으로 주어지는 집합에 분수 아이디어를 적용하는 것을 어려워한다. 그 이유는 초기 분수의 학습에서 등분할된 영역 모델에서의 부분의 크기를 전체와의 관계로 파악할 때 주어진 영역을 전체가 아니라 단지 하나로 인식했기 때문이다. 그와 같은 이유에서 전체가 이산량인 집합 모델로 주어지고 그 가운데 $\frac{\triangle}{\square}$를 구하라는 문제를 만나면 어떻게 해결해야 할지 난감해한다는 것을 여러 연구 결과가 말해주고 있다.

학생들이 차후의 학습에서 이와 같은 어려움을 겪지 않게 하기 위해서 교사는 영역 모델을 활용하여 분수의 의미를 학습할 때 '하나'가 아니라 '전체'임을 강조해야 한다. 그렇게 해야 전체가 이산량으로 주어져도 그것의 $\frac{\triangle}{\square}$를 전체를 □등분하였을 때 그 가운데 △만큼의 부분의 크기임을 파악할 수 있다.

그림 2.5 $\frac{1}{4}$을 나타내는 집합 모델

3) 분수와 자연수와의 비교

Skemp에 따르면 어떤 것을 이해하였다는 것은 그것을 적절한 스키마에 동화시킨 것이다김수미 외 2017, p. 76. 이것으로 볼 때 인간은 새로운 내용을 이해하기 위해 그것을 기존의 스키마와 비교하거나 그것에 비추어 동화하려고 시도한다. 그러나 분수의 학습을 위해 학습자가 기존의 수 개념인 자연수에 비추어서 동화하려고 시도하면 그것은 이해에 도움을 주기보다는 오류의 원인이 됨을 우리는 경험적으로 알고 있다. 그 이유는 분수가 여러 가지 점에서 자연수와는 다르기 때문이다.

자연수는 이산량을 세는 것을 바탕으로 하는 데 비해 분수는 이산량뿐 아니라 연속량도 등분할하는 것을 바탕으로 학습하게 된다. 각 수를 나타내는 기호를 보더라도 자연수는 0~9까지의 수와 자릿값으로 각 크기를 나타내는 하나의 수로 표현되지만 분수는 분모와 분자 두 부분으로 표현되어 분수의 크기를 바르게 이해하기 위해서는 두 부분의 관계로 파악되어야 한다. 게다가 자연수에서 어떤 양의 크기를 나타내는 기호는 5, 27과 같이 한 가지이지만 분수는 $\frac{3}{4}$의 크기를 $\frac{3}{4}$뿐 아니라 $\frac{6}{8}$, $\frac{9}{12}$, $\frac{12}{16}$, $\frac{15}{20}$, …등으로 무한하게 나타낼 수 있다. 이로 볼 때 분수는 곱셈적 구조를 구체화한 것이다방정숙, p. 1346.

또한 자연수는 수직선에 나타낼 수 있어 그것을 보고 서로 다른 수들 간의 대소 관계를 쉽게 파악할 수 있고, 이어 나타내거나 거꾸로 나타내어 직관적인 덧셈과 뺄셈 계산의 이해에 용이하다. 그러나 분수는 분모에 따라 단위의 크기가 달라서 동분모의 경우에는 자연수와 같이 수직선 위에 나타낼 수 있으나 일반적으로는 그렇지 못해 수직선을 통해 대소 비교나 덧셈, 뺄셈을 직관적으로 이해하기 어렵다.

이상에서 살펴본 바와 같이 분수는 자연수와 본질적으로 여러 가지 점에서 다르기 때문에 자연수에 비추어서 이해하기 어려운 내용이라 할 수 있다. 이는 학생들이 분수와 그 연산을 왜 그토록 어려워하는지 이해하게 해주며, 분수 개념이 견실한 개념적 토대 위에 지도되어야 한다는 것을 보여준다.

4) 분수의 종류

초등학교에서 지도되고 있는 분수의 종류와 그 의미는 다음과 같다.

분수의 이름	그 의미	예
단위 분수	분자가 1인 분수	$\frac{1}{2}$, $\frac{1}{3}$, $\frac{1}{8}$
진분수	분자가 분모보다 작은 분수	$\frac{2}{3}$, $\frac{3}{5}$, $\frac{5}{9}$
가분수	분자가 분모보다 크거나 같은 분수	$\frac{4}{4}$, $\frac{6}{5}$, $\frac{15}{11}$
대분수	자연수와 진분수로 이루어진 수	$2\frac{1}{4}$, $5\frac{3}{7}$, $4\frac{2}{5}$

배종수1999에 의하면 가분수는 분수의 정의에서 유도된 것이 아니라 여러 진분수로의 계산의 결과로 나타난 것으로 해석하는 것이 자연스럽다. 그와 마찬가지로 대분수도 앞서의 과정에서 나타난 가분수의 양의 크기를 표현하는 다른 방법으로 간주하는 것이 자연스럽다.

(2) 분수 개념 지도의 실제

1) 분수 개념의 도입

학교수학에서 수학적 개념이 형성되고 이해되는 정도는 교사가 제시하는 표현에 의해 좌우된다. 교사가 표현을 제시할 때 중요한 전략은 수학적 의미를 살리면서 표현 규약을 의식하도록 하는 것이다. 수학적 개념과 관련하여 가능한 한 다양한 표현을 다루는 것은 일반적으로 효과적인 방법으로 간주되고 있다장혜원, 1997, pp. 36–38. 따라서 수학적 개념은 실제적 표현, 조작적 표현, 시각적 표현, 언어적 표현, 기호적 표현 간의 상호작용 과정으로 지도하는 것이 바람직하다.

그런데 기호로 표현되는 수학적 개념을 지도하기 위해 도입되는 실제적 표현, 조작적 표현, 시각적 표현은 모두 그것을 구체화한 모델이라 할 수 있다. 그렇다면 5가지 다양한 표현 간의 상호작용으로 수학적 개념을 지도하는 과정은 모델, 기호, 언어적 표현 간의 상호작용으로 단순화 될 수 있다.

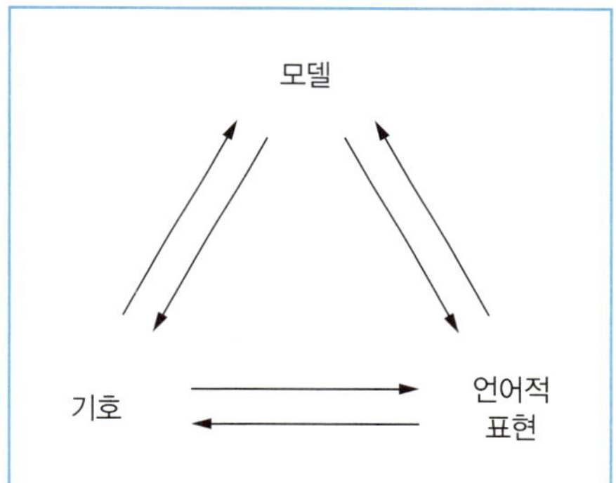

그림 2.6 표현 사이의 상호작용에 의한 수학적 개념의 지도 과정

분수 개념을 지도하는 과정은 이 개념의 핵심 아이디어를 포함하는 상황에서 출발하여 구체적이고 비형식적인 표현에서 비교적 추상적이고 형식적인 표현의 방향을 따르는 것이 바람직하다. 그들은 분수 개념에 의미 있게 접근하는 과정을 다음의 4단계로 소개하였으며 그 과정은 다음과 같다Baroody & Coslick, 2005, pp. 333–337, 방정숙 외 2005.에서 재인용.

① 1단계: 분수 이전의 등분할 경험

분수라는 용어나 기호를 도입하기에 앞서 이 개념의 핵심적인 아이디어인 등분할을 경험하는 상황에서 활동하도록 하는 것이 분수를 이해할 수 있는 중요한 역할을 할 수 있다. 사탕 15개를 3명이 똑같이 나누기와 같은 이산량에서의 등분할, 편지 봉투에 종이를 넣기 위해 3등분으로 접기와 같은 연속량에서의 등분할 활동이 그 예가 될 수 있다. 이와 같은 상황은 분수를 기호로 의미 있게 이해하도록 도와주는 모델인 것이다.

② 2단계: 모델을 언어적으로 표현하기, 언어적 표현을 모델로 나타내기

- 2-A단계: 구체적 모델을 언어적으로 표현하기

앞서 모델을 통해 경험했던 등분할의 결과를 기호로 나타내기 전에 먼저 언어적으로 표현하게 한다. 사탕 15개를 3명이 똑같이 나누기 상황에서 5개는 15개를 3묶음으로 똑같이 나눈 것 가운데 1묶음으로 →3분의 1로, 편지 봉투에 종이를 넣기 위해 3등분으로 접었을 때 한 부분은 전체를 똑같이 3등분 한 것 가운데 1부분으로 →3분의 1로 언어적으로 표현한다.

- 2-B단계: 언어적 표현을 모델로 나타내기

다음으로 4개로 등분할된 종이에서 4분의 1을 표시하기, 12개로 잘려진 피자 한 판을 주고 4분의 1을 표시하기와 같은 활동을 한다.

③ 3단계: 언어적 표현을 기호로, 기호를 모델과 언어적 표현으로 나타내기

- 3—A단계: 언어적 표현을 기호로 나타내기

4분의 1, 3분의 2와 같은 언어적 표현을 좀 더 간결하게 나타낼 필요성을 언급하면서 간결한 수학적 기호인 분수의 표기를 도입한다. 그러나 그것이 피상적인 이해에 그치지 않도록 분모와 분수 그리고 그 가운데 그어진 선에 대한 의미를 등분할 경험과 연관시켜야 한다.

부분-전체의 의미	몫의 의미
2 → 두 묶음	1 → 한 부분
— → 똑같이 나누기	— → 똑같이 전체를 나눈다
3 → 세 묶음	4 → 크기가 같은 4부분

- 3-B단계: 분수 기호를 모델과 언어적 표현으로 나타내기

$\frac{2}{3}$나 $\frac{1}{4}$과 같은 분수 기호를 일상용어로 읽게 하고, 분수 기호를 주고 그것을 나타내는 모델을 제시하거나 그리게 한다. 여기에서 교사는 그림 2.2와 같이 등분할된 모델을 주고 그 가운데 색칠된 부분을 분수로 나타내보게 할 수도 있고, 등분할되지 않은 모델을 제시하여 분모만큼 등분할하여 분자의 크기

에 해당하는 영역을 모델에 표시하게 할 수 있다.

④ 분수 기호를 추상적으로 사용하기

- 4-A단계: 분수 기호가 포함된 활동을 하면서 그에 대응하는 구체적 모델을 내적 이미지(mental image)로 참조하게 하기
- 4-B단계: 모델이나 이미지의 도움 없이 분수를 추상적인 수로 사용하기

위의 단계에서 4-A와 4-B단계는 학습자가 분수 개념을 사용하는 발달의 정도를 나타낸 것이라 할 수 있기 때문에 교사가 지도하는 과정은 3단계까지라고 할 수 있다.

2) 동치 분수의 지도

앞선 자연수와 분수의 비교에서 살펴보았듯이, 자연수에서는 어떤 양의 크기는 5, 27, 1023과 같이 한 가지 방법으로만 나타낼 수 있지만, 분수는 $\frac{3}{4}$의 크기를 $\frac{3}{4}$뿐 아니라 $\frac{6}{8}$, $\frac{9}{12}$, $\frac{12}{16}$, $\frac{15}{20}$, … 등과 같이 곱셈적 구조에 기초하여 수많은 동치분수로 나타낼 수 있다. 분수의 지도에서 분수의 대소 비교, 분수의 덧셈과 뺄셈 계산방법은 동치분수의 이해를 그 바탕에 두고 있다.

① 부분-전체의 의미 분수에서 동치 분수의 지도

다음 모델에서 색칠된 부분의 크기는 전체를 똑같이 3으로 나눈 것 가운데 2이므로 $\frac{2}{3}$이다. 이 모델을 세로로 이등분하여 접으면 색칠된 부분의 크기는 $\frac{4}{6}$이다. 그것을 원래 모델의 $\frac{2}{3}$와 연결하여 나타내면 전체의 개수가 2배로 늘어났고 부분의 개수도 2배로 늘어나서 $\frac{2\times 2}{3\times 2}=\frac{4}{6}$가 된다. 이런 식으로 $\frac{2}{3}$를 나타내는 원래 모델을 세로로 3등분하면 색칠된 부분은 $\frac{2\times 3}{3\times 3}=\frac{6}{9}$으로 나타낼 수 있다. 따라서 $\frac{2}{3}$, $\frac{4}{6}$, $\frac{6}{9}$은 같음을 알 수 있고 $\frac{2}{3}=\frac{4}{6}=\frac{6}{9}=\frac{8}{12}$, …과 같은 동치분수로 나타낼 수 있다.

앞서와 반대의 과정을 따르면 $\frac{8}{12}=\frac{8\div 2}{12\div 2}=\frac{4}{6}$, $\frac{8}{12}=\frac{8\div 4}{12\div 4}=\frac{2}{3}$이다.

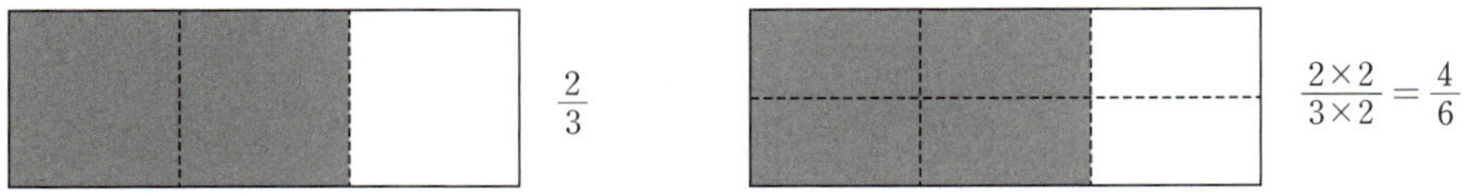

그림 2.7 동치분수 지도의 모형

② 몫의 의미 분수에서 동치 분수의 지도

몫의 의미를 경험할 수 있는 공평하게 나누기 상황을 이용하여 동치 분수를 지도할 수 있다. 8개의 빵을 12사람이 똑같이 나누어 먹을 때 한 사람이 먹는 양이 같아지게 하려고 한다. 그런데 인원이 너무 많아서 두 테이블에 나누어 앉도록 하여 똑같이 나누어주면 4개의 빵을 6사람이 똑같이 나누게 되고, 이 사람들을 두 테이블에 나누어 앉도록 하여 같은 양이 되게 하려면 2개의 빵을 3사람이 나누어 먹는 것이다. 결국 마지막 테이블에서 한 사람이 받게 되는 몫은 $\frac{2}{3}$이고 이 몫은 앞서의 몫과 같다. 즉, $\frac{2}{3}=\frac{2\times2}{3\times2}=\frac{2\times4}{3\times4}$가 되는 것이며 $\frac{2}{3}=\frac{4}{6}=\frac{8}{12}$, …로 만들 수 있다.

③ 연산자 의미 분수에서의 동치분수의 지도

그림 2.8에서와 같이 12의 $\frac{1}{3}$과 12의 $\frac{2}{6}$의 결과는 모두 4로 같다. 이러한 과정을 통하여 연산자 의미의 분수에서 동치분수를 지도할 수 있다.

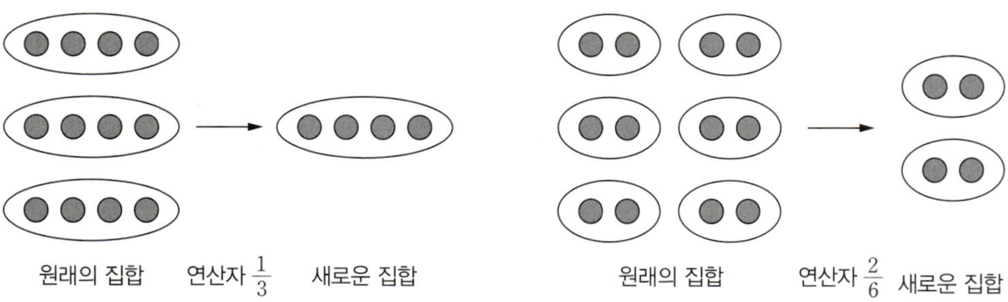

그림 2.8 연산자 의미 분수에서의 동치 분수

3) 분수의 크기 비교

분수의 크기 비교를 관계적으로 이해하기 위해 먼저 자연수의 크기를 어떻게 했는지 살펴보아야 한다. 그림 2.9에서 볼 수 있듯이 자연수의 크기를 비교하기 위해서는 각 자릿값의 크기, 즉 각 단위대로 비교하여야 한다. 두 수의 크기를 비교하는 주요 아이디어는 단위의 생각이다. 분수의 크기 비교를 관계적으로 이해하도록 돕기 위해서는 이러한 자연수 크기 비교의 아이디어와 연결해야 한다.

활동 83과 78의 크기를 비교하여 보시오.

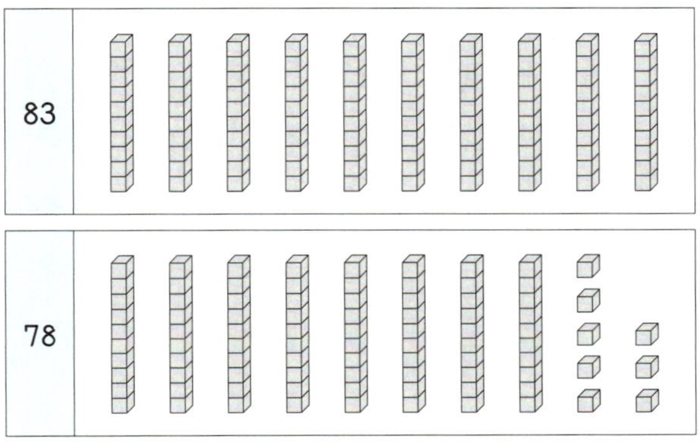

• 83은 78보다 (큽니다 , 작습니다).

활동 콩의 수를 각각 수 모형으로 나타내고, 두 수의 크기를 비교해 보시오.

450 ◯ 350

그림 2.9 자연수의 크기를 비교하는 방법

① 분모가 같은 분수의 크기 비교

가장 큰 단위부터 같은 단위끼리 비교하여 두 수의 대소를 비교하는 아이디어는 동분모 분수의 비교에 쉽게 적용된다. 왜냐하면 동분모 분수는 분모, 즉 단위가 같기 때문이다. 이를 이용하여 $\frac{5}{7}$와 $\frac{3}{7}$을 비교하여 보자. 먼저 모델을 사용하여 직관적으로 $\frac{5}{7}$가 $\frac{3}{7}$보다 크다는 것을 이해시킬 수 있다. 그러나 분수의 크기를 비교하기 위해 언제나 모델을 사용하는 것은 불편하기 때문에 그 직관적 모델로부터 다음과 같은 본질을 이끌어내어 이해하게 해야 한다. 즉 $\frac{5}{7}$는 $\frac{1}{7}$이 5개, $\frac{3}{7}$은 $\frac{1}{7}$이 3개라는 단위의 개념으로 접근하여야 한다. 이로부터 동일한 단위가 5개인 분수가 3개인 분수보다 크다는 사실을 도출할 수 있다.

② 분모가 다른 분수의 크기 비교

같은 단위끼리 비교하여 두 수의 대소를 비교하는 아이디어는 분모가 다른 두 분수의 크기 비교에 바로 적용될 수 없다. 왜냐하면 서로 단위의 크기가 다르기 때문이다. 따라서 단위의 크기를 같게, 즉 분모를 같게 만들어야 서로 크기를 비교할 수 있다. 여기에서 통분의 필요성이 대두되는 것이다. 예를 들면 $\frac{5}{7}$와 $\frac{3}{5}$을 비교하기 위해서는 서로 다른 단위인 $\frac{1}{7}$과 $\frac{1}{5}$을 같은 단위인 $\frac{1}{35}$로 통분해야 비교가 가능하다. $\frac{5}{7}$와 $\frac{3}{5}$을 $\frac{25}{35}$와 $\frac{21}{35}$로 통분해야 비로소 같은 단위가 되어 $\frac{1}{35}$이 25개인 $\frac{25}{35}$가 $\frac{1}{35}$이 21개인 $\frac{21}{35}$보다 크다는 것을 알 수 있다.

2. 분수의 연산

(1) 이론적 배경

1) 분수의 덧셈

34+15와 같은 자연수끼리의 덧셈을 지도할 때, 이를 그림 2.10과 같은 세로셈으로 나타내 지도한다.

$$\begin{array}{r} 3\ 4 \\ +\ 1\ 5 \\ \hline 4\ 9 \end{array} \qquad \begin{array}{r} {\scriptstyle 1}\ \ \ \\ 3\ 4 \\ +\ 1\ 7 \\ \hline 5\ 1 \end{array}$$

그림 2.10 자연수의 덧셈

세로셈 형식으로 지도하는 이유는 십의 자리는 십의 자리끼리, 일의 자리는 일의 자리끼리, 즉 같은 단위끼리의 합이라는 덧셈의 아이디어를 명시적으로 드러내기 위해서이다.

이와 같이 덧셈에서 중요한 아이디어는 같은 단위끼리의 합이다. 그리고 어떤 자리에서의 단위끼리의 합이 10을 넘으면 십진법의 약속에 따라 바로 위의 단위 하나로 묶여서 교환받아올림된다. 이와 같은 덧셈의 아이디어는 그 대상이 자연수를 넘어서 분수, 소수가 되어도 그대로 이어진다. 그런데 자연수는 더하는 수 자체의 자릿값에 의해 그 단위가 결정되기 때문에 단위를 통일시켜야 할 필요성이 없으나 분수의 덧셈은 단위가 분모에 의해 결정되므로 분모가 다른 경우에는 단위의 통일이 필요하다방정숙, p. 1403.

동분모 분수끼리의 덧셈은 모두 같은 단위이므로 자연수 덧셈의 아이디어에 따라 쉽게 계산할 수 있다. 그런데 이분모 분수의 덧셈의 경우 앞서의 덧셈의 의미가 그대로 적용될 수 없다. 왜냐하면 분모, 즉 단위가 서로 다르기 때문이다. 따라서 그러한 경우 덧셈이 가능하기 위해서는 먼저 단위, 즉 분모를 같게 만드는 통분의 과정이 선행되어야 한다.[1]

$$\begin{array}{rr} & 2\ \frac{1}{5} \\ + & 1\ \frac{2}{5} \\ \hline & 3\ \frac{3}{5} \end{array} \qquad \begin{array}{rr} & {\scriptstyle 1}\ \ \\ & 2\ \frac{4}{5} \\ + & 1\ \frac{2}{5} \\ \hline & 4\ \frac{1}{5} \end{array}$$

그림 2.11 동분모 분수의 덧셈

$$\begin{array}{rr} & 2\ \frac{2}{5} \\ + & 1\ \frac{2}{3} \\ \hline & \end{array} \quad \longrightarrow \quad \begin{array}{rr} & {\scriptstyle 1}\ \ \\ & 2\ \frac{6}{15} \\ + & 1\ \frac{10}{15} \\ \hline & 4\ \frac{1}{15} \end{array}$$

그림 2.12 이분모 분수의 덧셈

그리고 분수의 덧셈이 적용되는 상황은 자연수의 경우에서와 같이 첨가의 의미와 합병의 의미가 있다.

1 일반적으로 분수 덧셈, 뺄셈은 자연수의 덧셈, 뺄셈과 같이 세로셈으로 표현하지 않는다. 그러나 이 계산 가운데 포함된 주된 아이디어가 자연수의 그것과 동일하기 때문에 싱가포르 교과서에서는 분수의 덧셈, 뺄셈을 세로셈으로 제시하고 있다.

2) 분수의 뺄셈

38－15와 같은 자연수끼리의 뺄셈을 지도할 때, 이를 다음과 같은 세로셈으로 나타내 지도한다.

$$
\begin{array}{rrr} & 3 & 8 \\ - & 1 & 5 \\ \hline & 2 & 3 \end{array}
\qquad\qquad
\begin{array}{rrr} & {\scriptstyle 2} & {\scriptstyle 10} \\ & \not{3} & 8 \\ - & 1 & 9 \\ \hline & 1 & 3 \end{array}
$$

그림 2.13 자연수의 뺄셈

세로셈 형식으로 지도하는 이유는 십의 자리는 십의 자리끼리, 일의 자리는 일의 자리끼리, 즉 가튼 단위끼리의 합이라는 뺄셈의 아이디어를 명시적으로 드러내기 위해서이다.

이와 같이 뺄셈에서 중요한 아이디어는 같은 단위끼리의 차라는 의미이다. 그리고 어떤 자리에서 단위끼리의 차를 구할 수 없으면 십진법의 약속에 따라 바로 위의 단위 하나를 가지고 와서 10개로 풀어 교환받아내림한다. 이와 같은 뺄셈의 아이디어는 그 대상이 자연수를 넘어서 분수, 소수가 되어도 그대로 이어진다. 그런데 자연수는 빼는 수 자체의 자릿값에 의해 그 단위가 결정되기 때문에 단위를 통일시켜야 할 필요성이 없으나 분수의 뺄셈은 단위가 분모에 의해 결정되므로 분모가 다른 경우에는 단위의 통일이 필요하다방정숙, p. 1403.

동분모 분수끼리의 뺄셈은 모두 같은 단위이므로 자연수 뺄셈의 아이디어에 따라 쉽게 계산할 수 있다. 그런데 이분모 분수의 뺄셈의 경우 앞서의 뺄셈의

$$
\begin{array}{rrr} & 3 & \frac{3}{5} \\ - & 1 & \frac{2}{5} \\ \hline & 2 & \frac{1}{5} \end{array}
\qquad\qquad
\begin{array}{rrr} & {\scriptstyle 2} & {\scriptstyle \frac{5}{5}} \\ & \not{3} & \frac{3}{5} \\ - & 1 & \frac{4}{5} \\ \hline & 1 & \frac{4}{5} \end{array}
$$

그림 2.14 동분모 분수의 뺄셈

$$
\begin{array}{rrr} & 2 & \frac{2}{5} \\ - & 1 & \frac{1}{3} \\ \hline \end{array}
\longrightarrow
\begin{array}{rrr} & 2 & \frac{6}{15} \\ - & 1 & \frac{5}{15} \\ \hline & 1 & \frac{1}{15} \end{array}
$$

그림 2.15 이분모 분수의 뺄셈

의미가 그대로 적용될 수 없다. 왜냐하면 분모, 즉 단위가 서로 다르기 때문이다. 따라서 그러한 경우 뺄셈이 가능하게 되기 위해서는 먼저 단위, 즉 분모를 같게 만드는 통분의 과정이 선행되어야 하는 것이다.

그리고 분수의 뺄셈이 적용되는 상황은 자연수의 경우에서와 같이 제거, 비교 그리고 완성의 의미[2]가 있다.

3) 분수의 곱셈

분수의 곱셈은 '$\frac{a}{b}$와 $\frac{c}{d}$를 임의의 분수라고 하면 $\frac{a}{b} \times \frac{c}{d} = \frac{ac}{bd}$'라고 정의된다.

그리고 분수의 곱셈은 (분수)×(자연수), (자연수)×(분수), (분수)×(분수)로 나누어 지도할 수 있다. 이 가운데 자연수의 곱셈의 의미와 가장 유사한 것은 (분수)×(자연수)이다. $\frac{2}{3} \times 5$는 $\frac{2}{3}$를 5번 더하는 동수누가로 설명된다. 그러나 이와 같은 동수누가로서의 곱셈의 의미로 다른 분수의 곱셈을 이해할 수는 없다.

Baroody & Coslick1998은 분수의 곱셈을 이해시키기 위해 묶음에 의한 설명, 넓이에 의한 설명, 비율에 의한 설명 방법을 이용할 것을 권고하고 있다방정숙, p. 1469.

모든 분수의 곱셈은 묶음의 의미로 설명할 수 있다. 5×4는 5개짜리 4묶음으로 설명할 수 있는 것처럼, $5 \times \frac{2}{3}$는 5개짜리 $\frac{2}{3}$묶음으로, $\frac{2}{3} \times \frac{1}{2}$은 $\frac{2}{3}$짜리 $\frac{1}{2}$묶음으로 설명할 수 있다. (분수)묶음으로 설명하는 것은 (자연수)묶음으로 설명하는 것에 비해 부자연스럽기는 하지만 이런 방식으로 모든 분수의 곱셈을 설명하는 것은 가능하다.

또한 분수의 곱셈은 넓이의 의미로도 설명될 수 있다. 예를 들면, $\frac{2}{3} \times 5$는 가로가 $\frac{2}{3}$m, 세로가 5m인 직사각형의 넓이로, $5 \times \frac{2}{3}$는 가로가 5m, 세로가 $\frac{2}{3}$m인 직사각형의 넓이로, $\frac{2}{3} \times \frac{1}{2}$는 가로가 $\frac{2}{3}$m, 세로가 $\frac{1}{2}$m인 직사각형의 넓이로 설명할 수 있다. 넓이의 의미로 분수의 곱셈을 설명하면 곱하는 수가

---

2 '한수는 주스 $\frac{3}{5}$컵을 가지고 있다. 그런데 선생님께서 주스 3컵을 가지고 오라고 하셨다. 한수에게 얼마의 주스가 더 필요한가?'와 같은 상황이 완성의 의미의 뺄셈이다.

자연수이든 분수이든 관계없이 자연스럽게 이해시킬 수 있다.

마지막으로 분수의 곱셈은 비율의 상황으로 설명할 수 있다. $\frac{2}{3}\times\frac{1}{2}$는 시속 $\frac{2}{3}$km로 $\frac{1}{2}$시간 동안 간 거리로 설명할 수 있다.

한편 2009 개정 수학교육과정에 따른 초등 수학 교과서에서는 (분수)×(자연수)는 동수누가와 묶음의 의미로, (자연수)×(분수), (분수)×(분수)는 넓이의 의미로 설명하여 지도하도록 되어있다.

그러나 알고리즘의 의미로 보면 (분수)×(자연수), (자연수)×(분수), (분수)×(분수) 가운데 일반적인 형태는 (분수)×(분수)이다. 왜냐하면 (분수)×(자연수)는 $\frac{a}{b}\times c=\frac{a}{b}\times\frac{c}{1}=\frac{a\times c}{b\times 1}=\frac{ac}{b}$이고, (자연수)×(분수)는 $a\times\frac{c}{d}=\frac{a}{1}\times\frac{c}{d}=\frac{a\times c}{1\times d}=\frac{ac}{d}$이므로 이들은 모두 (분수)×(분수)인 $\frac{a}{b}\times\frac{c}{d}=\frac{ac}{bd}$의 특수한 한 형태이기 때문이다. 그와 같은 이유에서 미국의 교과서에서는 일반적인 알고리즘인 (분수)×(분수)를 먼저 지도하고 그것의 특수한 형태로 (분수)×(자연수), (자연수)×(분수)의 순서로 분수의 곱셈을 지도하게 되어있다. 그러나 우리 교과서에서는 이전 지식과의 연관성의 관점에서 (분수)×(자연수), (자연수)×(분수), (분수)×(분수)의 순서대로 지도된다. 하지만 모든 분수의 곱셈 알고리즘을 학습한 후에는 (분수)×(분수)라는 일반적인 알고리즘의 관점에서 통합할 수 있도록 지도하는 것이 필요하다.

4) 분수의 나눗셈

분수의 나눗셈은 '$\frac{a}{b}$와 $\frac{c}{d}$를 임의의 분수($c\neq 0$)이라고 하면, $\frac{a}{b}\div\frac{c}{d}=\frac{e}{f}$. 여기에서 $\frac{e}{f}$는 $\frac{c}{d}\times\frac{e}{f}=\frac{a}{b}$를 만족하는 유일한 분수이다'라고 정의된다.

분수의 나눗셈은 (분수)÷(자연수), (자연수)÷(분수), (분수)÷(분수)로 나누어 지도할 수 있다. 그리고 그 각각은 (자연수)÷(자연수)의 의미를 지도하기 위한 상황인 등분제와 포함제로 설명할 수 있다. 한편 $\frac{1}{6}\div\frac{1}{2}$와 같은 분수의 나눗셈은 등분제로 설명할 수 없고 포함제로만 설명할 수 있다. 분수의 나눗셈 가운데 등분제와 포함제 모두로 설명할 수 있는 나눗셈은 제수가 자연수인 경우에 한해서이다. 따라서 분수의 나눗셈은 등분제보다는 포함제의 상황이 더 적합하다.

그런데 선행연구에 의하면 학생들은 몫이 피젯수보다 작아지는 자연수의 나눗셈($15 \div 3 = 5$)과 비교해서 몫이 피젯수보다 커지는 분수의 나눗셈 ($\frac{1}{2} \div \frac{1}{6} = 3$) 상황을 이해하는데 어려움을 겪는다. 따라서 포함제 상황으로 분수의 나눗셈을 설명하는 것은 가능하지만 그 과정에서 학생들이 이해하기 어려운 요소가 포함되어있음을 교사는 인식해야 한다.

이에 비해 넓이 모델을 사용하면 어려움 없이 분수의 나눗셈을 설명할 수 있다. 예를 들면 $\frac{1}{2} \div \frac{1}{6} = 3$은 넓이가 $\frac{1}{2}\mathrm{m}^2$인 직사각형의 가로의 길이가 $\frac{1}{6}\mathrm{m}$일 때 세로의 길이를 구하는 문제 상황으로 설명할 수 있다.

(2) 분수 연산 지도의 실제

1) 분수 연산 감각 키우기

선행연구에 따르면 아동들은 분수의 계산을 정해진 순서인 알고리즘에 따라 답을 구하는 경향이 있고, 그 결과 계산 도중에 알고리즘을 잘못 적용했을 경우 자신의 계산과정에서 어디가 잘못되었는지를 찾는데 어려움을 겪는다. 따라서 분수의 연산, 계산을 지도하는 모든 단계에서 알고리즘을 지도하기에 앞서 이러한 과정을 이해할 수 있는 개념적 기초를 세워야 한다. 자신이 구한 답이 합리적인지, 왜 그런지에 대한 판단을 강조해야 하기 때문에 분수의 연산 감각을 키우는 것이 매우 중요하다. 이러한 목표를 달성하기 위해 질적인 추론과 어림을 포함하는 과제를 풀도록 하는 것이 유용하다Baroody & Coslick, 1998, p. 353, 방정숙 외 2005.에서 재인용.

표 2.2 분수의 연산 감각을 키우기 위한 질적 추론 과제

	단계	예
질적 추론	개념 단계	다음 문제의 결과가 처음 양보다 더 커지는지, 작아지는지 또는 같은지를 답하고 그 이유를 설명하여라. · 다영이는 간식을 먹으려고 전체 피자의 $\frac{1}{3}$조각을 구웠다. 그런데 엄마가 그것의 $\frac{1}{2}$을 먹었다. 엄마는 전체 피자의 $\frac{1}{3}$보다 적게 먹었는가, 많이 먹었는가 또는 $\frac{1}{3}$만큼 먹었는가?
	연결 단계	써서 계산하지 말고 $\frac{3}{5} \div \frac{3}{10}$의 몫이 얼마인지 어림해보고 다음 가운데 어느 정도일지 답하여라. ① $\frac{3}{5}$보다 작다. ② $\frac{3}{5}$보다 크지만 1보다 작다. ③ 1보다 크다.

표 2.3 분수의 연산 감각을 키우기 위한 어림 과제

	단계	예
어림	개념 단계	다음 문제의 답을 어림해보시오. · 다영이는 피자 4판을 친구들과 나누어 먹기 위해 $\frac{1}{3}$씩 잘랐습니다. 한사람에게 한 조각씩 준다면 모두 몇 명의 친구들과 나누어 먹을 수 있을까요?
	연결, 기호 단계	써서 계산하지 말고 $\frac{1}{2}+\frac{1}{3}$의 값이 다음의 어느 값에 가깝게 될지 어림해 보시오. ① $\frac{2}{5}$ ② $\frac{2}{5}$보다 크지만 1보다 작다. ③ 1보다 크다. 다음 문제의 답이 얼마일지 어림해보시오 ① $2\frac{1}{2}\div\frac{1}{6}$ ② $\frac{7}{8}+\frac{3}{5}$ ③ $5\frac{4}{7}-\frac{11}{12}$

2) 분수 연산과 계산 지도의 절차

분수의 계산이 기호적인 조작에 그치지 않기 위해서 그 지도 과정은 견실한 개념적 토대 위에 세워져야 한다. Baroody & Coslick에 따르면 이와 같은 계산의 지도 과정은 개념 형성 단계–연결 단계–기호화 단계의 순서로 진행되는 것이 바람직하다Baroody & Coslick, 1998, pp. 353–358, 방정숙 외 2005.에서 재인용.

① 개념 형성 단계

- 분수의 연산이 사용되는 실제 상황을 활용하기

기호적인 표현으로 분수의 계산을 도입하기 전에 그 의미로 해석될 수 있는 구체적인 상황에서 논리적으로 추론하는 과정을 통하여 그것을 도입해야 한다. 이는 그 상황에 포함된 연산의 의미를 생각하면서 자연수의 연산의 의미를 확장시켜서 분수의 연산을 논리적으로 고려할 수 있게 해준다. 이러한 경험은 이후에 분수의 계산이 적용되는 상황에 대한 학생의 안목을 향상시키는데도 도움을 줄 수 있다.

- 분수 연산의 절차를 발견하는데 학생들이 이미 알고 있는 지식을 사용하도록 격려하기

주어진 분수의 연산을 하는 방법을 학생들이 스스로 구체적인 모형이나 그림을 이용하여 할 수 있게 해야 한다. 이러한 과정은 학생들에게 거기에 포함되어있는 개념적인 기초를 제공해줄 수 있다. 그리고 이와 같이 학생들 스스

로 그 방법을 찾아보는 과정을 통하여 이전에 학습했던 자연수 연산과의 연결성에 기초하여 분수의 연산을 이해하게 하는데 도움을 줄 수 있다. 그러나 이 단계에서 유의해야 할 점은 분수의 연산은 자연수의 연산 방법으로부터 곧바로 이해되지 않고 상당한 조절의 과정이 필요하기 때문에 학생들이 모색하는 방법은 잘못된 방향으로 가기 쉽다는 것이다. 만일 그러한 상황이 발생한다면 교사는 학생들이 자신의 잘못을 바로잡을 수 있도록 인지적 갈등을 유발하는 발문을 해야 한다.

② 연결 단계

- 자신이 발견했던 비형식적인 방법을 수식으로 나타내보게 하기

구체적 문제 상황에서 자신이 찾았던 방법을 기호적으로 표현해보게 하여 분수의 연산을 기호적으로 도입하게 한다. 예를 들면, '철수는 $\frac{1}{2}$m의 노끈을 가지고 리본을 만들려고 한다. 리본 하나를 만드는데 $\frac{1}{8}$m의 노끈이 필요하다면 철수는 몇 개의 리본을 만들 수 있을까?'라는 문제를 제시하고 문제를 풀도록 한다. 그림이나 모형을 이용하여 비형식적적인 방법으로 문제를 풀고 있는 학생에게 그것을 식으로 나타내보도록 하면 전체 속에 부분이 몇 번 들어가는지 알아보는 나눗셈 상황임을 알고 그 상황을 $\frac{1}{2} \div \frac{1}{8}$으로 요약할 수 있게 한다.

- 기호적으로 표현된 분수의 연산에 적절한 문장제 만들게 하기

앞에서와는 반대로 기호적으로 나타내진 분수 연산식 $\frac{1}{3} \div \frac{1}{9}$을 제시하고 그에 적합한 상황이 무엇인지 만들어보게 하여 구체적 상황과 분수 연산이 밀접하게 연결되도록 해준다.

- 친숙한 상황과 기호체계를 연결하여 개념적으로 이해하게 하기

단위가 다른 종류의 동전사이의 덧셈이나 뺄셈을 하는 상황을 제공하여 그 결과를 구하기 위해서는 동전의 종류가 같아져야 함을 이해하도록 하여 이분모 분수의 덧셈이나 뺄셈을 개념적으로 이해하도록 해야 한다.

③ **알고리즘 지도 단계**

- 여러 가지 계산 방법 가운데 신속하고 정확한 방법을 알고리즘으로 도입하기

여러 학생들이 발견한 방법에 포함된 규칙을 찾고, 각자가 찾은 비형식적인 방법 가운데 정확하고 쉬운 방법을 알고리즘으로 도입한다.

- 알고리즘의 의미를 설명해보도록 하기

알고리즘으로 채택한 것의 의미를 설명해보도록 하여 자신이 창안했던 방법과 연결하여 알고리즘의 개념적 토대를 공고하게 해야 한다.

3) 분수의 연산과 계산 지도

① **분수의 덧셈과 뺄셈의 지도**

- 동분모 분수의 덧셈과 뺄셈

동분모 분수의 덧셈과 뺄셈은 자연수의 덧셈과 뺄셈과 쉽게 연결하여 지도할 수 있다.

$\frac{4}{7}+\frac{2}{7}$는, $\frac{4}{7}$는 $\frac{1}{7}$이 4개, $\frac{2}{7}$는 $\frac{1}{7}$이 2개이므로 $\frac{6}{7}$이다. 동분모 분수의 뺄셈도 이와 비슷하게 지도할 수 있다.

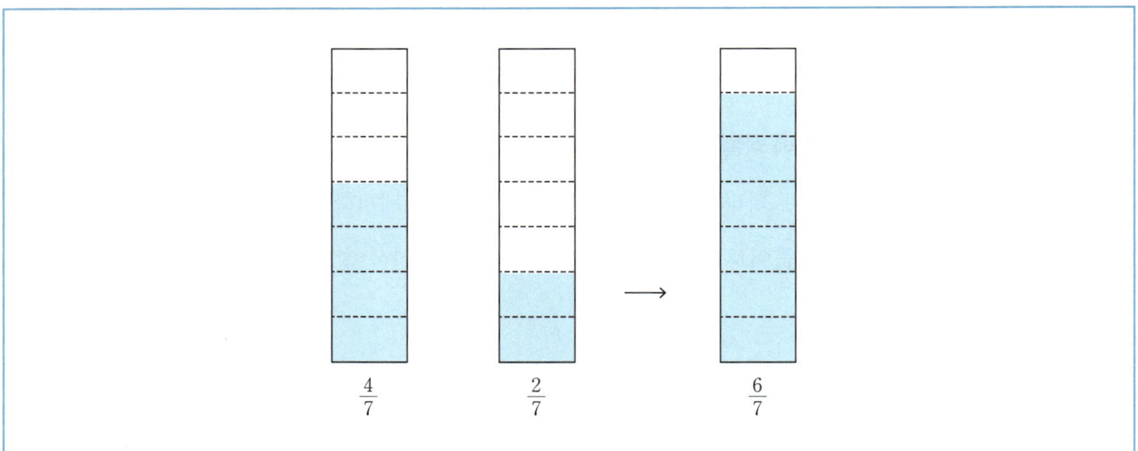

그림 2.16 동분모 분수의 덧셈 지도를 위한 모델

- 이분모 분수의 덧셈과 뺄셈

$\frac{1}{2}+\frac{1}{3}$을 예로 들어서 이분모 분수의 계산을 지도하는 과정을 생각해보자.

동분모 분수의 덧셈이나 뺄셈은 자연수의 덧셈과 뺄셈과 쉽게 연결하여 지도할 수 있다. 그러나 이분모 분수의 덧셈이나 뺄셈 계산방법을 알아보는 과정에서 자신들의 비형식적인 지식을 활용하는데 어려움을 겪는 경우가 많다. 또한 이미 알고 있던 자연수의 연산이 도리어 강력한 오류의 근원이 되어 분모는 분모끼리, 분자는 분자끼리 계산하기도 한다. 따라서 교사는, 이분모 분수의 덧셈과 뺄셈은 통분하여 계산한다는 알고리즘을 지도하기 전에, 분모는 분모끼리, 분자는 분자끼리 계산한다와 같이 학생이 이미 가지고 있는 직관적 지식을 확인하고, 그것에 대해 인지적 갈등을 유발하는 발문이나 자료구체적 모델이나 어림과 같은 방법를 통해 자신의 오개념을 수정하도록 한 이후에 지도해야 한다.

그리고 모형을 사용해서 동분모 분수의 덧셈과 이분모 분수의 덧셈을 비교하여 이분모 분수의 덧셈을 하기 위해서는 동분모 분수의 덧셈과 같은 형태로 바꾸어야 한다는 것을 발견하게 하여 그 방법이 통분임을 알게 하여야 한다.

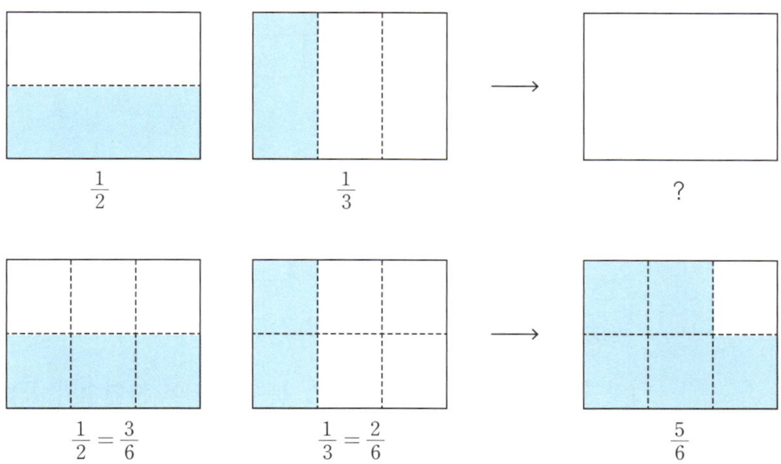

그림 2.17 이분모 분수의 덧셈 지도를 위한 모델

② 분수의 곱셈 지도

분수의 곱셈은 (분수)×(자연수), (자연수)×(분수), (분수)×(분수)로 나누어서 지도하도록 한다. 이 가운데 먼저 무엇을 가르칠 것인가의 판단은 그 기준에 따라 달라질 수 있다. 2009 개정 수학교육과정에 따른 교과서에서는 자연수의 곱셈의 의미를 그대로 적용할 수 있어서 수학적 연결성이 유지되며 학생들을 이해시키기 쉽다는 면에서 (분수)×(자연수)를 먼저 도입한다.

• (분수)×(자연수)

자연수의 곱셈에서 3×4는 $3+3+3+3$, 3개씩 4묶음 또는 3개의 4배를 의미하는 상황을 기호화한 것으로 지도하였다. 이러한 자연수 곱셈의 의미가 드러나는 부분은 뒤에 있는 수인 곱하는 수 부분이다. 그런 의미에서 (분수)×(자연수)는 자연수 곱셈의 의미를 그대로 가져와 적용할 수 있다. 예를 들어, $\frac{3}{8} \times 5$의 계산방법을 생각해보자. 이는 $\frac{3}{8}$을 5번 더한 것으로 해결할 수 있다. 그리고 이는 다시 $\frac{1}{8}$짜리 3개를 5번 더한 것이므로 다음과 같이 모형으로 이해시켜 기호화할 수 있다.

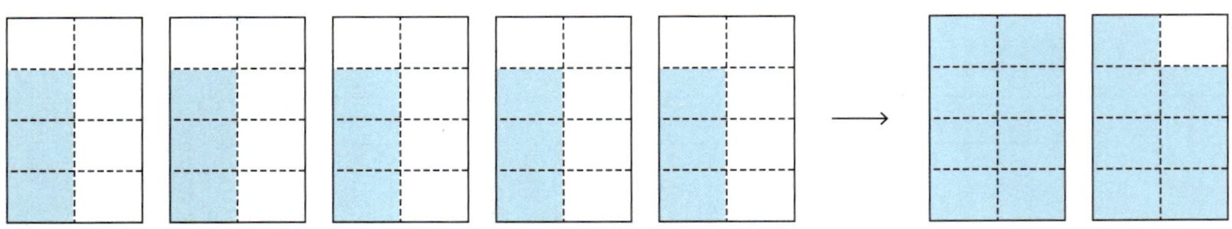

$$\frac{3}{8} \times 5 = \frac{3 \times 5}{8} = \frac{15}{8}$$

그림 2.18 모형을 이용하여 (분수)×(자연수)의 계산 원리를 지도하기

• (자연수)×(분수)

(자연수)×(분수)는 곱하는 수가 분수가 되어 자연수의 곱셈과 같이 동수누가로 설명할 수 없고 다음의 상황에서 연산자의 의미로 설명할 수 있다. "사과가 27개가 있다. 그 가운데 $\frac{2}{3}$를 가져오려고 한다. 몇 개를 가지고 와야 하는가?" 그런데 선행연구에 의하면 학생들은 위와 같은 상황에 분수의 곱셈을 적용하는 것을 어려워한다. 이와 같은 어려움을 해결하기 위해 (자연수)×(자연수)의 상황을 이용하여 다음과 같이 유추하도록 하는 것이 학생들의 이해를 용이하게 할 수 있다.

사과 27개의 2배를 가져오려면 27×2, 사과 27개의 3배를 가져오려면 27×3, … 이런 식으로 사과가 27개의 $\frac{2}{3}$를 가져오려면 $27 \times \frac{2}{3}$이다. 그리고 연산자의 의미로 $27\times\frac{2}{3}$의 계산의 방법은 다음과 같이 지도할 수 있다. $\frac{2}{3}$는 전체를 똑같이 3등분한 것이 2개 있다는 의미이다. 따라서 $27\times\frac{2}{3}$는 27을 똑같이 3등분한 후 그 가운데 2개를 구하면 되고, 그것을 기호화하면 다음과 같다.

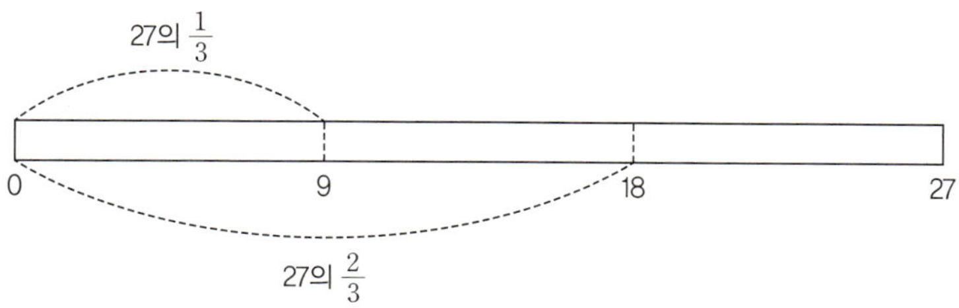

$$27\times\frac{2}{3}=(27\times\frac{1}{3})\times 2=\frac{27}{3}\times 2=\frac{27\times 2}{3}$$

그림 2.19 (자연수)×(분수)의 계산 원리 지도하기

그리고 (자연수)×(분수)의 계산에서 학생들은 계산의 결과가 처음 자연수보다 작아지는 경우, 자연수의 곱셈에서는 원래 수보다 곱셈의 결과가 항상 컸기 때문에 잘못 계산했다는 오 개념을 가지기 쉽다. 이러한 학생들의 오 개념을 알고 교사는 자연수의 곱셈과의 차이점을 알 수 있게 지도하는 것이 필요하다.

- (분수)×(분수)

(분수)×(분수)의 계산 방법은 다음과 같이 넓이 모델로 설명할 수 있다.

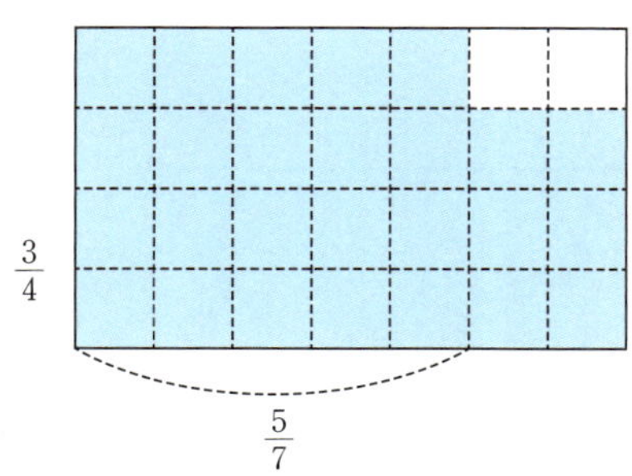

$$\frac{5}{7}\times\frac{3}{4}=\frac{5\times 3}{7\times 4}=\frac{15}{28}$$

그림 2.20 (분수)×(분수)의 계산 원리 지도하기

가로가 $\frac{5}{7}$, 세로가 $\frac{3}{4}$인 직사각형의 겹치는 부분의 한 칸의 크기는 $\frac{1}{28}$이고

그것이 모두 15칸이 된다. 따라서 가로가 $\frac{5}{7}$, 세로가 $\frac{3}{4}$인 직사각형의 넓이는 $\frac{5}{7}\times\frac{3}{4}=\frac{5\times3}{7\times4}=\frac{15}{28}$이 된다.

③ 분수의 나눗셈 지도

- (자연수)÷(자연수)

2009개정 수학교육과정에 따른 교과서에서 분수의 나눗셈을 지도하기 전에 (자연수)÷(자연수)를 지도하도록 되어있는데 그 이유는 a, b가 자연수일 때 $a\times\frac{1}{b}$라는 것을 유도하기 위해서이다. 예를 들면 2m의 테이프를 3등분하였을 때, 한 조각의 크기를 구하기 위해서는 2÷3을 구해야 하고 그것은 1m 각각을 3등분하여 2개를 합하면 되는데 그 결과는 다음 그림에서와 같이 2m의 $\frac{1}{3}$임을 알게 하여 $2\div3=2\times\frac{1}{3}=\frac{2}{3}$이 됨을 알게 하는 것이다. 이를 통하여 분수의 나눗셈의 일반적인 계산 원리인 나누는 수의 역수를 곱한다는 원리를 이끌어내는 방식으로 분수의 나눗셈 내용을 전개해간다.

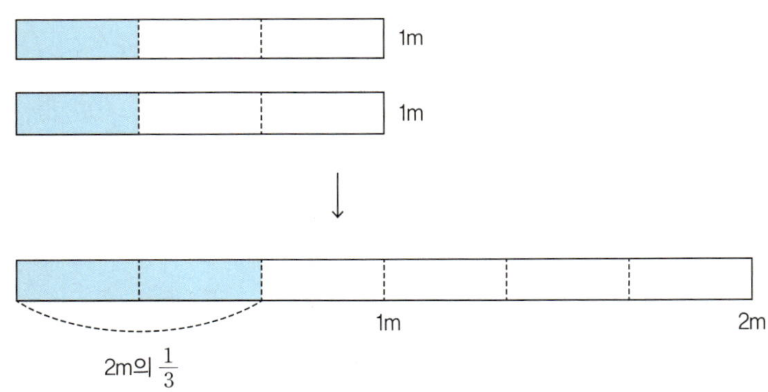

그림 2.21 (자연수)÷(자연수)의 계산 원리 지도

- (분수)÷(자연수)

(분수)÷(자연수)의 계산방법은 나눗셈의 의미 가운데 등분제의 의미로 다음 그림과 같이 도입할 수 있다. (분수)÷(자연수)의 계산방법으로부터 분수 나눗셈의 계산 원리를 발견하고 그것을 (분수)÷(분수)로 확장하여 적용할 수 있다.

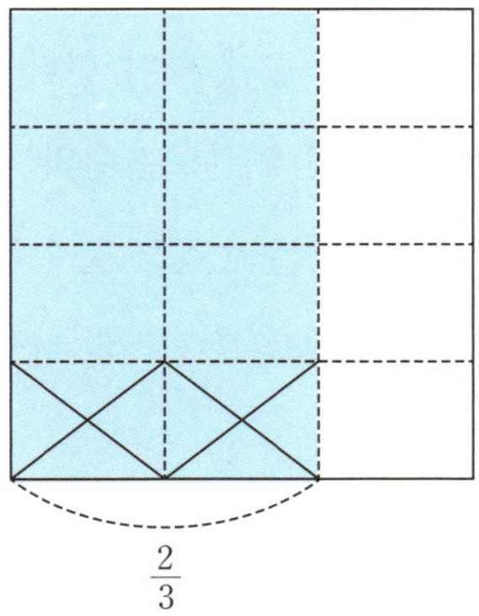

$\frac{2}{3}\div 4$는 $\frac{2}{3}$를 4등분 한 것 가운데 한 부분이다.

그런데 그것은 그림에서 볼 수 있듯이 $\frac{2}{3}$의 $\frac{1}{4}$이며

이는 $\frac{2}{3}\times\frac{1}{4}$이다. 따라서 $\frac{2}{3}\div 4 = \frac{2}{3}\times\frac{1}{4}$이다.

그림 2.22 (분수)÷(자연수)의 계산 원리 지도

- (분수)÷(분수)

(분수)÷(분수)의 일반적인 계산방법을 지도하기 전에 $\frac{6}{7}\div\frac{2}{7}$과 같은 동분모 분수의 나눗셈을 통하여 (분수)÷(분수)의 일반적인 계산방법을 도입하는 개념적인 기초로 삼아야 한다.

$\frac{6}{7}\div\frac{2}{7}$는 '$\frac{6}{7}$m인 노끈을 $\frac{2}{7}$m씩 자르면 모두 몇 조각을 만들 수 있는가'와 같은 포함제의 의미의 나눗셈으로 다음 그림과 같이 설명할 수 있다. 이는 $\frac{1}{7}$m짜리 6조각 안에 2조각짜리가 몇 번 포함되는지의 의미인 6÷2와 같다.

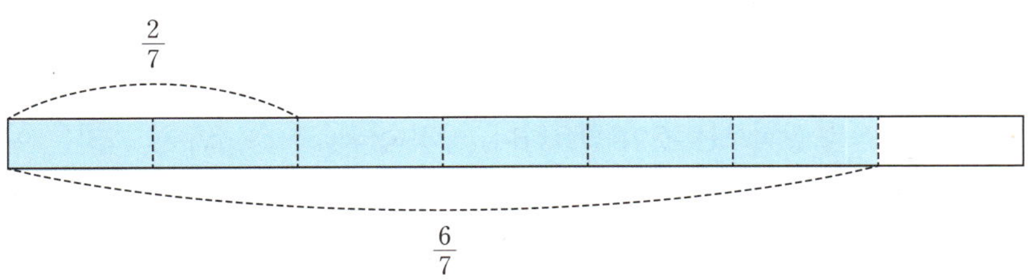

$\frac{6}{7}\div\frac{2}{7} = 6\div 2 = 3$

그림 2.23 동분모 분수의 나눗셈 지도 방법

동분모분수끼리의 나눗셈을 통하여 이분모분수끼리의 나눗셈 계산방법을 다음과 같이 이끌어낼 수 있다. $\frac{3}{5}\div\frac{4}{7}$를 예로 들어 그 계산방법을 알아보자. 우선 $\frac{3}{5}\div\frac{4}{7}$는 '$\frac{3}{5}$m인 노끈을 $\frac{4}{7}$m씩 자르면 모두 몇 조각을 만들 수 있는가'와 같은 포함제의 상황으로 설명할 수 있다. 그런데 $\frac{3}{5}$m안에 $\frac{4}{7}$m가 몇 번 포

함되는지 알아보는데 조각의 크기가 달라 불편하다. 그래서 두 분수를 크기가 같은 부분이 되도록, 즉 분모의 크기를 같게 해야 한다. 따라서 $\frac{3}{5} \div \frac{4}{7}$는 $\frac{21}{35} \div \frac{20}{35}$으로 바꿀 수 있다. 그리고 나면 이분모분수의 나눗셈은 동분모분수의 나눗셈으로 바뀐다. 여기에 앞서 살펴본 동분모 분수의 계산방법을 적용할 수 있다. 이와 같은 과정을 통하여 이분모분수끼리의 나눗셈의 일반적인 계산방법을 다음과 같이 이끌어낼 수 있다.

$$
\begin{aligned}
\frac{3}{5} \div \frac{4}{7} &= \frac{3\times 7}{5\times 7} \div \frac{5\times 4}{5\times 7} \\
&= (3\times 7) \div (5\times 4) \\
&= \frac{3\times 7}{5\times 4} \\
&= \frac{3}{5} \times \frac{7}{4}
\end{aligned}
$$

따라서 $\frac{3}{5} \div \frac{4}{7} = \frac{3}{5} \times \frac{7}{4}$이다. $\frac{\triangle}{\square} \div \frac{☆}{○} = \frac{\triangle}{\square} \times \frac{○}{☆}$

3. 소수의 개념과 그 연산

(1) 이론적 배경

1) 소수의 의미

소수의 개념을 이해하고 바르게 지도하기 위해서는 소수가 등장하게 된 다양한 측면을 살펴보는 것이 필요하다. 방정숙 외2005는 소수가 가지는 여러 가지 의미를 소개하였는데 그 가운데 소수와 그 연산을 지도하는 데 필요한 두 가지 의미를 살펴보고자 한다방정숙 외, pp. 1545–1549.

① 십진기수법을 완성시킨 기호체계로서의 소수

소수를 의미하는 decimal의 어원은 라틴어 decem으로서 10을 의미한다. 소수는 단순히 십진법을 이용하여 유리수를 나타내는 방법이라는 의미를 넘어 십진 기수법을 완성시킨 기호체계라는 의미를 갖는다변희현, 2005. 소수의 각 자리 값은 왼쪽으로 한 자리씩 이동하면 10배가 되고 오른쪽으로 한 자리씩 이동하면 $\frac{1}{10}$배가 된다. 이는 자연수의 자릿값 체계에서 성립하는 성질이며 그것이 고스란히 소수의 자릿값에도 성립되어 십진기수법을 완성시킨다.

100의 자리	10의 자리	1의 자리
8	5	7

$$857 = 8\times100 + 5\times10 + 7\times1$$

100의 자리	10의 자리	1의 자리		$\frac{1}{10}$	$\frac{1}{100}$	$\frac{1}{1000}$
8	5	7	.	3	6	9

$$857.369 = 8\times100 + 5\times10 + 7\times1 + 3\times\frac{1}{10} + 6\times\frac{1}{100} + 9\times\frac{1}{1000}$$

그림 2.24 자연수와 소수의 십진기수법에 의한 표현

② 분수로서의 소수

소수는 decimal fraction이라는 표현에서 알 수 있듯이, 십진법을 이용하여 분수를 나타내는 방법이다. 분수 $\frac{1}{2}$은 $\frac{2}{4}$, $\frac{3}{6}$, $\frac{4}{8}$, …과 같이 무한히 많은 동치인 분수로 나타낼 수 있다. 이 가운데 $\frac{1}{2}$을 십진 분수인, 즉 10의 거듭제곱 형태인 $\frac{50}{100}$으로 나타낼 수 있고, 그것을 소수인 0.5로 나타낼 수 있다.

분수로 나타낼 수 있는 것을 소수로 나타내면 다음과 같은 이유에서 더 편리하다. 예를 들면 $\frac{5}{8}$와 $\frac{2}{5}$를 분수로 비교하면 곧바로 어느 것이 더 큰지 알 수 없고 통분을 한 뒤에야 비교가 가능하다. 그러나 $\frac{5}{8} = 0.625$로, $\frac{2}{5} = 0.4$인 소수로 나타내면 분수에 비해 자릿값으로 쉽게 대소 비교가 가능하다. 그리고 측정의 결과가 자연수가 아니라 조금 남게 되는 경우, 예를 들면 $5\frac{3}{8}$과 같이 자연수와 분수로 된 혼합수가 아니라 5.375와 같이 하나의 수로 나타낼 수 있다. 그리고 분수로 된 수의 덧셈·뺄셈보다 소수의 덧셈·뺄셈이 더 쉽다. 이와 같이 Stevin은 측정의 결과를 간편하게 나타내고 계산을 쉽게 처리하고자 소수를 사용하였는데 이것이 소수를 사용하게 된 역사적 배경이다.

2) 소수 연산에 대한 지식

소수는 그 표현에서 십진 기수법을 따르기 때문에, 소수의 연산은 자연수의 연산으로부터 추론하여 쉽게 지도할 수 있다. 그러나 왜 그렇게 계산하는지에 대해 개념적으로 이해하지 않으면 도구적인 이해에 그칠 수 있다.

① 소수의 덧셈과 뺄셈

소수의 덧셈 상황은 자연수의 덧셈 상황과 그 의미에서 첨가와 합병으로 동일하게 다루어질 수 있다. 소수의 뺄셈 상황도 자연수의 뺄셈 상황과 그 의미에서 제거와 비교로 동일하게 다루어질 수 있다. 따라서 자연수의 연산에서와 같은 모델을 사용하여 지도할 수 있다.

② 소수의 곱셈

소수의 곱셈 상황도 자연수의 곱셈에서와 같이 동수누가와 직사각형 모델로 지도할 수 있다. 0.43×5와 같은 소수×자연수는 0.43+0.43+0.43+0.43+0.43으로 동수누가로 지도할 수 있다. 그러나 곱하는 수가 소수인 경우에는 동수누가로 지도하기 어렵고, 곱해지는 수를 가로로, 곱하는 수를 세로로 하는 직사각형 모델로 지도할 수 있다.

③ 소수의 나눗셈

소수÷자연수는 등분제의 의미로, 소수÷소수는 포함제의 의미로 지도할 수 있다. 그리고 두 가지 경우 모두 나누어지는 수가 넓이이고, 나누는 수가 가로 혹은 세로인 직사각형 모델로 지도할 수 있다.

(2) 소수의 개념과 연산 지도의 실제

1) 소수 개념 도입의 방법

십진 분수의 또 다른 표현으로, 즉 $\frac{1}{10}$, $\frac{1}{100}$을 0.1, 0.01과 같은 소수를 도입하는 것이 가장 일반적이다.

개념 단계에서, 정사각형 판을 1로 하면, 그것을 10등분한 막대 하나는

$\frac{1}{10} = 0.1$, 그 막대를 10등분한 작은 정사각형 하나는 $\frac{1}{100} = 0.01$이라고 하여 소수를 도입한다.

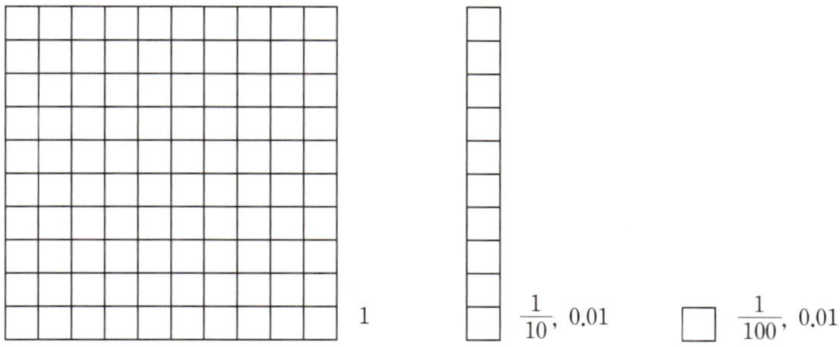

그림 2.25 소수 도입 모델

연결 단계에서는, 자연수와 소수로 된 여러 가지 수를 십진기수법을 기초로 하는 자릿값 판에 써 보도록 하여 소수의 표기 방법이 가지는 가치를 알 수 있게 한다.

2) 소수의 대소 비교

소수의 대소 비교는 자연수의 대소 비교와 같이 가장 큰 단위부터 동일한 단위끼리의 비교에 따라 그림 2.26과 같이 이루어진다.

$$62.379 = 60 + 2 + 0.3 + 0.07 + 0.009$$

10의 자리	1의 자리		0.1의 자리	0.01의 자리	0.001의 자리
6	2	.	3	7	9

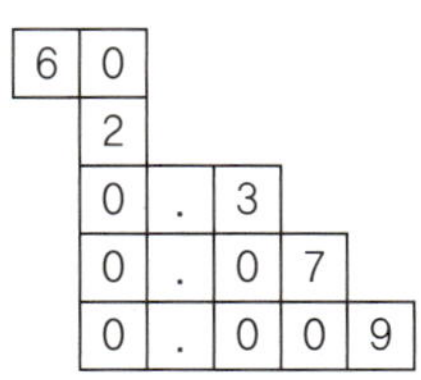

그림 2.26 자연수와 소수로 된 여러 가지 수의 십진기수법에 의한 표현

활동 1, 0.1, 0.01, 0.001 사이의 관계를 알아보시오.

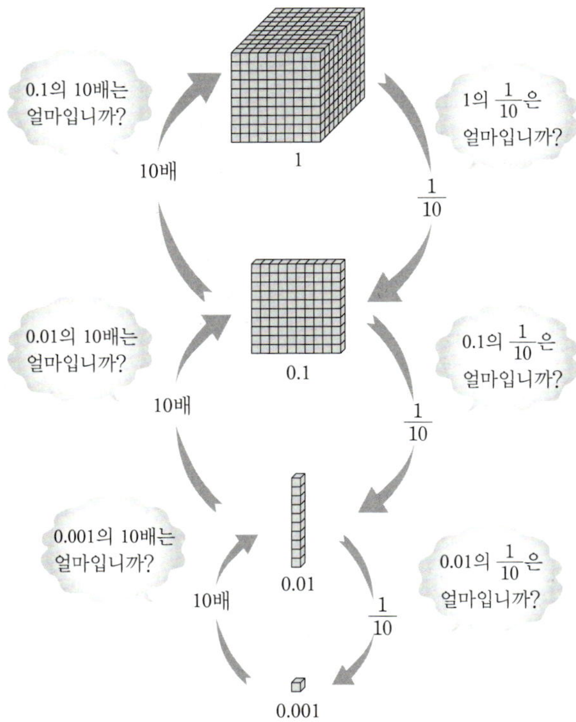

그림 2.27 소수의 자릿값 사이의 관계

그런데 여기에서 주의해야 할 점은 학생들은 같은 단위끼리 가장 큰 자릿값부터 비교해야 한다는 대소비교의 원리를 단순하게 소수점 아래의 자연수만 가져다가 비교하여 대소를 구분하기 쉽다는 것이다. 위의 그림 2.28에서 0.75와 0.29를 소수점 아래의 자연수인 75와 29만을 가져다가 75가 29보다 크니까 0.75는 0.29보다 크다고 결론지을 수 있다는 것이다. 그래서 0.5와 0.37 가운데 어느 수가 더 큰지를 물으면 5와 37을 비교하여 0.37이 0.5보다 크다고 답하는 경우가 많다는 것이 여러 선행 연구에서 보고되어왔다. 이와 같은 학생들의 오류는 소수의 대소 비교를 개념적으로 다루지 않고 지나치게 자연수로부터 추론하도록 지도하는 교사들의 지도 때문이라고 생각된다. 이와 같은 오류를 예방하기 위해 0.5 = 0.50임을 지도해야 한다.

0.75와 0.29의 대소를 비교해보자.

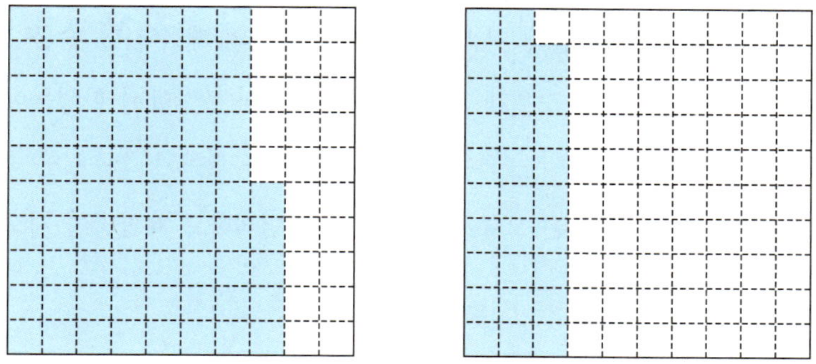

0.75　　　　　0.29

위의 모델을 이용하여 0.75는 0.01이 75개, 0.29는 0.01이 29개이므로 0.75가 0.29보다 크다는 것을 알게 한다.
그러나 모형을 사용하지 않고 소수의 대소 비교를 하기 위해 이 속에 들어있는 원리를 이끌어내야 한다.
먼저 두 수를 비교하기 위해 가장 큰 자리값부터 비교해야 한다. 0.75는 0.1이 7, 0.29는 0.1이 2이므로 0.75가 0.29보다 크다.
다음으로 0.75와 0.79를 비교해 보자. 가장 큰 자리인 0.1의 자리부터 비교해보면 0.75에는 0.1이 7, 0.79에도 0.1이 7이므로 같다.
다음으로 0.01의 자리를 비교해 보면 0.75에는 0.01이 5, 0.79에는 0.01이 9이므로 0.79가 0.75보다 크다.

그림 2.28　소수의 대소 비교 모델에 의한 지도 방법

3) 소수 연산의 지도의 방법

① 소수의 덧셈과 뺄셈

소수의 덧셈과 뺄셈의 계산 원리는 자연수의 덧셈과 뺄셈의 계산 원리와 연결하여 다루어야 한다. 먼저 같은 단위끼리 더하고 뺀다. 그리고 한 자리에서 그 단위가 10이 넘으면 10개를 묶어서 그 윗자리 단위 1개로 받아올림 하고, 빼기에 부족했을 때는 그 윗자리에서 단위 하나를 받아 내려 10개의 단위로 풀어서 뺀다. 따라서 소수의 덧셈과 뺄셈을 할 때 가장 중요한 것은 같은 단위끼리 계산하기 위하여 소수점을 중심으로 자리를 맞추어야 한다.

① $\begin{array}{r} {\scriptstyle 1} \\ 1.5 \\ +\ 2.8 \\ \hline 4.3 \end{array}$　② $\begin{array}{r} {\scriptstyle 1} \\ 3.4 \\ +\ 2.87 \\ \hline 6.27 \end{array}$　③ $\begin{array}{r} {\scriptstyle 3\ \ 10} \\ \not{4}.5 \\ -\ 2.8 \\ \hline 1.7 \end{array}$　④ $\begin{array}{r} {\scriptstyle 4\ \ 9\ \ 10} \\ \not{5}.4 \\ -\ 2.87 \\ \hline 2.53 \end{array}$　⑤ $\begin{array}{r} {\scriptstyle 4\ \ 10} \\ \not{5}.4 \\ -\ 2.87 \\ \hline 2.67 \end{array}$

그림 2.29　소수의 덧셈과 뺄셈

위의 계산 가운데 학생들은 소수 한 자릿수에서 소수 두 자릿수를 빼는 계산(④, ⑤)에서 오류를 많이 범한다. 바르게 계산하는 방법은 ④인데, ⑤와 같이 5.4의 소수 둘째 자리는 무시하고 아래의 빼어야 할 수를 그대로 내려쓰는 오류를 범하는 경우가 많다. 소수의 덧셈과 뺄셈에서 학생들이 자연수의 덧셈과 뺄셈에서 보이는 오류를 그대로 보이는 경우와 소수라는 특성으로 인해서 보이는 ⑤와 같은 오류가 있다는 것을 인식하고 계산방법 지도에 이를 반영하여야 한다.

② 소수의 곱셈

소수의 곱셈을 자연수끼리의 곱셈으로 계산하고 소수점을 제대로 찍도록 도구적으로 지도하는 경우가 있기 때문에 학생들이 이 계산에서 자주 보이는 오류는 소수점을 잘못 찍어서 발생하는 오류가 많다. 소수의 곱셈을 관계적으로 이해하기 위해서는 십진분수와 관련지어서 지도해야 한다. 그리고 자신의 계산이 제대로 되었는지 점검하기 위해 어림의 방법을 사용하도록 지도하여야 한다. 예를 들어, 15.4×2.01의 경우 15.4는 15로, 2.01은 2로 어림하여 결과는 30 정도가 될 것임을 고려하는 것이다.

① $15.4 \times 2.01 = \frac{154}{10} \times \frac{201}{100} = \frac{30954}{1000} = 30.954$

② $\begin{array}{r} 1\,5.4 \\ \times\ 2.0\,1 \\ \hline 3\,0.9\,5\,4 \end{array}$

그림 2.30 소수 곱셈의 관계적 이해

③ 소수의 나눗셈

소수의 나눗셈은 나누어지는 수와 나누는 수가 자연수가 될 때까지 같은 자릿수만큼 옮겨서 자연수끼리의 나눗셈으로 계산하도록 도구적으로 지도하는 것이 소수의 나눗셈에서의 오류의 근원이 된다는 선행 연구가 보고되어왔다. 그러나 이와 같은 지도는 그와 같은 과정을 제대로 적용하지 못할 경우 다양한 오류의 근원이 될 수 있다. 따라서 소수의 나눗셈은 십진분수와 관련시켜서 관계적으로 이해시켜야 한다. 예를 들면, 19.98÷5.4를 계산할 때 두 수가 모두 자연수가 되도록 두 자리씩 오른쪽으로 옮겨서 $1998 \div 540$으로 만들어서, 또는 제수인 5.4만 자연수로 만들어서 $199.8 \div 54$ 계산하도록 하는데 그 이유는 $19.98 \div 5.4$를 십진 분수로 바꾸면 $\frac{1998}{100} \div \frac{540}{100}$이 되고 분모가 같은 분수의 나눗셈은 분자끼리의 나눗셈이 되어 $1998 \div 540$이 되고, 제수만 자연수로 바꾸면 $\frac{199.8}{10} \div \frac{54}{10}$가 된다. 이와 같이 소수를 십진분수로 바꾸는 과정을 따르면 왜 처음 소수끼리의 나눗셈을 하기 위해 피젯수나 제수 모두를 자연수로 만드는지를, 또는 제수를 자연수로 만드는지를 개념적으로 이해할 수 있게 된다.

소수의 나눗셈에서 학생들이 자주 범하는 오류는 소수점을 바르게 찍는 것과 관련된 것이므로 계산을 하는 도중이나 하고 난 뒤에 자신이 구한 답이 적절한지의 여부에 대한 감각을 가질 수 있도록 어림을 활용하는 것이 도움을 준다. 예를 들면, $19.98 \div 5.4$는 19.98은 20 정도로, 5.4는 5 정도로 어림하면 $19.98 \div 5.4$의 결과는 $20 \div 5 = 4$에 가까울 것이라고 예상할 수 있다.

$$19.98 \div 5.4 = \frac{1998}{100} \div \frac{540}{100} = 1998 \div 540 = 37$$

$$5.4\overline{)19.98} \longrightarrow \begin{array}{r} 37 \\ 540\overline{)1998} \\ \underline{162} \\ 378 \\ \underline{378} \\ 9 \end{array}$$

그림 2.31 소수 나눗셈의 관계적 이해

2015 개정 초등수학과 교육과정

분수와 소수 영역

초등학교 3~4학년

1 분수

· 양의 등분할을 통하여 분수를 이해하고 읽고 쓸 수 있다.

· 단위분수, 진분수, 가분수, 대분수를 알고, 그 관계를 이해한다.

· 분모가 같은 분수끼리, 단위분수끼리 크기를 비교할 수 있다.

2 소수

· 분모가 10인 진분수를 통하여 소수 한 자릿수를 이해하고 읽고 쓸 수 있다.

· 자릿값의 원리를 바탕으로 소수 두 자릿수와 소수 세 자릿수를 이해하고 읽고 쓸 수 있다.

· 소수의 크기를 비교할 수 있다.

3 분수와 소수의 덧셈과 뺄셈

· 분모가 같은 분수의 덧셈과 뺄셈의 계산 원리를 이해하고 그 계산을 할 수 있다.

· 소수 두 자릿수의 범위에서 소수의 덧셈과 뺄셈의 계산 원리를 이해하고 그 계산을 할 수 있다.

(가) 학습 요소

- 분수, 분모, 분자, 단위분수, 진분수, 가분수, 대분수, 자연수, 소수, 소수점(.), ÷

(나) 교수·학습 방법 및 유의 사항

- 1보다 작은 양을 나타내는 경우를 통하여 분수의 필요성을 인식하게 하고, 분수를 도입할 때 '분모', '분자'를 사용한다.
- 소수의 덧셈과 뺄셈은 계산 원리를 이해할 수 있는 수준에서 간단히 다룬다.
- 수와 연산 영역의 문제 상황에 적합한 문제 해결 전략을 지도하고, 문제 해결 과정을 설명하게 하여 문제 해결 능력을 기르게 한다.

(다) 평가 방법 및 유의 사항

- 다섯 자리 이상의 수에 대해 평가를 할 때는 수를 읽고 쓰는 것뿐만 아니라 수에 대한 양감과 필요성을 인식하게 할 수 있는 문제를 다룬다.
- 나눗셈에 대한 검산에서는 나눗셈식을 보고 곱셈식으로 나타내는 것보다 검산의 목적과 필요성을 이해하는지에 초점을 두고 평가를 한다.

초등학교 5~6학년

1 분수의 덧셈과 뺄셈

- 분수의 성질을 이용하여 크기가 같은 분수를 만들 수 있다.
- 분수를 약분, 통분할 수 있다.
- 분모가 다른 분수의 크기를 비교할 수 있다.
- 분모가 다른 분수의 덧셈과 뺄셈의 계산 원리를 이해하고 그 계산을 할 수 있다.

2 분수의 곱셈과 나눗셈

- 분수의 곱셈의 계산 원리를 이해하고 그 계산을 할 수 있다.
- '(자연수)÷(자연수)'에서 나눗셈의 몫을 분수로 나타낼 수 있다.
- 분수의 나눗셈의 계산 원리를 이해하고 그 계산을 할 수 있다.

3 분수와 소수

- 분수와 소수의 관계를 이해하고 크기를 비교할 수 있다.

4 소수의 곱셈과 나눗셈

- 소수의 곱셈의 계산 원리를 이해한다.
- '(자연수)÷(자연수)', '(소수)÷(자연수)'에서 나눗셈의 몫을 소수로 나타낼 수 있다.
- 나누는 수가 소수인 나눗셈의 계산 원리를 이해한다.
- 소수의 곱셈과 나눗셈의 계산 결과를 어림할 수 있다.

(가) 학습 요소

- 약수, 공약수, 최대공약수, 배수, 공배수, 최소공배수, 약분, 통분, 기약분수

(나) 교수·학습 방법 및 유의 사항

- 분모가 다른 분수의 크기 비교에서 수 감각을 이용하여 추론하고 토론하는 활동을 하게 한다.
- 분수의 나눗셈은 '(분수)÷(자연수)', '(분수)÷(분수)', '(자연수)÷(분수)'를 다룬다.
- 소수의 곱셈과 나눗셈은 계산 원리를 이해하는 수준에서 간단히 다루고, 복잡한 계산은 계산기를 사용하게 할 수 있다.
- 수와 연산 영역의 문제 상황에서 문제 해결 전략 비교하기, 주어진 문제에서 필요 없는 정보나 부족한 정보 찾기, 조건을 바꾸어 새로운 문제 만들기, 문제 해결 과정의 타당성 검토하기 등을 통하여 문제 해결 능력을 기르게 한다.

(다) 평가 방법 및 유의 사항

- 분수의 사칙계산에서 기약분수로 나타낼 것을 요구하지 않을 경우, 계산 결과를 기약분수가 아닌 분수로 나타내는 것도 허용한다.
- 분수의 통분을 이용한 문제에서 공통분모로 최소공배수뿐만 아니라 분모의 곱과 같은 공배수도 이용할 수 있게 한다.

[참고문헌]

강문봉 외(역). 1999. 초등 수학 학습지도의 이해. 서울: 양서원. Helping Children Learn Mathematics. 1998. Reys R. E. et. al. Allyn & Bacon.

김성준 외. 2013. 초등학교 수학과 교재연구 및 지도법. 서울: 동명사.

김수미 외 2017. 초등수학교육의 이해. 서울: 경문사.

방정숙. 김상화. 박금란. 2005. 초등교사의 수학과 교수법적 내용 지식 정립을 위한 교수학습 자료 개발. KRF-2005-030-B00045).

배종수. 1999. 초등 수학교육 내용 지도법: 제7차 교육과정을 중심으로. 서울 경문사.

변희현. 2005. 소수개념의 교수학적 분석. 박사학위논문, 서울대학교 대학원.

장혜원. 1997. 수학 학습에서의 표현 및 표상에 관한 연구-표상모델 개발을 중심으로-. 박사학위논문, 서울대학교 대학원.

제3장 **도형**

1. 이론적 배경

> “
> 기하학은
> 영원히 존재하는 것에
> 대한 지식이다.
>
> —플라톤
> ”

(1) 도형 학습의 의의

도형에 대한 학습은 우리가 살고 있는 세상을 정돈된 방식으로 나타내고 기술하는 것을 돕는다. 도형과 관련된 지식과 공간감각은 일상생활에서 매우 유용하고 수학의 다른 분야 및 다른 교과의 학습에서도 기본 토대가 된다. 학생들은 도형과 관련된 지식을 활용하여 주변 환경을 더 능숙하게 기술하고 표현하고 조절할 수 있어야 한다.

도형은 수의 세계와는 다른, 그러나 수의 세계와 연결되는 수학적 사고의 한 측면을 제공한다. 학생들은 도형, 구조, 위치, 변환 등을 이해하고 공간 추론을 발달시킴으로써 공간적 세계, 수학, 예술, 자연과학, 사회과학에서의 다른 주제를 이해할 수 있는 토대를 쌓게 된다. 일부 학생들의 도형 개념과 공간 추론 능력은 수치적 능력을 능가하기도 한다. 학생들은 기하에서의 우수한 성취를 통해 수학에 대한 열정을 키울 수 있다.

초등학교에서 도형 영역은 다른 영역과의 연결성이 강한 분야이다. 도형 개념과 표현은 학생이 수와 측정길이, 넓이, 부피에 관한 사고를 학습하는 데에 효과적으로 도움을 준다. 예를 들어 수직선은 자연수, 분수, 정수, 확률을 표현하는 방법을 제공하며, 도형과 도형의 영역은 곱하기, 분수, 백분율, 넓이에 관한 모델을 제공한다. 도형과 수는 함수 개념, 좌표 평면, 그래프를 개발하는 데 있어서 밀접한 관련을 맺으며, 닮은 삼각형은 비율과 비 개념 발달에 활용될 수 있다.

초등학교에서의 도형 학습의 목표는 크게 네 가지로 살펴볼 수 있다. 첫째는, 도형 개념과 관련성 이해이며, 둘째는 도형의 대칭과 이동의 이해이며, 셋째는 문제해결에서 공간적 사고의 활용이며, 넷째는 수학적 추론 능력의 함양이다.

첫째, 도형 개념과 관련성 이해에서는, 점, 직선, 선분, 각, 삼각형, 사각형, 원 등의 평면도형과 직육면체, 정육면체, 각기둥, 원기둥, 각뿔, 구 등의 입체도형의 개념을 이해하고 그 성질을 파악하는 것이 중요하다. 여기에서는 다음과 같은 학습 목표를 달성할 수 있도록 지도할 필요가 있다.

- 평면도형과 입체도형을 인식하고 명명하고 만들고 비교하고 분류할 수 있다.
- 평면도형과 입체도형의 성질을 확인하고 분석하고 비교하고 기술할 수 있으며, 그 성질을 기술하기 위한 적절한 용어를 구사할 수 있다.
- 평면도형과 입체도형을 공통 성질에 따라 분류하고, 그 공통 성질을 이용하여 이등변삼각형, 평행사변형, 직육면체 등의 정의를 이해하고 말할 수 있다.
- 도형의 정의와 성질을 이용하여 여러 도형들 사이의 관련성을 정확하게 기술하고 이해할 수 있다.

둘째, 도형의 이동과 대칭의 이해 및 적용에서는 다음과 같은 학습 목표를 달성할 수 있도록 지도하는 것이 중요하다.

- 평면도형의 밀기, 돌리기, 뒤집기 등을 알고 적용할 수 있다.
- 평면도형의 밀기, 돌리기, 뒤집기의 결과를 예측하고 기술할 수 있다.
- 도형에서 선대칭과 점대칭을 확인하고 기술할 수 있다.
- 선대칭성과 점대칭성을 갖는 도형을 알고 만들 수 있다.
- 선대칭성과 점대칭성을 갖는 도형과 관련된 성질을 이해하고 적용할 수 있다.

셋째, 문제해결에서의 공간적 사고의 활용에서는 문제를 해결하기 위하여 시각화, 공간적 추론 등을 활용하도록 학습하는 것이 중요하다. 여기에서는 다음과 같은 학습 목표를 달성할 수 있도록 지도할 필요가 있다.

- 공간 기억과 공간 시각화를 이용하여 도형에 대한 정신적 이미지를 만들 수 있다.
- 기하학적 대상을 만들고 그릴 수 있다.
- 입체도형의 2차원 표현을 보고 입체도형을 확인하고 만들 수 있다.
- 입체도형의 2차원 표현을 확인하고, 입체도형을 2차원으로 표현할 수 있다.
- 여러 위치에서 본 입체도형을 시각화하고, 입체도형의 단면을 이해할 수 있다.
- 수, 측정과 같은 다른 수학 영역의 문제를 해결하기 위하여 도형과 관련된 아이디어를 사용할 수 있다.
- 다른 교과 및 예술, 건축, 과학, 일상생활 등의 영역에서 기하학적 개념과 관련성을 인식하고 적용할 수 있다.

넷째, 기하학은 오랫동안 수학 교육과정에서 학생들이 추론을 배우고 수학의 체계적 구조를 이해할 수 있는 영역으로 간주되어 왔다. 기하는 학생들의 추론 및 정당화 능력을 발달시키는 데 필요하다. 여기에서는 다음과 같은 학습 목표를 달성할 수 있도록 지도할 필요가 있다.

- 여러 도형의 성질과 관련성에 대한 수학적 추측을 만들 수 있다.
- 수학적 추론을 활용하여 추측을 조사하고 정당화할 수 있다.
- 수학적 추론을 수학의 가장 근본적인 측면으로서 인식할 수 있다.
- 다양한 유형의 추론 방법을 이해하고 활용할 수 있다.

초등학교에서 다루는 대부분의 수학적 원리 및 사실은 귀납적 추론 방식에 의존하고 있다. 그러나 초등학교 수학에서 간단한 연역적 추론도 다루고 있다는 사실에 주목해야 한다. 예를 들어, 사각형의 내각의 합이 360°라는 수학적 사실을 지도함에 있어서 두 가지 추론 방식이 가능하다. 첫 번째는 귀납적 추론 방식으로서, 서로 모양이 다른 사각형 2개를 제시하고, 각각의 사각형에서 내각의 크기를 각도기로 측정하고 모두 더하여 360°가 됨을 확인한 다음, 이를 토대로 사각형에서 내각의 크기가 360°라고 설명하는 방식이다. 두 번째는 연역적 추론 방식으로서, 임의의 사각형을 제시한 후 그 사각형을 두 개의 삼각형의 분해하고 삼각형의 내각의 합은 180°이므로 사각형의 내각의 합은 $2\times 180^\circ = 360^\circ$라고 설명하는 방식이다. 이와 같은 방식은, '삼각형의 내각의 크기의 합은 180°'라는 수학적으로 참인 성질을 이용하여 '사각형의 내각의 합은

360°"라고 설명하고 있으므로 연역적 추론이라고 할 수 있다. 이와 같이 초등학교에서도 간단한 수준의 연역적 추론을 다루고 있다. 초등학교에서의 연역적 추론은 중학교에서 본격적으로 다루는 연역적 추론인 증명에 비해 매우 간단한 수준이다.

(2) 기하학의 역사적 발달

1) 기하학의 발생

기하학의 발생은 고대 이집트 문명과 바빌로니아 문명으로 거슬러 올라간다. 이러한 고대 문명에서 추상적인 도형은 절대적이고 근원적인 의미가 있는 대상으로 인식되었다. 기하학의 영문 표기인 geometry라는 명칭에서 알 수 있듯이, 기하학은 토지geo를 측정하는metry 것으로부터 시작되었다. 이집트와 바빌로니아 시대에는 실용성을 위해 땅의 넓이, 도형의 길이, 부피 등을 연구하였으며, 도형의 관찰보다는 계산법을 중요시하여 구체적인 문제를 처리하기 위한 기술을 발달시키는 데에 주요한 목적이 있었다. 고대 문명에서 발달된 기하학은 논리적 체계가 결여되어 있으므로 학문으로 보기에는 어려움이 있다. 그러나 고대에 발생된 기하학의 싹은 이후 그리스에서 체계적인 학문으로 발달된 기하학의 밑거름이 되었다.

학문으로서의 기하학은 그리스에서부터 시작되었다. 그리스인은 기원전 8세기경부터 동쪽은 흑해, 소아시아로부터 서쪽은 남부 이탈리아에 이르는 넓은 영역을 상업 무역의 활동 무대로 삼아 여러 가지 자연환경과 생활 풍습, 문화를 접함으로써 풍부한 지식을 흡수하였다. 그리고 서로 다른 자연환경과 사회 및 관습에서 발생된 여러 가지 기술과 학문, 사상 등을 접하면서 모순에 부딪치자 '왜 그럴까?' 하는 의문과 호기심에서 비롯하여 일반적인 원리에 따라 조리 있게 따져 들어가는 논리적 사고가 싹트기 시작한 것이다. Thales, Pythagoras, Euclid 등의 뛰어난 학자들은 이집트, 바빌로니아의 수학을 받아들여 수학적 지식을 이론적으로 체계화하였다.

2) Euclid 『원론』의 형성

Euclid는 기원전 365년쯤 태어나 나중에 알렉산드리아에 초빙되어 무세이온의 수학 교수직을 수행한 학자이다. Euclid는 Thales와 Pythagoras를 거쳐 축적된 수학 지식을 체계적으로 집대성하여 총 13권으로 이루어진 『원론Elements』을 저술하였다.[1] 『원론』에는 기하학, 수론, 약간의 기하학적 대수 등과 관련된 약 465개의 명제가 수록되어 있다. 그림 3.1은 Euclid 『원론』의 일부이다.

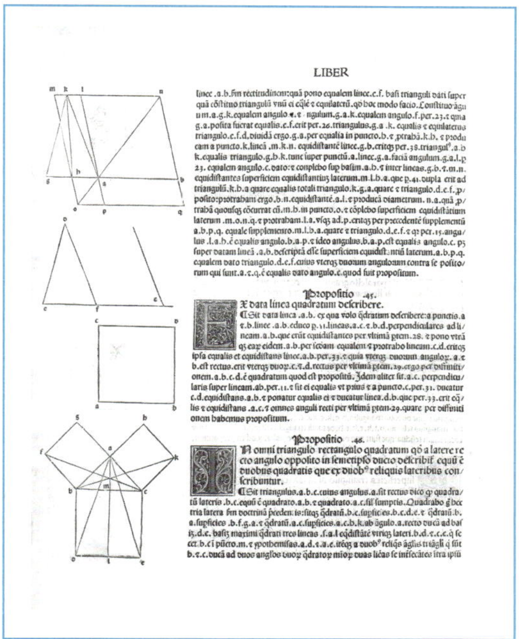

그림 3.1 Euclid 『원론』의 일부

Euclid는 『원론』에서 기본적인 수학적 대상을 정의로서 기술하고, 직관적으로 자명한 진리를 공리와 공준으로 상정하였다. 그리고 정의, 공리, 공준으로부터 수학의 모든 명제들을 체계적으로 연역적으로 이끌어내었다.

Euclid는 『원론』에서 23개의 정의, 5개의 공리, 5개의 공준을 제시하였다. Euclid가 상정한 정의, 공리, 공준의 일부를 제시하면 다음과 같다.

① 정의

- 점이란 부분이 없는 것이다.
- 선이란 폭이 없는 길이이다.
- 직선이란 그 위의 모든 점이 곧게 놓여 있는 선이다.
- 면이란 길이와 폭만을 갖는 것이다.
- 평면이란 그 위의 모든 직선이 곧게 놓여 있는 면이다.
- 한 직선이 다른 직선과 만났을 때 생기는 이웃한 각이 서로 같을 때, 같게 되는 이 각을 각각 직각이라고 한다. 이때 한쪽 선분은 다른 직선과 수직이라고 한다.
- 동일한 평면상에서 양쪽 방향으로 한없이 연장하여도 서로 만나지 않는 두 직선을 평행선이라고 한다.

1 Euclid 『원론』의 그리스어 명칭은 'Stoicheia'였으며, 이후에 영어로 'Elements'로 번역되었다.

② **공리(Axiom)**

- 같은 것에 같은 것은 모두 서로 같다.
- 같은 것에 어떤 같은 것을 더하면 그 전체는 서로 같다.
- 같은 것에서 어떤 같은 것을 빼면 나머지는 서로 같다.
- 서로 포개어지는 것은 같다.
- 전체는 부분보다 크다.

③ **공준(Postulate)**

- P1. 한 점에서 또 다른 한 점으로 한 직선을 그릴 수 있다.
- P2. 유한직선(선분)을 무한히 연장시킬 수 있다.
- P3. 임의의 점을 중심으로 하고 그 중심으로부터 그려진 임의의 유한 직선과 동일한 반경을 갖는 원을 그릴 수 있다.
- P4. 모든 직각은 서로 같다.
- P5. 한 직선이 두 직선과 만날 때, 같은 쪽에 있는 내각의 합이 두 직각보다 작으면 이 두 직선은 무한히 연장될 때 그쪽에서 만난다.

위에 제시된 공리는 일반적인 수준에서 인간이 직관적으로 자명하게 느끼는 이치나 상식 수준의 내용을 기술한 것이며, 공준은 더 특별하게 도형과 관련하여 인간이 자명하게 느끼는 것을 기술했음을 알 수 있다.

(3) 유클리드 『원론』의 교수학적 변환

현재 초등학교 수학에서 다루는 많은 내용은 유클리드 『원론』에 수록된 내용들이다. 초등학교 수학에 유클리드 『원론』의 내용들이 어떤 방식으로 반영되어 있는지 살펴보자.

일반적으로 '학교수학'은 초·중·고등학교에서 일반 학생들을 대상으로 대중교육의 일환으로 지도되는 수학을 의미한다. 반면에, 전문 수학자들이 연구하는 학문 분야로서의 수학을 '학문수학'으로 부를 수 있다. 학문수학을 가르치고 배우기 위한 목적에서 학교수학으로 변환하는 것을 '교수학적 변환'이라고 하며, 따라서 교수학적 변환은 교육과정 개발자, 교과서 저자, 교사 등의 다양한 주체에 의해 이루어진다.

유클리드 『원론』은 학문수학에 해당하며, 초등학교 교과서의 수학 내용은 학교수학에 해당된다고 할 수 있다. 학문수학의 내용이 학교수학의 내용으로 어떻게 변환되어 있는가에 주목할 필요가 있다. 앞에서 살펴본 바와 같이, 유클리드는 점을 '부분이 없는 것'으로, 직선을 '그 위의 모든 점이 곧게 놓여 있는 선'으로 정의하였다. 또한 '한 점에서 또 다른 한 점으로 한 직선을 그릴 수 있다'를 제1공준(P1)으로 설정하였다.

한편, 초등학교 수학에서는 점에 대해 별도의 정의를 하지 않고 있으며, 직선은 '양쪽으로 끝없이 늘인 곧은 선을 직선이라고 합니다. 점 ㄱ, ㄴ을 지나는 직선을 직선 ㄱㄴ이라고 합니다.'라고 설명하고 있다(그림 3.2). 이러한 설명에는 유클리드 『원론』에 제시된 직선에 대한 정의와 공준이 스며들어 있다고 할 수 있다. 교과서 저자들은 학문수학으로서의 유클리드 『원론』에 제시된 내용을 초등학교 학생들의 인지 수준에 맞추어 학교수학의 내용으로 변환한 것이다.

선분을 양쪽으로 끝없이 늘인 곧은 선을 직선이라고 합니다.
점 ㄱ과 점 ㄴ을 지나는 직선을 직선 ㄱㄴ 또는 직선 ㄴㄱ이라고 합니다.

그림 3.2 초등학교 교과서에서의 직선의 정의 (교육부, 2018a, 〈초등학교 수학 3-1〉, p. 33)

또한 유클리드 『원론』에서는 그림 3.3과 같이 제5공준(P5. 평행선 공준)을 사용하여 '평행인 두 직선에서 동위각의 크기가 같음'을 다음과 같이 증명한다.

정리: 두 직선이 평행이면 동위각의 크기는 같다.

증명: 평행인 두 직선에서 동위각의 크기가 같지 않다고 하자.

그러면, 다음 그림과 같이 어느 한 쪽에 있는 내각의 합($a+b$)이 두 직각($180°$)보다 작게 된다.

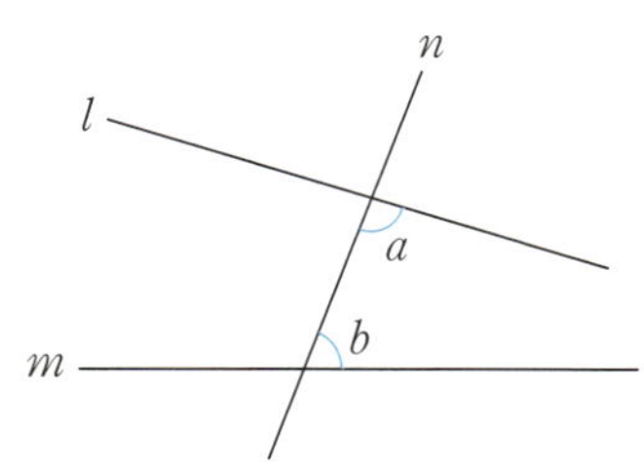

제5공준에 의해 두 직선 l, m은 만나게 되고 평행하지 않게 된다. 이것은 두 직선 l, m이 평행이라는 것에 모순이 된다.

그러므로 평행인 두 직선에서 동위각의 크기는 같다.

그림 3.3 유클리드 『원론』에서의 평행선에서 동위각의 크기가 같음의 증명

초등학교 학생들에게 '공준'의 의미를 설명하는 것은 어려우므로, 교과서 저자들은 학문수학의 대상인 공준을 내세우지 않고 다음의 그림 3.4와 같이 평행선의 동위각의 크기를 각도기로 재어 보고 비교하도록 함으로써 귀납적이고 활동적인 방식으로 이해하도록 설명하고 있다.

평행선과 한 직선이 만날 때 같은 쪽에 생기는 두 각의 크기를 각도기로 재어 보시오.

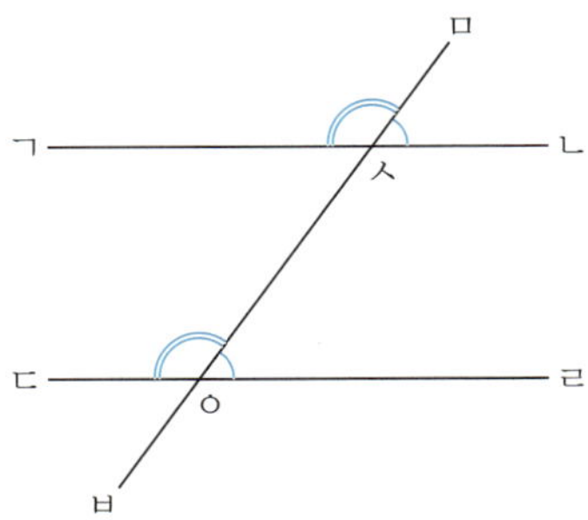

그림 3.4 초등학교 교과서에서의 평행선에서 동위각의 크기가 같음의 설명

(4) 연역적 추론과 귀납적 추론

'평행사변형에서 대각의 크기가 같음을 보여라'는 문제를 해결해보자. 그림 3.5에 제시된 (a)와 (b)의 해결 방법을 비교해보자. 대부분의 대학생들은 (b)의 방법으로 문제를 해결할 것이다. 그렇다면 (a)의 방법과 (b)의 방법의 차이점은 무엇일까? 우리나라에서는 중학교에서 (b)의 방법을 다루며, (b)에서는 '평행사변형에서 대각의 크기가 같음을 증명했다'고 말할 수 있다.

(a)에서는 실험이나 구체적 조작을 통하여 평행사변형의 대각의 크기를 직접 비교함으로써 대각의 크기가 같음을 확인하고 있다. (a)에서는 평행사변형에서 대각의 크기가 같음을 귀납적 추론을 통해 정당화한 것이다. 귀납적 추론은 실험, 측정, 관찰, 구체적 조작 등을 통하여 몇 가지 사례에 대해 어떤 명제가 참임을 보인 다음에, 이 사례가 속한 전체 범주의 대상에 대해 그 명제가 참임을 주장하는 것이다. (a)에서는 평행사변형에서 대각의 크기가 같음을 증명하지는 못했지만, 나름대로 정당화했다고 할 수 있다. 여기에서 정당화는 어

떤 수학적 명제가 참임을 밝히는 것을 의미한다.

(b)에서는 두 쌍이 대변이 평행인 사각형이 평행사변형이라는 정의, 평행선에서 엇각의 크기가 같다는 성질, 합동인 삼각형에서 대응하는 변의 길이가 같다는 성질 등을 이용하여 평행사변형에서 대각의 크기는 같음을 이끌어내었다. 이와 같이 정의, 공리, 공준, 이미 참이라고 알려진 성질 등을 이용하여

평행사변형의 성질을 알아봅시다.

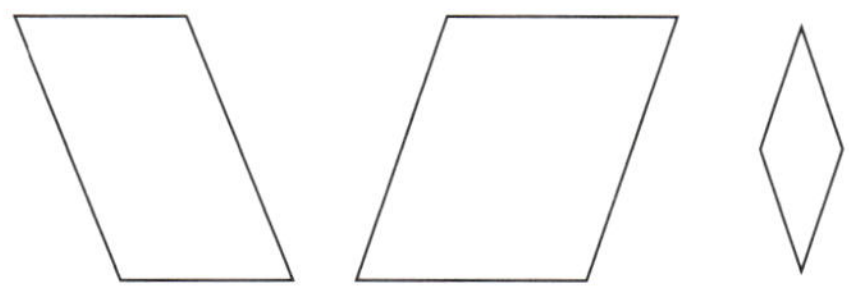

- 마주 보는 각의 크기를 비교해 보세요.
- 이웃한 두 각의 크기의 합을 구해 보세요.
- 알게 된 평행사변형의 성질을 이야기해 보세요.

(a) 귀납적 추론(교육부, 2018c, 〈초등학교 수학 4-2〉, p. 87)

오른쪽 그림과 같은 평행사변형 ABCD에서

$\overline{AB} = \overline{DC}$, $\overline{AD} = \overline{BC}$이고,

$\angle A = \angle C$, $\angle B = \angle D$임을 설명해 보자.

대각선 AC를 그으면 △ABC와 △CDA에서

$\overline{AB} \,/\!/\, \overline{DC}$이므로

$\angle BAC = \angle DCA$(엇각) ……①

$\overline{AD} \,/\!/\, \overline{BC}$이므로

$\angle BCA = \angle DAC$(엇각) ……②

$\overline{AC}$는 공통인 변 ……③

①, ②, ③에 의하여 △ABC ≡ △CDA(ASA합동)

이다. 따라서

$\overline{AB} = \overline{DC}$, $\overline{AD} = \overline{BC}$, $\angle B = \angle D$

이다. 또, ①, ②에 의하여

$\angle A = \angle BAC + \angle DAC = \angle DCA + \angle BCA = \angle C$

이다.

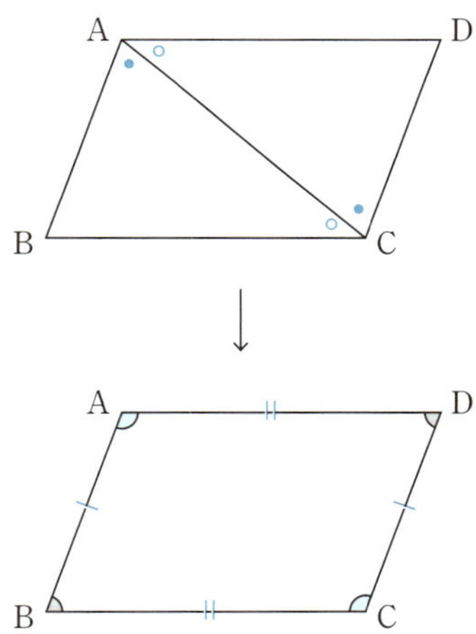

(b) 연역적 추론(류희찬 외, 2013, 〈중학교 수학 2〉, p. 265을 재구성함)

그림 3.5 귀납적 추론과 연역적 추론

새로운 참인 명제를 이끌어내는 것을 연역적 추론이라고 한다. 수학에서 '증명' 이라는 용어는 '연역적 추론을 통해 어떤 명제가 참임을 밝히는 것'으로 규정된다.

(5) van Hieles의 기하적 사고 수준 이론

van Hieles 1986에 따르면, 기하적 사고에는 다섯 수준이 존재하며, 각 수준에는 독특한 언어 구조가 있어서 서로 다른 수준에 있는 사람끼리는 의사소통에 많은 어려움을 겪는다. 이에 van Hieles은 교사가 학생들의 수준을 파악하고 학생들의 수준에서 지도할 것을 권고하였다. 다시 말해서 교사는 학생의 수준에 적절한 언어로 풍부한 사고를 유발해야 하며, 학생들이 다음 수준으로 진행할 수 있도록 지도해야 한다는 것이다.

1) van Hieles의 기하적 사고 수준

① 제1수준: 시각적 인식 수준

제1수준은 시각적 인식 수준으로서 이 수준의 학생들은 전체적인 모양새로 도형을 인식하며 도형의 성질에 주목하지 않는다. '이 도형이 왜 정사각형일까요?'라는 질문에 대해 이 수준의 학생들은 '정사각형처럼 보이니까요'라고 대답한다. 학생들은 도형을 시각적 전체로 인식하며 따라서 시각적 이미지로서의 도형을 정신적으로 표현할 수 있다. 그러나 학생들은 도형의 성질에 주목하지 않으며, 도형의 성질을 인식하지 못한다.

② 제2수준: 기술적/분석적 인식 수준

제2수준은 기술적/분석적 인식 수준으로서 학생들은 도형의 성질에 주목하며 도형의 성질을 분석할 수 있다. 학생들은 시각적으로 지각되는 모양을 분석함으로써 도형의 성질을 알게 되고 결과적으로 도형을 성질에 의해 인식하고 특징짓는다. 학생들은 도형을 전체적으로 바라보지만 시각적 형태로서가 아닌 성질의 집합으로서 고려하게 되며, 시각적 이미지는 배경으로 물러나게 된다. 따라서 각 도형은 그 도형을 특징짓는 데 필요한 성질들의 집합이 된다. 예를 들어, 마름모를 네 변의 길이가 같은 도형으로 생각하게 된다. 그러나 학생들은 도형들 사이의 포함 관계를 거의 인식하지 못한다. 이 수준에서의 사고 대상은 성질의 집합으로서의 도형이다.

③ 제3수준: 관계적/추상적 인식 수준

제3수준은 관계적/추상적 인식 수준으로서 도형의 성질이나 도형 자체가 논리적으로 정렬된다. 학생들은 개념에 대한 추상적 정의를 형성하고, 개념의 성질에 대한 필요조건과 충분조건을 구분하며, 기하 영역에서 논리적으로 논쟁하기도 한다. 도형의 성질의 일부는 도형의 정의로 채택되고 나머지 성질은 논리적 방법으로 정리되며, 학생들은 여러 도형 사이의 관계와 한 도형의 여러 성질 사이의 관계를 이해한다. 학생들은 도형들의 성질을 정렬함으로써 도형들을 위계적으로 분류할 수 있다. 예를 들어, 이 수준의 학생들에게 정사각형은 마름모인 동시에 직사각형이고 평행사변형이며 사다리꼴이다.

제3수준의 학생들은 다양한 성질을 발견함에 따라 성질들을 조직할 필요성을 느낀다. 한 성질은 다른 성질의 전제가 된다는 것을 인식하는 논리적 사고는 연역적 추론을 향한 첫걸음이라고 할 수 있다. 그러나 학생들은 완전한 '형식적 연역적 추론'을 이해하지는 못하며, 연역적인 체계를 전체적으로 파악하는 수준에는 이르지 못한다. 제3수준의 학생들에게 연역적 추론은 소규모로 또는 국소적으로 파악된다. 다시 말해서, 제3수준의 학생들은 '비형식적 연역적 추론'을 할 수 있다. 예를 들어, 학생들은 사각형이 두 개의 삼각형으로 분해될 수 있고 한 삼각형의 내각의 합은 180°이므로 사각형의 내각의 합이 360°라는 사실을 연역할 수 있다.

④ 제4수준: 형식적 연역 수준

제4수준은 형식적 연역 수준으로서, 연역의 의의가 전반적으로 완전하게 이해된다. 학생들은 기하학의 이론 전체를 전개하는 공리적 방법의 의의를 이해하게 된다. 학생들은 공리적 체계 내에서 정리를 확립할 수 있으며, 무정의 용어, 공리, 정의, 정리 사이의 논리적인 차이점을 인식한다. 또한 학생들은 '형식적 연역적 추론'을 이해하며 형식적 증명을 구성할 수 있다. 다시 말해서 학생들은 '제시된 조건'의 결과로서의 결론을 논리적으로 정당화하는 일련의 명제를 만들어낼 수 있다. 대학교에서 수학을 전공하는 대학생들의 대부분은 제4수준의 사고를 할 수 있다.

⑤ 제5수준: 엄밀한 수학적 수준

제5수준은 엄밀한 수학적 수준으로서, 대상의 구체적 성질이나 성질들 사이의 관계의 구체적 의미가 사상된다. 즉, 여러 가지 구체적 해석을 떠나서 발전하는, 여러 수학 체계에 대하여 형식적으로 추론할 수 있는 수준이다. 이 수준에서는 모델을 참고하지 않고 기하를 연구할 수 있으며, 공리, 정의, 정리 등의 문장을 형식적으로 다룸으로써 추론할 수 있다. 다양한 공리 체계와 논리 체계에 대한 논의의 가치를 이해할 수 있으며, 다양한 수학 체계 안에서 가장 엄밀한 방식으로 추론할 수 있다. 이 수준에서는 기하학의 이론이 추상적인 연역적 체계로서 구성된다. 수학적 구조를 잘 이해하며, 구조에 관한 고차원적 수준의 명제를 정당화할 수 있는 등 전문적인 수학자의 수준이라고 할 수 있다. 제5수준의 추론을 통해 공리적인 여러 기하 체계들을 확립하고 정련시키는 동시에 유클리드 기하, 비유클리드 기하와 같은 여러 기하 체계를 비교할 수 있다. 수학을 전문적으로 연구하는 수학자들의 사고 수준이 제5수준이라도 할 수 있다.

2) van Hieles 이론에 따른 교과서 이해

교실에서 □, △, ○ 모양을 찾아 같은 모양끼리 모아 봅시다.

그림 3.6 van Hieles 제1수준의 초등학교 교과서 내용 (교육부, 2017, 〈초등학교 수학 1-2〉, p. 61)

이 절에서는 van Hieles의 수준 이론을 토대로 교과서를 살펴보기로 한다.

그림 3.6은 초등학교에서 네모 모양, 세모 모양, 동그라미 모양을 도입하는 내용이다. 실생활에서의 여러 물건들을 살펴보고 이러한 물건들의 공통 모양으로서 네모 모양, 세모 모양, 동그라미 모양을 도입하고 있다. 전체적인 모양새와 시각적 이미지로 용어를 네모 모양, 세모 모양, 동그라미 모양을 도입하고 있는 측면에서 van Hieles의 제1수준에 해

당한다고 할 수 있다.

그림 3.7의 (a)는 구체적 조작 활동을 통해 '삼각형의 내각의 합은 180°'라는 삼각형의 성질을 탐구하고 있는 초등학교 교과서의 내용으로, van Hieles의 제2수준에 해당한다고 할 수 있다. (b)는 삼각형의 내각의 합은 180°라는 성질을 이용하여 사각형의 내각의 합은 360°임을 이끌어내는 비형식적 연역적 추론으로서 van Hieles의 제3수준에 해당한다고 할 수 있다.

그림 3.8은 한 도형에서 여러 성질 사이의 관계를 다루고 있는 중학교 교과서의 내용이다. 그림 3.8을 학습하기 이전에 평행사변형은 이미 '두 쌍의 대변

자신이 그린 삼각형을 이용하여 세 각의 크기의 합을 알아봅시다.

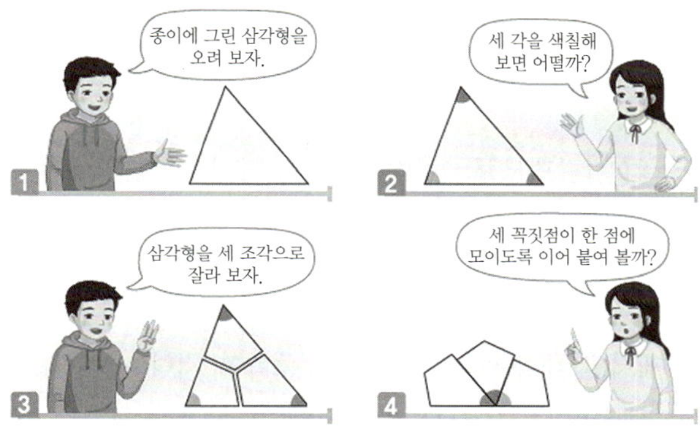

- 나와 모둠 친구들이 그린 삼각형의 세 각의 크기의 합을 비교해 보세요.
- 이 활동으로 알게 된 점을 설명해 보세요.

(a) van Hieles 제2수준의 초등학교 교과서 내용(교육부, 2018b, 〈초등학교 수학 4-1〉, p. 51)

다른 방법으로 사각형의 네 각의 크기의 합을 알아봅시다.

- 삼각형의 세 각의 크기의 합을 이용하여 사각형의 네 각의 크기의 합을 구해 보세요.

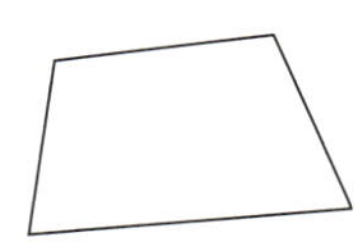

사각형의 네 각의 크기의 합은 360°입니다.

(b) van Hieles 제3수준의 초등학교 교과서 내용(교육부, 2018b, 〈초등학교 수학 4-1〉, p. 53)

그림 3.7 van Hieles 제2수준과 제3수준의 초등학교 교과서 내용

평행사변형에서 두 쌍의 대변의 길이가 각각 서로 같음을 알아보자.

오른쪽 그림의 평행사변형 ABCD에서 대각선 AC를 그으면

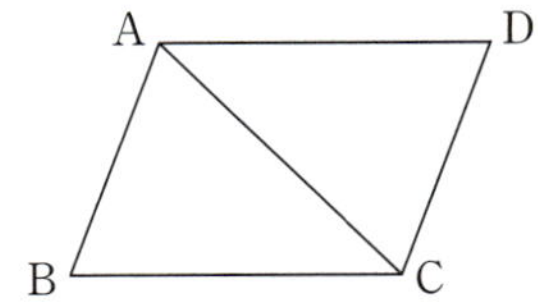

△ABC와 △CDA에서 $\overline{AB} // \overline{DC}$이므로

$\angle BAC = \angle DCA$(엇각) ……①

이다. 또, $\overline{AD} // \overline{BC}$이므로

$\angle ACB = \angle CAD$(엇각) ……②

$\overline{AC}$는 공통인 변 ……③

이다. ①, ②, ③에서 한 변의 길이가 서로 같고, 그 양 끝각의 크기가 각각 서로 같으므로

$\triangle ABC \equiv \triangle CDA$이다. 따라서

$\overline{AB} = \overline{DC}$, $\overline{AD} = \overline{BC}$

임을 알 수 있다.

즉, 평행사변형에서 두 쌍의 대변의 길이가 각각 서로 같다.

그림 3.8 van Hieles 제3수준의 중학교 교과서의 내용(우정호 외, 2013, 〈중학교 수학 2〉, p. 257)

이 평행'인 사각형으로 정의되어 있다. 따라서 그림 3.8은 한 사각형에서 '두 쌍의 대변이 평행'이라는 성질과 '두 쌍의 대변의 길이가 각각 같음'이라는 성질 사이의 관계를 '비형식적 연역적 추론'을 통해 다루고 있다고 할 수 있다. 그림 3.8에 제시된 내용은, 우리나라의 중학교 기하 단원에서 집중적으로 다루는 설명증명을 제시하고 있다. van Hieles 수준 이론에 비추어보면, 제3수준에 해당된다고 할 수 있다.

van Hieles 제4수준에서는 무정의 용어, 공리, 정의, 정리 사이의 논리적인 차이점을 인식할 수 있어야 하지만, 중·고등학교에서는 무정의 용어나 공리를 다루지 않는다. 따라서 초·중·고등학교에서는 van Hieles 제1수준~제3수준의 활동을 주로 다루고 있다고 할 수 있다.

2. 지도의 실제

(1) 평면도형

1) 평면도형의 개념과 지도

초등학교에서 평면도형을 다룰 때는, 정확한 정의와 용어를 사용하기보다는 직관적으로 그리고 활동적으로 직접 참여하는 가운데 점차 개념을 형성하도록 하는 것이 필요하다. 그러므로 주변의 사물을 관찰하여 평면도형에 대한 개념을 발달시키도록 지도해야 한다. 주변의 사물을 관찰하고 그 모양에 따라 평면도형을 분류하는 활동은 평면도형에 대한 대략적인 심상을 형성하게 한다. 평면도형을 분류한 이후에는 평면도형의 용어(이름)와 정의(약속)를 도입하고 구체적 조작 활동을 통해 평면도형의 성질을 탐구하고 발견하게 한다. 그리고 평면도형 사이의 관계를 파악하고 일반화와 추상화를 시도하게 한다.

평면도형의 지도는 보통 다음과 같은 순서로 이루어진다.

관찰하기
→ 평면도형 분류하기
→ 평면도형 정의하기(약속하기)
→ 평면도형 성질 탐구하고 발견하기
→ 평면도형 사이의 관계 파악하기
→ 일반화 및 추상화

① 삼각형, 사각형, 원

아동들은 평면도형을 선분으로 이루어진 삼각형과 사각형, 곡선으로 이루어진 원으로 구분할 수 있다. 그리고 삼각형과 사각형, 원을 그려봄으로써 평면도형의 구성 요소에 주목할 수 있게 된다. 이러한 활동을 통하여 삼각형과 사각형을 단지 모양에 따라 구분하는 것이 아니라, 변의 개수, 꼭짓점의 개수라는 구성 요소의 차이에 의하여 구분할 수 있다는 것을 알게 된다.

사각형, 삼각형 등 평면도형의 개념을 학습할 때는 주변의 사물을 모양에 따라 분류하고, 분류 활동을 대상으로 반성적 사고를 함으로써, 꼭짓점, 변, 면을 구성 요소로 하는 평면도형의 개념을 발전시켜야 한다. 이와 같이 도형을 모양에 따라 인식하고, 분류하고, 분류 활동을 되돌아보고, 구성 요소에 주목하면, 각 평면도형의 정의만을 암기하여 학습하는 것에 비하여 개념적으로 풍부한 이해를 가능하게 하고, 다양한 상황에서 적용할 수 있는 능력을 발전시킬 수 있다.

② 각

각은 도형의 구성 요소 중 하나이며, 사각형, 삼각형, 원을 도입할 때와 마찬가지로 주변의 사물 중에서 모난 부분을 찾아 본을 떠보는 방식으로 서서히 도입해야 한다. 각의 정의를 정확하게 도입하기 전에 각의 의미를 직관적으로 파악하게 하는 것이 중요하다. 이어서 각의 꼭짓점과 변을 기호로 나타냄으로써, 평면도형의 한 구성 요소를 수학적으로 명확하게 표현하면 편리한 점이 있음을 지도하도록 한다. 마지막으로 특수한 각의 하나로 직각을 도입함으로써, 직각삼각형, 직사각형, 정사각형, 예각삼각형, 둔각삼각형의 이해를 위한 기초를 마련해야 한다.

③ 사다리꼴, 평행사변형, 마름모

사다리꼴은 마주 보는 한 쌍의 변이 서로 평행인 사각형으로 정의되는 도형이다. 사다리꼴의 경우에도 주변에 실제로 사용하고 있는 사다리 사진이나 삽화를 살펴보고, 그 특징을 도출하게 하여 정의를 발견하도록 하는 것이 바람직하다. 사진이나 삽화를 이용하여 적절한 예를 제시하면, 학생들의 마음속에 정의와 더불어 각인되어 이후의 학습을 도울 것이다. 사다리꼴을 직접 만들어 보도록 하면 자기주도적 학습을 촉진할 수 있다. 학생들이 수학적 정의를 전달받기보다는 스스로 만들어내도록 지도하는 것이 의미가 있다.

마주 보는 한 쌍의 변이 서로 평행인 사각형이라는 사다리꼴의 정의를 일부 변형한다면 마주 보는 두 쌍의 변이 서로 평행인 사각형이라는 평행사변형의 정의에 자연스럽게 도달할 수 있다. 평행사변형 역시 계단이나 문 등 일상의 많은 대상에 들어 있으므로, 사진이나 삽화 자료를 이용하여 도입할 수 있다. 또한 앞서 배운 사다리꼴의 정의를 반성하게 하여 평행사변형의 정의를 발견하게 하는 활동도 적극적으로 활용할 필요가 있다. 이후에 사각형 사이의 관계를 학습할 때 혼동하는 학생들이 많은데, 이는 단지 고립된 개념으로 여러 사각형을 학습하기 때문이다.

특히, 수학은 실제 사물을 수학적인 대상으로 추상화하고, 그 추상화 과정을 다시 추상화의 대상으로 보는 연속적인 추상화 과정에 의하여 발전하였다는 것을 고려할 필요가 있다. 초등학생들이 비록 비형식적인 방식으로 수학을 학습하더라도 이전에 학습한 내용을 대상으로 반성적인 분석을 거듭한다면 추상화의 연쇄를 초등화하여 경험하는 매우 좋은 기회가 될 것이다.

마름모 역시 주변의 사물 중에서 마름모 모양을 띠는 자료를 이용하여 도입할 수 있다. 종이를 접어 오려서 마름모를 만들도록 하는 것도 마름모의 정의인 네 변의 길이가 같다는 것을 확인하게 하는 좋은 방법이다.

④ 원

원을 '동그라미'라는 일상 언어에 의존하여 직관적으로 도입할 때는, 원의 정의를 스스로 만들기보다 그 대략적인 모양에 주목하도록 한다. 이어서 사각형이나 삼각형과 마찬가지로 원에 대해서도 그 구성 요소를 파악하도록 해야 하며, 이때 원이 사각형이나 삼각형과 다른 점이 무엇인지 생각해보도록 해야 한다. 아동들이 원은 곡선으로 이루어졌다는 것을 알아내기는 쉽지만, 한 점에서 일정한 거리에 있는 점들의 집합이라는 것을 발견하기는 어렵다. 그러므로 동그란 모양을 본 떠 그려보면서 어느 한쪽도 일그러지지 않은 도형이라는 것, 곧 대칭적인 도형이라는 것을 인식하게 할 필요가 있다. 다음으로 컴퍼스를 이용하여 원의 중심과 반지름의 길이를 변화시켜가면서 원을 그려보도록 하고, 원의 중심과 반지름이 원의 구성 요소가 될 수 있음을 발견하게 한다.

2) 평면도형의 성질의 지도

① 삼각형의 성질

개념화한 평면도형을 대상으로 사고함으로써 평면도형의 성질을 구체적으로 파악하는 활동이 필요하다. 삼각형에서는 3개의 선분으로 둘러싸인 도형이라는 정의에 대한 이해를 바탕으로 삼각형을 더 세분화할 수 있는 속성을 배운다. 만약 각의 크기에 주목한다면 직각삼각형, 예각삼각형, 둔각삼각형으로 구분할 수 있다. 직각삼각형, 예각삼각형, 둔각삼각형의 성질에 대해서는 중학교 이후에 다루게 되며, 초등학교에서는 분류하여 이름을 붙이는 정도로만 다룬다.

한편, 삼각형의 변의 길이에 주목한다면, 이등변삼각형과 정삼각형을 구분해낼 수 있다. 이에 대해서도 역시 중학교 이후에 자세한 성질을 배우지만, 이등변삼각형의 두 밑각의 크기가 같다, 정삼각형의 세 내각의 크기가 같다 등의 성질은 조작 활동에 의하여 파악하도록 한다. 정삼각형의 경우에도 컴퍼스로 직접 그려봄으로써 대칭성을 만족하는 도형이라는 것을 직관적으로 파악하게 한다. 세 내각의 크기가 같다는 성질 역시 직관적으로 발견할 수 있으므로 아동에게 탐구의 기회를 제공하는 것이 중요하다.

② 사각형의 성질

평행사변형의 경우, 마주 보는 두 쌍의 변이 평행인 사각형이라는 정의와 수학적으로 동치인 다음 명제들을 평행사변형의 성질로 학습하도록 해야 한다.

- 마주 보는 변의 길이가 같다.
- 마주 보는 각의 크기가 같다.

중학교에서는 이들 명제를 증명하는 것까지 학습하지만, 초등학교에서는 구체적 조작 활동이나 관찰을 통해 탐구함으로써 평행사변형의 일반적인 성질로 파악하도록 지도해야 한다. 단 한 번의 구체적인 조작 활동에 의하여 일반적인 성질을 발견하는 것 그리고 이것이 성립할 것이라고 확신하는 것을 기대하기는 어렵다. 그러므로 학생들 스스로 확신을 얻고 활동 없이도 성질로 인정할 때까지 다양한 탐구의 기회를 제공하는 것이 중요하다.

마름모의 경우, 네 변의 길이가 모두 같은 사각형이라는 정의를 기초로 마주 보는 두 쌍의 변이 평행이라는 성질을 도출하도록 해야 한다. 모눈종이 위에 마름모를 그리도록 한 후, 직접 동위각 또는 엇각의 크기를 측정하여 같다는 것을 확인하도록 해야 한다. 직사각형과 정사각형 역시 마주 보는 두 쌍의 변이 평행이라는 것을 이해할 수 있어야 하며, 이는 단순히 각각의 도형에 대한 성질이 아니라 도형과 도형 사이의 관계에 대한 성질로 발전되는 추론 과정에 대한 이해 능력을 필요로 한다.

(2) 입체도형

입체도형은 공간도형이라고도 한다. 입체의 경계는 면이며, 이 면은 평면 또는 곡면이다. 모두가 평면으로 둘러싸인 입체를 다면체라고 한다. 입체도형은 크게 다면체와 곡면체로 나눌 수 있다.

입체도형을 지도할 때는, 평면도형을 지도할 때와 유사하게, 먼저 주변의 입체도형과 그 모형을 관찰, 비교, 분류하여 입체도형의 용어이름와 정의약속를 도입하고 입체도형의 개념을 이해하게 한다. 그다음에는 구체적 조작 활동을 통해 입체도형의 성질을 탐구하고 발견할 수 있게 하고, 3차원의 입체도형을 2차원에 표현하는 방법과 입체도형을 전개도 등을 이용하여 만드는 방법을 지도한다. 그다음에는 입체도형 사이의 관계를 파악하고, 일반화와 추상화를 시도하도록 지도한다.

입체도형의 지도는 보통 다음과 같은 순서로 이루어진다.

관찰하기
➡ 입체도형 분류하기
➡ 입체도형 정의하기(약속하기)
➡ 입체도형 성질 탐구하고 발견하기
➡ 입체도형 사이의 관계 파악하기
➡ 일반화 및 추상화

1) 다면체

① 각기둥

각기둥은 평행인 두 평면 위에 있는 합동인 두 다각형과 두 다각형의 대응하는 꼭짓점을 연결하여 만들어지는 평행사변형 또는 직사각형으로 둘러싸인 입체이다. 각기둥에서 평행인 두 다각형을 밑면이라고 하고, 위아래의 두 밑면을 이어주는 면을 옆면이라고 한다. 각기둥은 밑면의 모양에 따라 이름이 붙여지며, 각기둥의 옆면이 직사각형이고 밑면에 수직이면 직각기둥이라 하고, 옆면이 평행사변형이고 밑면에 수직이 아니면 빗각기둥이라고 한다. 초등학교에서는 직각기둥만을 다루며, 이것을 각기둥이라고 명명하여 지도한다.

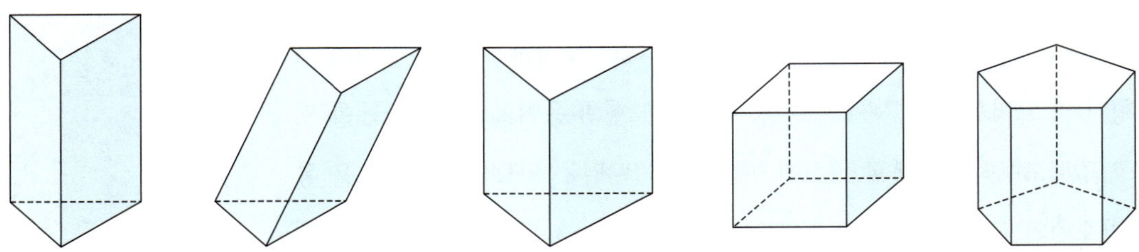

각기둥을 정의하는 방법은 여러 가지가 있다. 초등학생에게는 연역적으로 도형을 지도할 수 없으므로, 면의 모양을 관찰하게 하여 공통되는 조건들을 찾아서 정의하여야 한다. 즉 옆면은 모두 직사각형이고, 위와 아래에 있는 면은 합동인 다각형이며 서로 평행인 입체도형으로 정의할 수 있다. 옆면, 밑면, 모서리, 꼭짓점 등은 그림으로 설명하여 정의하는 것이 좋다. 각기둥 모형을 관찰하는 과정에서 다음과 같은 성질들을 발견할 수 있다.

- 두 밑면은 서로 평행이다.
- 두 밑면은 서로 합동이다.
- 옆면은 모두 직사각형이다.
- 밑면이 정다각형이면 옆면은 모두 합동인 도형이다.
- 밑면에 수직인 평면으로 자른 단면은 직사각형이다.

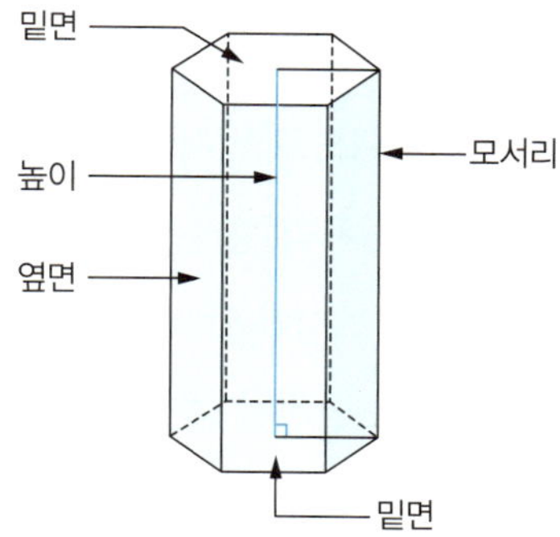

② **직육면체와 정육면체**

입체도형 중 가장 기본이 되는 것은 직육면체이다. 직육면체 중에서 모서리의 길이가 모두 같은 것이 정육면체이다. 직육면체를 지도할 때는 주변에서 볼 수 있는 여러 가지 물체를 분류하여 직육면체를 도입하고 직육면체와 정육면체의 구성 요소인 면, 모서리, 꼭짓점을 이해하게 한 후 직육면체의 면 사이의 관계를 지도한다. 이를 바탕으로 겨냥도의 개념과 겨냥도 그리는 방법, 전개도의 개념과 전개도 그리는 방법을 지도하여 직육면체와 정육면체의 전개도를 그린다.

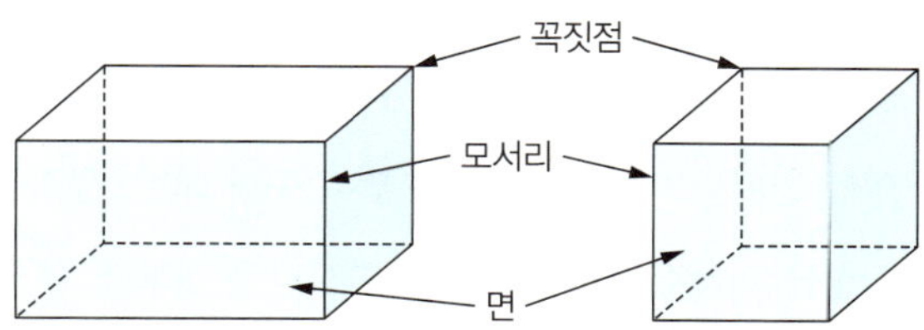

직육면체　　　정육면처

③ **직육면체의 겨냥도와 전개도**

3차원의 입체도형을 2차원에 표현하는 방법을 지도한다. 겨냥도와 전개도를 그려 봄으로써 평면과 공간 사이의 관계를 보다 잘 이해하고, 공간감각을 향상시킬 수 있다. 겨냥도와 전개도는 모눈종이나 점판 위에 그려 보는 것이 좋다.

겨냥도는 입체를 한 시점이나 한 방향에서 보고, 보는 그대로 평면 위에 그린 그림을 말한다. 특히 겨냥도는 한 번 보고 그것이 어떤 입체인가를 곧 알 수 있는 것이 특징이므로 입체도형을 직관하는 데 중요하다. 지도할 때는 겨냥도가 잘 그려져 입체의 형태image가 머릿속에 바르게 떠오르도록 하는 것이 중요하다. 겨냥도는 개인이 알고 있는 도형을 표현하는 것만이 아니라, 다른 사람이 입체의 형태로 알아볼 수 있도록 그려야 한다. 겨냥도를 그릴 때 유의점은 다음과 같다.

- 평행인 모서리는 반드시 평행으로 그린다.
- 보이지 않는 모서리와 면은 점선으로 나타낸다.
- 각의 크기와 모서리의 길이는 크게 고려하지 않아도 된다.

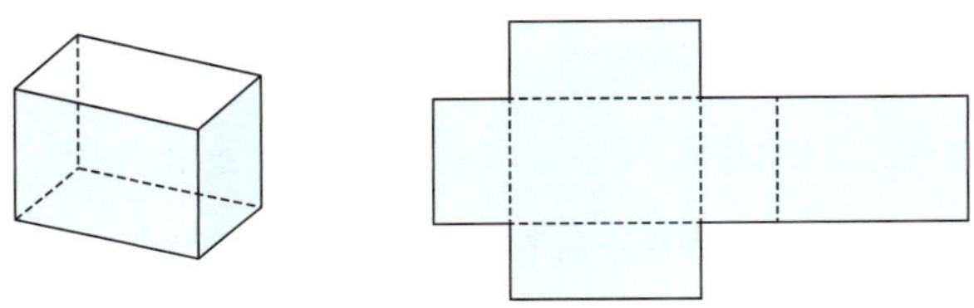

전개도는 입체도형을 펼쳐서 평면 위에 그린 그림이다. 전개도는 3차원 물체를 2차원 평면에 나타내기 때문에 평면과 공간 사이의 관계를 잘 이해하고 있어야 한다. 전개도를 통하여 면의 수나 모양, 면과 모서리의 대응 관계와 그 연결성을 이해할 수 있다. 직육면체의 전개도를 탐구할 때는 직육면체의 모양의 종이 상자를 직접 잘라 펼쳐 보는 활동을 통해 지도하는 것이 좋으며, 직접 잘라 보는 것에 앞서서 머릿속에서 직육면체의 전개도를 상상해 보도록 하는 것이 좋다. 즉, 머릿속에서 직육면체의 전개도를 상상하고, 직육면체 모양을 여러 가지 방법으로 잘라보고, 펼쳐진 직육면체를 그림으로 나타내는 활동을 한다. 전개도를 그릴 때는 접는 부분은 점선으로 나타내고, 나머지 부분은 실선으로 나타내도록 한다.

정육면체의 전개도는 다음의 11가지이다.

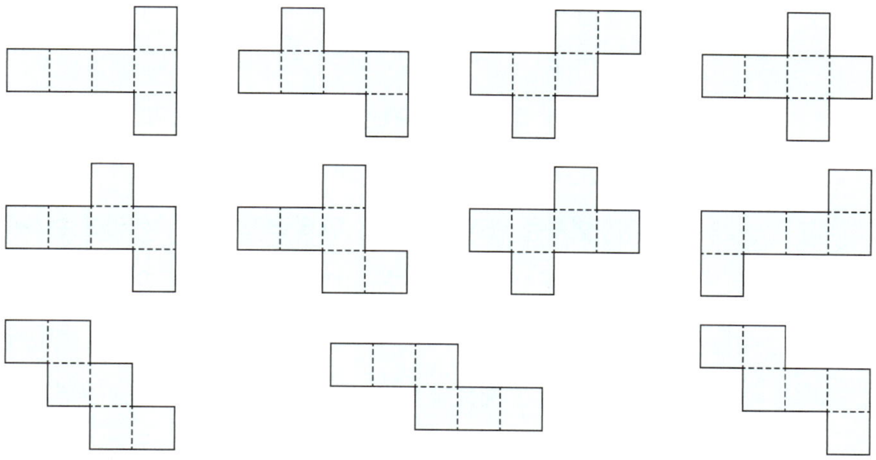

④ **정다면체**

정다면체는 모든 면이 합동인 정다각형이고, 모든 꼭짓점에서 만나는 모서리의 수가 같은 볼록다면체이다. 정다면체는 다면체 중에서 가장 아름다운 다면체라고 할 수 있다. 어느 방향에서 보더라도 모양이 같은, 가장 완벽한 대칭

표 3.1 정다면체의 성질

정다면체	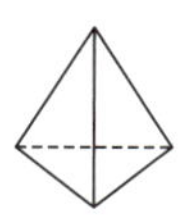	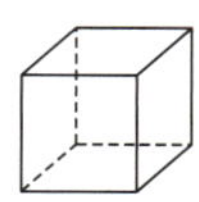	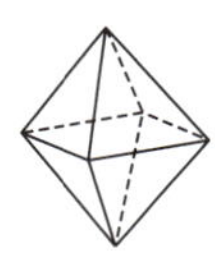	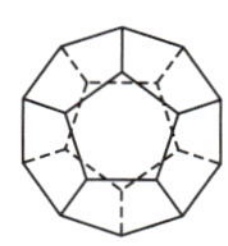	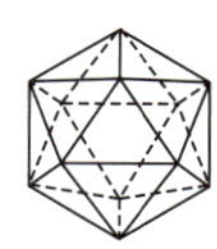
	정사면체	정육면체	정팔면체	정십이면체	정이십면체
면의 모양	정삼각형	정사각형	정삼각형	정오각형	정삼각형
한 꼭짓점에 모이는 면의 개수	3개	3개	3개	3개	5개
꼭짓점의 개수	4개	8개	6개	20개	12개
모서리의 개수	6개	12개	12개	30개	30개
면의 개수	4개	6개	8개	12개	20개
전개도		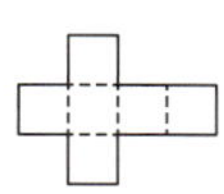	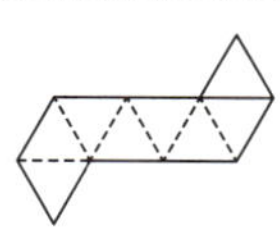	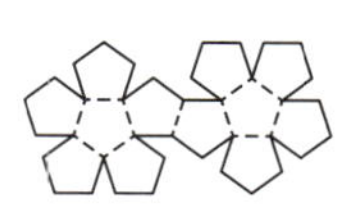	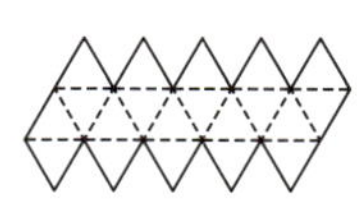

구조를 갖고 있는 다면체이기 때문이다.

표 3.1은 정다면체의 겨냥도와 전개도, 꼭짓점에 모이는 다각형의 수 등을 나타낸 것이다.

다섯 종류의 정다면체에 관한 연구는 기원전 500년경 피타고라스 또는 그 이전부터 이루어졌다. 기원전 400년경 그리스의 철학자 플라톤은 이 다섯 종류의 정다면체를 가장 이상적인 입체로 보았으며, 이러한 이유로 정다면체를 '플라톤 다면체'라고도 부른다. 고대 그리스 사람들은 우주가 불, 물, 땅, 공기의 4가지 원소로 이루어졌다고 믿었으며, 정사면체는 표면적에 비해서 가장 작은 부피를 지녔기 때문에 불을 상징하고, 정이십면체는 표면적에 비해서 가장 큰 부피를 지녔기 때문에 물을 상징한다고 보았다. 가장 안정적인 모양인 정육면체는 안정을 의미하는 땅, 즉 지구를 상징하고, 반면에 보다 동적인 정팔면체는 공기 또는 바람을 상징한다고 보았다. 그리고 정십이면체의 12개의 면은 당시 그리스 천문학의 12궁에 대응한다고 보아서 우주 전체를 상징한다고 보았다.

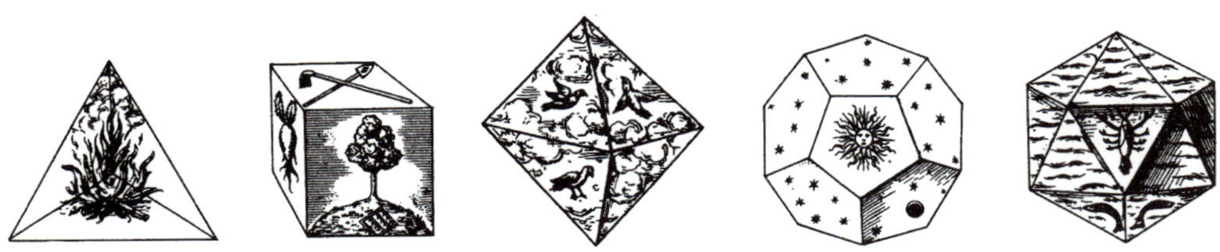

⑤ **각뿔**

각뿔은 한 다각형과 그 다각형이 포함된 평면 밖의 한 점에서 다각형의 이웃한 두 꼭짓점을 잇는 여러 개의 삼각형으로 둘러싸인 입체도형이다. 이때 다각형은 각뿔의 밑면이고 다각형 영역에 있지 않은 점은 꼭짓점이라 하고, 밑면인 다각형의 꼭짓점과 구별하여 부른다. 각뿔의 꼭짓점에 연결되는 삼각형들은 옆면이다. 각뿔은 밑면의 모양에 따라 이름이 붙여진다.

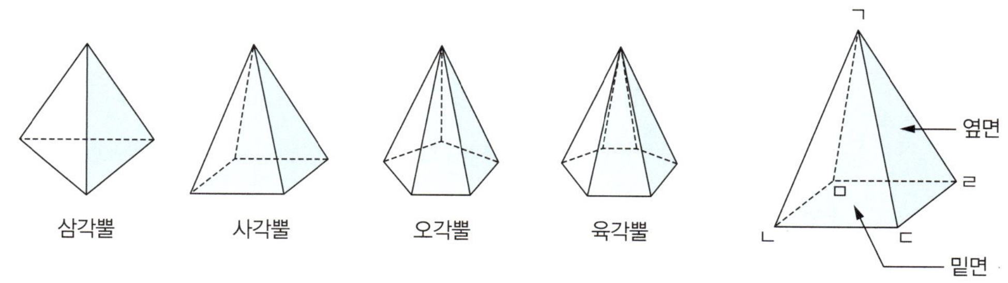

초등학교에서는 실제 모형이나 그림을 보면서 밑면이 하나의 다각형이고 옆면이 모두 삼각형인 입체도형이라는 조건들을 찾아 정의해야 한다. 각뿔의 꼭짓점, 모서리, 옆면, 밑면 등도 모형을 사용하여 직접 설명한다. 각뿔의 높이는 꼭짓점에서 밑면에 그은 수선의 길이, 즉 꼭짓점과 밑면과의 거리라는 것을 명확히 이해하도록 한다. 각뿔의 탐구에서 발견할 수 있는 성질은 다음과 같다.

- 밑면은 다각형이다.
- 옆면은 모두 삼각형이다.
- 옆면의 삼각형의 밑변은 다각형의 한 변이다.
- 밑면의 꼭짓점은 옆면의 꼭짓점이 된다.

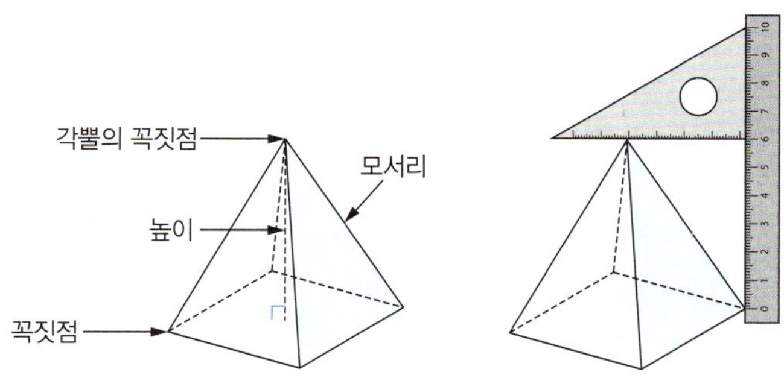

2) 곡면체

① 원기둥

원기둥은 평행이고 합동인 두 원과 이 두 원의 원주에 있는 대응점들을 연결하는 선분들로 만들어지는 입체도형이다. 이때 합동인 두 원을 밑면이라 하고, 선분을 모선, 모선에 따라 이동하면서 생긴 면을 옆면이라고 한다. 특히, 원기둥을 형성하는 모선이 밑면과 수직이면 직원기둥이라 하고, 수직이 아닐 때 빗원기둥이라고 한다. 초등학교에서는 직원기둥만을 다루며, 직원기둥을 원기둥이라고 명명한다. 직원기둥은 직사각형을 그 한 변을 회전축으로 하여 만들어지는 회전체로 정의할 수도 있다.

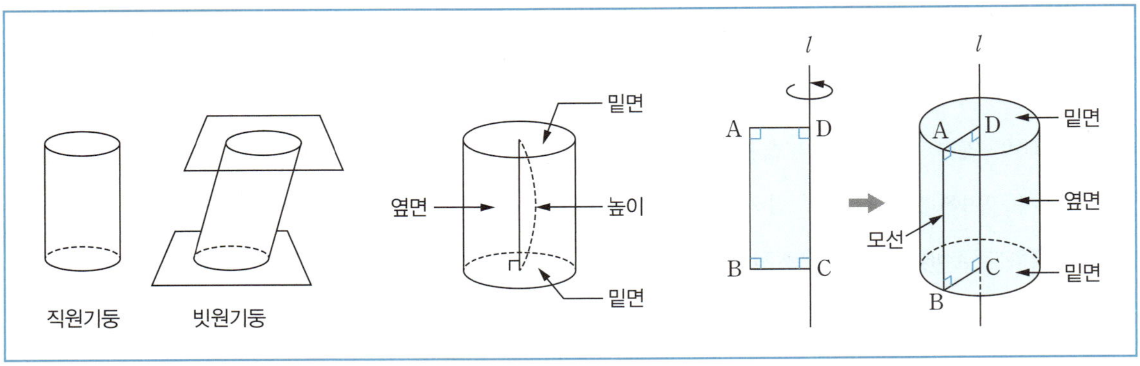

초등학교에서는 원기둥의 모형을 관찰하고, 각기둥과 비교하여 그 개념을 이해하는 것이 아동들에게 효과적이다. 원기둥을 모형이나 그림과 함께 제시하여 위와 아래에 있는 면이 서로 평행이고 합동인 원으로 되어 있는 입체도형이라고 예시적으로 정의한다. 원기둥의 모형을 굴려보고 조작함으로써 다음의 성질을 발견할 수 있다.

- 두 밑면은 합동인 원이다.
- 두 밑면은 평행하다.
- 옆면은 어느 쪽에서 보더라도 모양이 같다.
- 옆면을 전개하면 직사각형이 된다.
- 두 밑면의 중심을 잇는 직선은 밑면에 수직이다.
- 꼭짓점이 없다.

② 원뿔

원뿔은 주어진 원과 이 원을 포함하는 평면 밖의 한 점에서 주어진 원의 원주 위의 각 점을 연결하는 선분들로 만들어지는 입체도형이다. 이때 원주의 각

점과 공통으로 연결되는 한 점을 원뿔의 꼭짓점이라 하고, 주어진 원을 밑면, 밑면에 있지 않은 원뿔의 면을 옆면이라고 한다. 또, 밑면의 원주 위의 점과 꼭짓점을 연결한 선분을 모선이라 하고, 꼭짓점에서 밑면에 수직인 선분을 높이라고 한다. 높이가 밑면인 원의 중심에서 만날 때 이 원뿔을 직원뿔(이라 하고, 원의 중심에서 만나지 않을 때 빗원뿔이라고 한다. 초등학교에서는 직원뿔을 원뿔이라고 명명하여 다루며, 빗원뿔은 다루지 않는다. 직원뿔의 경우에는 직각삼각형을 직각을 낀 한 변을 회전축으로 하여 만들어지는 회전체로 정의할 수도 있다.

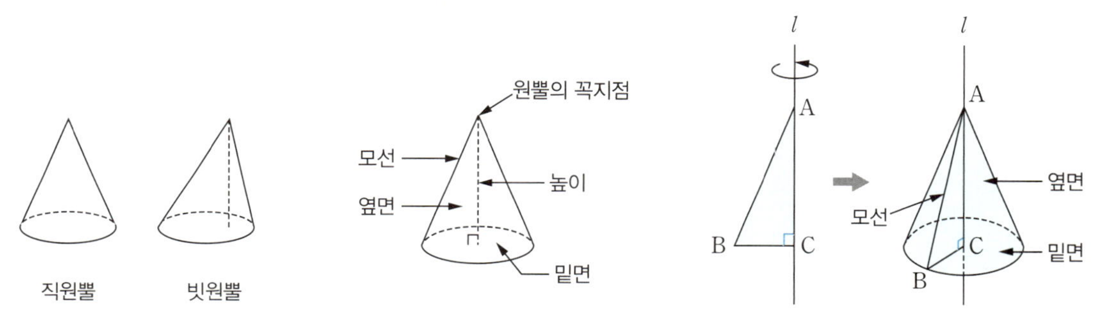

원뿔의 개념은 몇 개의 원뿔 모형을 제시하고 관찰하게 하면서 원기둥, 각뿔과 비교하여 그 특징을 찾아보면서 이해하게 하는 것이 좋다. 원뿔은 모형이나 그림과 함께 제시하여 밑면이 원이고 옆면이 곡면인 뿔 모양의 입체도형이라고 예시적으로 정의한다.

모형을 관찰하고 조작함으로써 발견할 수 있는 원뿔의 성질은 다음과 같다.

- 꼭짓점은 1개 있고, 모서리는 없다.
- 옆에서 보면 삼각형의 모양이다.
- 모선은 무수히 많다.
- 위에서 보면 원의 모양이다.

③ 구

구는 주어진 점 O로부터 주어진 일정한 거리에 있는 3차원 공간의 점의 자취이다. 이때, 주어진 점 O를 구의 중심, 중심과 구의 점을 연결하는 선분을 구의 반지름이라고 한다. 구의 두 점을 연결한 선분 중 가장 긴 것을 구의 지름이라고 한다. 초등학교 수학에서는 구를 반원의 회전체로서 설명한다. 다음과 같이 반원 모양의 종이를 나무젓가락에 붙여서 돌리면서 모양을 관찰하게 하여 구의 개념을 이해하게 하고, 회전체와 관련하여 구의 중심과 구의 반지름도 정의한다.

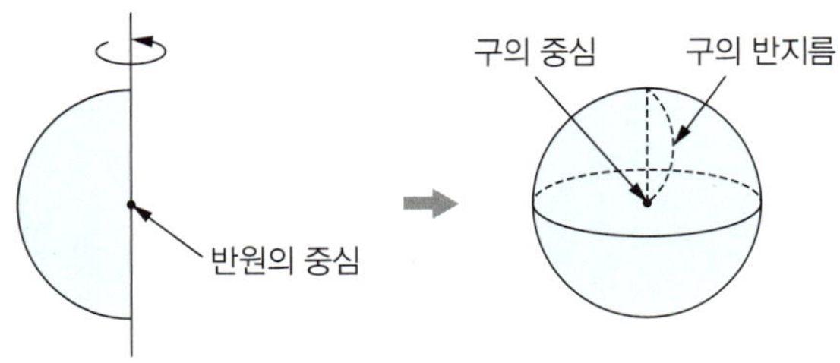

(3) 공간감각

1) 쌓기나무

주어진 모양을 보고 쌓기나무로 똑같은 모양을 만들거나 쌓기나무로 만들어진 입체도형에서 쌓기나무의 수를 세는 활동은 학생들이 도형에 대한 감각을 기르는 데 도움이 된다.

① 주어진 모양을 보고 똑같은 모양 만들기

쌓기나무로 다음과 같은 모양을 만들어 보시오.

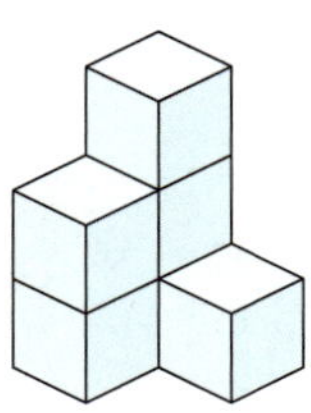

왼쪽과 같이 주어진 그림을 보고 같은 모양이 되도록 쌓기나무를 쌓아 보게 하는 활동을 먼저 지도한다.

다음으로는 쌓기나무의 그림을 보고 서로 같은 모양인지를 알아보게 하는 활동을 한다. 이때 보이지 않는 곳에 대한 오류를 없애기 위해서 쌓기나무의 수를 정해주어야 한다. 이러한 활동들은 분석적인 공간감각을 향상시킬 수 있다. 공간감각은 분석적으로 접근하여 종합적인 방식으로 이루어지는 것이 바람직하다.

쌓기나무 8개로 그림과 같은 두 모양 (가), (나), (다)를 만들고, 세 가지 모양이 서로 같은지 다른지 알아보시오.

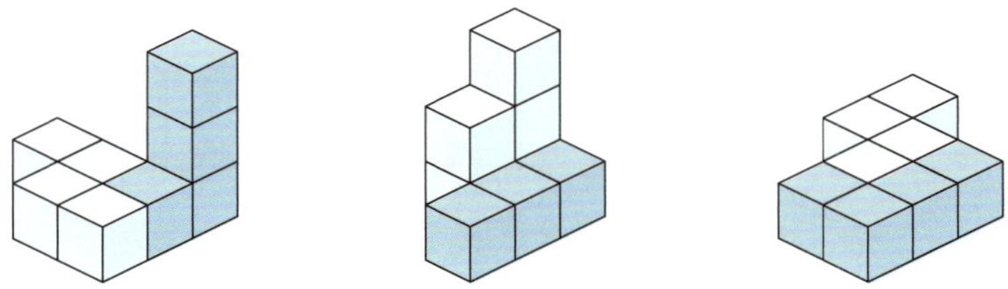

(가) (나) (다)

② 규칙을 찾고, 규칙에 따라 쌓아 보기

우리 주변에 돌담이나 창고에 쌓여있는 상자들이나 성곽 등을 보면 직육면체 모양들을 가지고 특정 규칙에 따라 형성된 경우가 많다. 그런 물체를 보고, 그 안에 담겨 있는 규칙성을 수학적으로 분석해 내는 것은 규칙성 탐구뿐만 아니라, 공간감각을 기를 수 있게 한다. 이런 규칙을 찾아 쌓기나무로 이를 모방해 봄으로써 실제 생활 속의 입체도형이 어떤 규칙성을 가지고 배열·구성되어 있는지를 분석적으로 학습할 수 있게 된다. 이 과정에 각 입체도형의 기능성이나 부분적인 성질들을 유추해 볼 수 있게 된다.

③ 쌓기나무의 수 세기

만들어진 쌓기나무의 모양을 보고, 그 안에 들어 있는 쌓기나무의 수를 알아보는 활동은 입체도형의 부피감이나 공간적 관계 등을 이해하는 데 좋은 활동이 된다. 이 경우에도 주어진 모양을 전체적으로 파악하기보다는 분석적으로 파악하는 활동이 필요하다. 쌓기나무의 수를 세는 활동에는 다음과 같은 것들이 있다.

- 각 층마다 사용된 쌓기 나무의 수 알아보기
- 바탕 그림의 각 칸 위에 놓여 있는 쌓기나무의 수 알아보기
- 몇 개의 부분으로 나누어 쌓기나무의 수 알아보기
- 돌출된 부분의 쌓기나무를 다른 곳으로 옮겨서 생각하여 쌓기나무의 수 알아보기

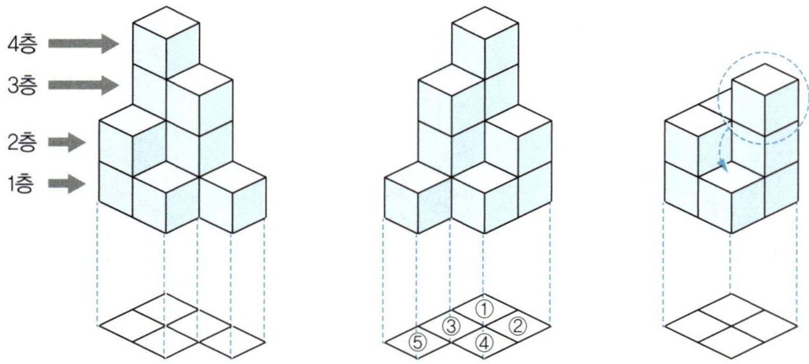

④ **위, 앞, 옆에서 본 모양 알아보기**

쌓기나무와 같이 정육면체로 만들어진 입체로 구성된 모양을 위, 앞, 옆과 같이 3차원의 각 축 방향에서 관찰하는 것은 입체 모양에 대한 분석적 파악의 기본이 되기 때문에 공간감각을 학습하는 데 중요하다.

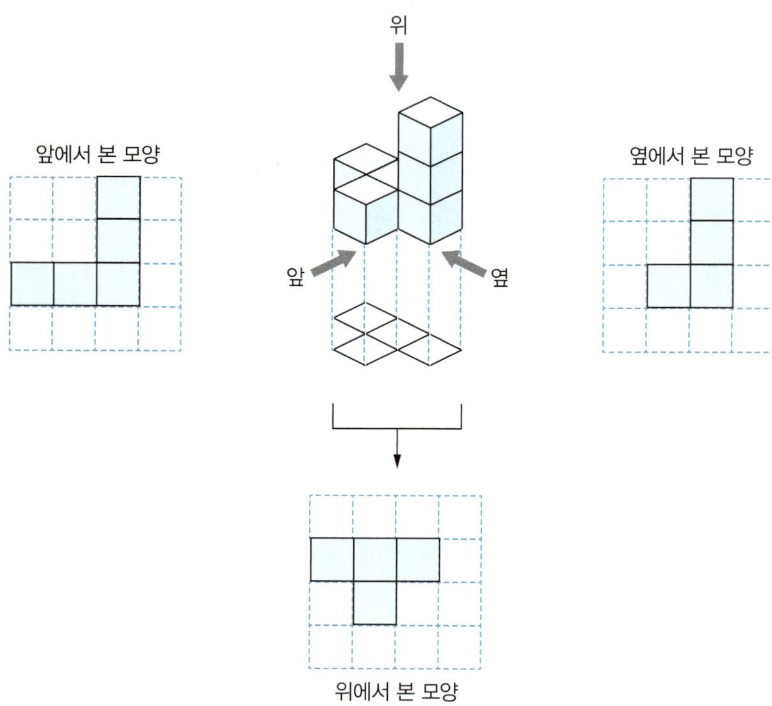

2) 평면도형의 변환

① 밀기, 뒤집기, 돌리기의 개념

- 밀기(평행이동)

평행이동은 직관적으로 이해하기는 쉬우나, 수학적으로 정의하기에는 까다로운 개념이다. 밀기는 초등학교 학생들이 평행이동의 개념을 쉽게 이해할 수 있도록 도입한 생활 속 용어이다. 평행이동은 원래 도형, 이동 방향, 상image 등의 용어에 대한 이해가 있어야 하나 초등학교에서는 이러한 정의에 입각해서 지도하는 것이 아니라, 단지 물건이나 도형이 이동하더라도 도형의 모양은 변하지 않는다는 사실을 직관적으로 이해하고 도형의 변화를 관찰하는 데에 지도 목적이 있다. 따라서 '평행이동'이나 '상'이라는 용어를 사용하지 않으며 대신 '밀기'라는 생활 용어를 사용하여 지도하도록 한다.

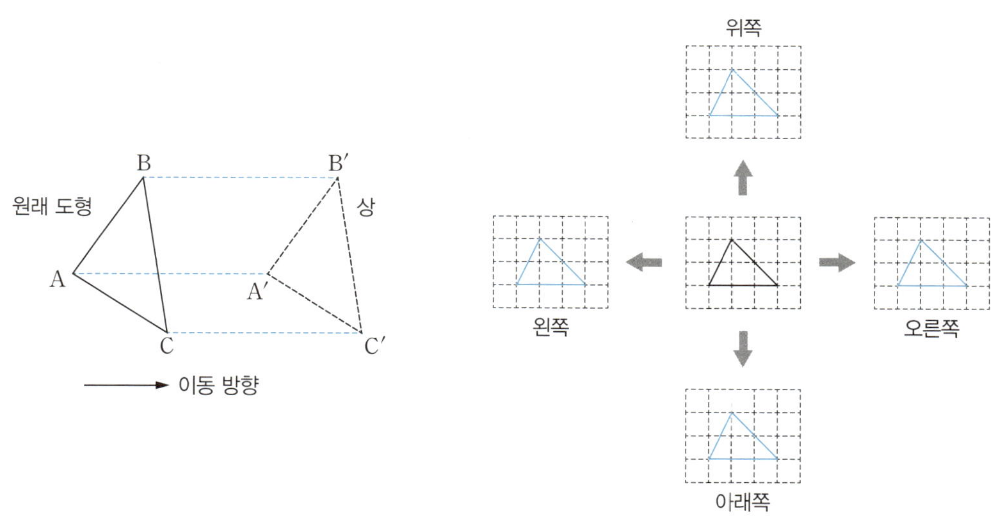

- 뒤집기(반사, 대칭이동)

대칭이동에서의 대칭은 선대칭을 의미한다. 평면 위의 한 직선에 대해서 점 P가 이 직선을 대칭축으로 하여 대칭인 점 P′으로 이동하면 이러한 이동을 대칭이동이라고 한다. 대칭이동은 반사라고도 부른다. 일상생활에서 볼 수 있는 반사의 대표적인 예는 거울의 상이다.

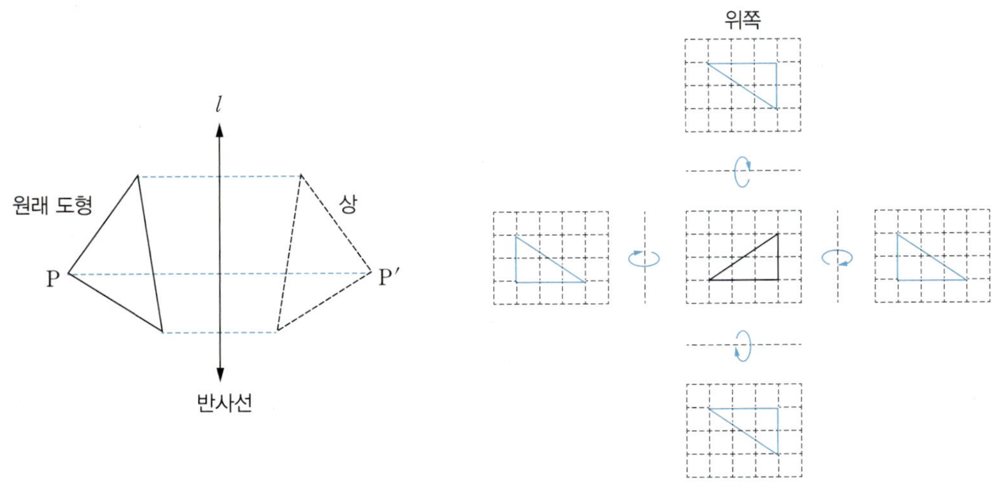

뒤집기는 반사(대칭이동)와 관련된 생활 용어이다. 초등학교에서는 물건이나 도형이 반사되더라도 도형의 상하 또는 좌우만이 바뀔 뿐, 모양은 변하지 않는다는 사실을 직관적으로 이해하도록 하고 그 변화를 관찰하는 데 지도 목적이 있다.

- 돌리기(회전이동)

평면에서 점 P가 주어진 점 O로부터 일정한 거리를 유지하면서 이동할 때, 점 P는 점 O의 둘레를 회전한다고 하고, 점 O를 회전의 중심이라고 한다. 점

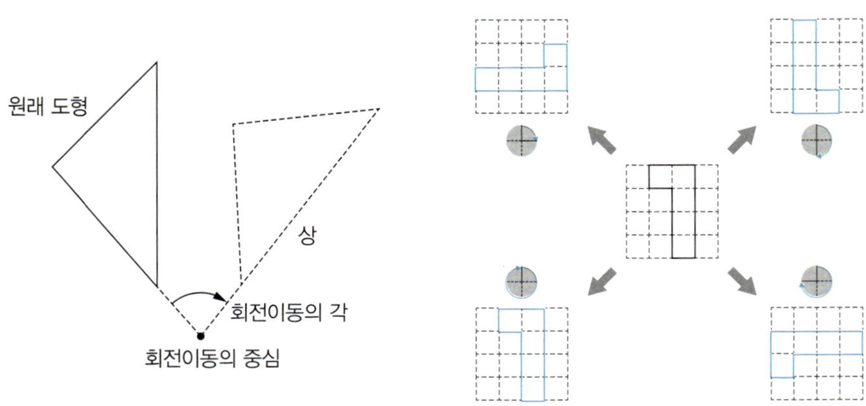

P가 회전의 중심 O의 둘레를 일정한 각만큼 회전하였을 때 이 이동을 회전이동이라고 한다.

돌리기도 밀기와 뒤집기와 마찬가지로 초등학교 학생들이 회전이동의 개념을 쉽게 이해할 수 있도록 도입한 생활 용어이다. 초등학교에서는 물건이나 도형이 회전하더라도 모양은 변하지 않는다는 사실을 직관적으로 이해하고 그 변화를 관찰하는 데에 지도 목적이 있다.

② 밀기, 뒤집기, 돌리기의 지도

초등학교에서는 구체물을 활용하여 학습자의 흥미를 유발하고 생활 속에서 '밀기, 뒤집기, 돌리기'의 상황을 찾아보게 하는 활동을 함으로써 공간감각을 지도하도록 하고 있다. 원래 평면도형의 이동과 관련된 부분이기 때문에 평면도형을 사용해야 한다. 그러나 초등학생은 수학적으로 정확한 평면도형의 변환을 학습하는 것이 아니라 다양한 경험을 통해 생기는 모양들을 관찰하고 직관적으로 평면도형의 변환을 이해하는 데 그 목적이 있기 때문에, 평면도형 대신 구체물을 통한 다양한 밀기, 뒤집기, 돌리기 상황을 경험하도록 한다.

평면도형의 밀기, 뒤집기, 돌리기의 작도는 학생들이 모눈종이 위에 일련의 활동을 통해 생기는 상을 예측하여 그려보는 활동을 통해 익숙해질 때까지 반복적으로 지도해야 한다. 평면도형의 변환은 변환의 방법을 외우는 것이 아니라 학생 스스로 이해하고 경험해 보도록 하는 데 주안점이 있기 때문에 반복 연습하는 과정을 거쳐야 한다. 따라서 작도를 중심으로 하는 지필 평가보다는 학생들이 활동 중에 갖는 의문점, '밀기, 뒤집기, 돌리기'를 한 후의 도형을 보고 올바르게 그렸는지 직관적으로 판단하는 능력을 중심으로 수행 평가를 하는 것이 더 바람직하다.

3) 선대칭도형과 점대칭도형

① 선대칭도형

주어진 한 직선의 양쪽에 두 점 A와 A′이 있고, 선분 AA′이 이 직선에 의해서 수직이등분될 때 A와 A′은 이 직선에 대하여 대칭 또는 선대칭이라고 하고, A는 A′의 대칭점이라고 하며, 주어진 직선을 대칭축이라고 한다. 어떤 도형이 그 내부를 지나는 한 직선에 의하여 두 부분으로 나누어지고 각 부분에 있는 대응하는 모든 점들이 서로 선대칭이 될 때 그 도형을 선대칭도형이라고 하고, 이때 이 직선을 대칭축이라고 한다. 이를테면, 선분, 직사각형, 정사각형, 마름모, 이등변삼각형, 정삼각형, 부채꼴 등은 모두 선대칭도형이다.

초등학교에서는 선대칭도형을 '어떤 직선으로 접어서 완전히 겹쳐지는 도형'이라는 정도의 쉬운 표현으로 설명한다. 선대칭도형의 성질을 이해하려면 도형의 합동에서 다루었던 대응점, 대응변, 대응각의 개념을 확실히 알아야 한다. 선대칭도형의 성질을 알아보기 위하여 구체적인 조작 활동을 통해 학생 스스로 대응변과 대응각은 각각 길이와 크기가 같다는 것을 이해하도록 해야 한다.

선대칭도형의 대응점을 잇는 선분은 대칭축에 의하여 수직이등분 된다. 또, 선대칭도형의 대칭축은 여러 개 있을 수 있다.

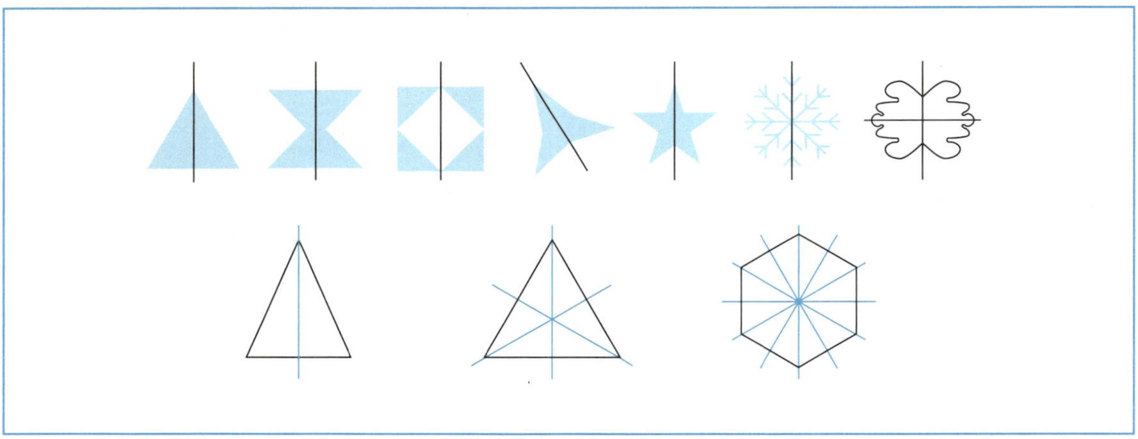

② 점대칭도형

두 점 A와 A′이 있을 때, 선분 AA′의 중점을 O라고 하면 A와 A′은 점 O를 중심으로 하여 점대칭이라고 하고, 점 O를 점대칭의 중심이라고 한다. 한 도형 위의 각 점의 점대칭인 점이 다시 그 도형 위에 있고 이들 점대칭의 중심이 일치할 때 이 도형을 점대칭도형이라고 한다. 점대칭도형은 대칭의 중심을 중심으로 180° 회전이동하면 자기 자신과 완전히 겹쳐진다. 점대칭도형에서 점대칭의 중심은 도형의 내부 또는 그 경계 위에 오직 하나 존재한다. 점대칭 도형

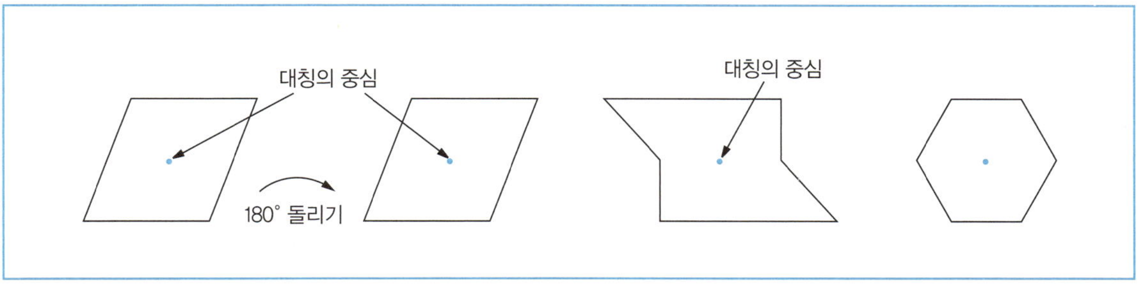

으로는 선분, 정삼각형, 정사각형, 직사각형, 마름모, 평행사변형, 원, 구 등이 있다.

초등학교에서는 점대칭도형을 '한 점을 중심으로 180° 돌렸을 때, 처음 도형과 완전히 겹쳐지는 도형'이라는 정도의 쉬운 표현으로 설명한다. 점대칭도형은 한 정점을 중심으로 대칭 이동하더라도 그 위치와 모양이 변하지 않으므로 대응점을 이은 선분은 대칭의 중심에 의해서 이등분된다. 이를 이용하여 대칭의 중심에서 대응점까지 거리를 측정함으로써 점대칭도형인지를 확인할 수 있다. 점대칭도형의 성질은 다음과 같다.

- 대칭의 중심은 오직 한 개 있다.
- 대응점을 잇는 모든 선분은 대칭의 중심에서 만난다.
- 대칭의 중심에서 대응점까지의 거리는 각각 같다.
- 대칭의 중심에서 180° 회전한 도형은 변하지 않는다.

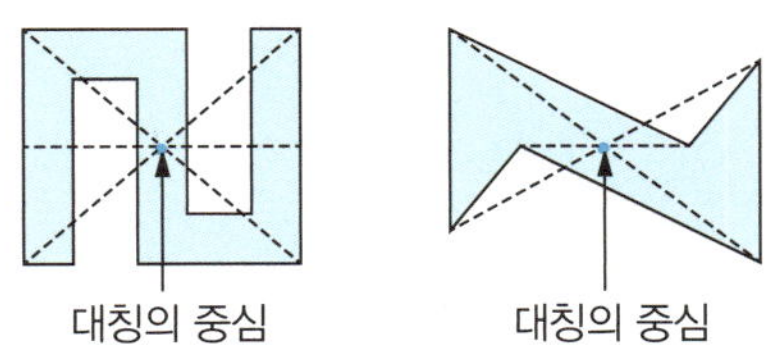

점대칭도형의 성질을 이해한 후, 점대칭도형을 그리려면 '대칭의 중심'과 '대응점은 대칭의 중심에서 같은 점에 있어야 한다'는 사실을 알고 이를 활용하여야 한다. 이를 이용하여 점대칭도형을 그리는 순서는 다음과 같다.

- ① 각 점에서 대응점을 찾는다.
- ② 대응점을 잇는다.
- ③ 점대칭도형을 완성하다.
- ④ 점대칭도형이 되는지 확인한다.

점대칭도형도 선대칭도형과 마찬가지로 학생들이 개념을 익히고 성질을 알아보기 위하여 생활 속에서 일어나는 여러 가지 사실을 이용하여, 학생 스스로 체험해 나가는 활동을 통해 자연스럽게 개념을 형성하는 것이 중요하다.

2015 개정 초등수학과 교육과정

도형 영역

초등학교 1~2학년

[1] **입체도형의 모양**

· 교실 및 생활 주변에서 여러 가지 물건을 관찰하여 직육면체, 원기둥, 구의 모양을 찾고, 그것들을 이용하여 여러 가지 모양을 만들 수 있다.

· 쌓기나무를 이용하여 여러 가지 입체도형의 모양을 만들고, 그 모양에 대해 위치나 방향을 이용하여 말할 수 있다.

[2] **평면도형과 그 구성 요소**

· 교실 및 생활 주변에서 여러 가지 물건을 관찰하여 삼각형, 사각형, 원의 모양을 찾고, 그것들을 이용하여 여러 가지 모양을 꾸밀 수 있다.

· 삼각형, 사각형, 원을 직관적으로 이해하고, 그 모양을 그릴 수 있다.

· 삼각형, 사각형에서 각각의 공통점을 찾아 말하고, 이를 일반화하여 오각형, 육각형을 알고 구별할 수 있다.

(가) 학습 요소

- 삼각형, 사각형, 원, 꼭짓점, 변, 오각형, 육각형

(나) 교수·학습 방법 및 유의 사항

- 쌓기나무를 이용한 모양 만들기, 칠교판을 이용한 모양 채우기나 꾸미기를 통하여 도형에 대한 공간감각을 기르게 한다.
- 입체도형의 모양이나 평면도형의 모양을 다룰 때 모양의 특징을 직관적으로 파악하여 모양을 분류하고, 분류한 모양을 지칭하기 위해 일상용어를 사용하게 할 수 있다.
- 입체도형의 모양과 평면도형의 모양을 이용한 모양 만들기와 꾸미기의 주제는 학생들에게 친근한 소재인 동물, 탈 것, 건물 등으로 다양하게 제시한다.
- 쌓기나무로 만든 입체도형의 모양에 대해서 '~의 앞', '~의 오른쪽', '~의 위', '2층' 등을 사용하여 말하게 한다.

- 평면도형의 모양을 이용한 모양 꾸미기 활동에서는 스티커, 잡지에서 오려낸 모양 종이 등을 활용하게 할 수 있다.
- 삼각형, 사각형, 원은 예인 것과 예가 아닌 것을 인식하고 분류하는 활동을 통하여 직관적으로 이해하게 한다.
- 삼각형과 사각형에 대한 직관적 이해를 통하여 도형의 이름과 변 또는 꼭짓점의 개수와의 관계를 파악하고, 그 관계를 일반화하여 오각형과 육각형을 구별하여 이름 지을 수 있게 한다.
- 도형 영역의 문제 상황에 적합한 문제 해결 전략을 지도하여 문제 해결 능력을 기르게 한다.

(다) 평가 방법 및 유의 사항

- 여러 가지 모양 만들기, 꾸미기, 채우기 활동을 평가할 때는 과정 중심 평가를 한다.

초등학교 3~4학년

1 도형의 기초

· 직선, 선분, 반직선을 알고 구별할 수 있다.
· 각과 직각을 이해하고, 직각과 비교하는 활동을 통하여 예각과 둔각을 구별할 수 있다.
· 교실 및 생활 주변에서 직각인 곳이나 서로 만나지 않는 직선을 찾는 활동을 통하여 직선의 수직 관계와 평행 관계를 이해한다.

2 평면도형의 이동

· 구체물이나 평면도형의 밀기, 뒤집기, 돌리기 활동을 통하여 그 변화를 이해한다.
· 평면도형의 이동을 이용하여 규칙적인 무늬를 꾸밀 수 있다.

3 원의 구성 요소

· 원의 중심, 반지름, 지름을 알고, 그 관계를 이해한다.
· 컴퍼스를 이용하여 여러 가지 크기의 원을 그려서 다양한 모양을 꾸밀 수 있다.

4 여러 가지 삼각형

· 여러 가지 모양의 삼각형에 대한 분류 활동을 통하여 이등변삼각형, 정삼각형을 이해한다.
· 여러 가지 모양의 삼각형에 대한 분류 활동을 통하여 직각삼각형, 예각삼각형, 둔각삼각형을 이해한다.

5 여러 가지 사각형

· 여러 가지 모양의 사각형에 대한 분류 활동을 통하여 직사각형, 정사각형, 사다리꼴, 평행사변형, 마름모를 알고, 그 성질을 이해한다.

6 다각형

· 다각형과 정다각형의 의미를 안다.
· 주어진 도형을 이용하여 여러 가지 모양을 만들거나 채울 수 있다.

(가) 학습 요소

- 직선, 선분, 반직선, 각, (각의) 꼭짓점, (각의) 변, 직각, 예각, 둔각, 수직, 수선, 평행, 평행선, 원의 중심, 반지름, 지름, 이등변삼각형, 정삼각형, 직각삼각형, 예각삼각형, 둔각삼각형, 직사각형, 정사각형, 사다리꼴, 평행사변형, 마름모, 다각형, 정다각형, 대각선

(나) 교수·학습 방법 및 유의 사항

- 구체적인 사례나 활동을 통하여 각을 도입하고, 각의 변이 반직선임을 알게 한다.
- 실생활에서 평면도형의 이동을 활용한 사례를 찾아서 이동에 따른 변화를 추론하고 설명하게 한다.
- 평면도형의 이동을 활용하여 자신만의 규칙적인 무늬를 만들고, 다른 사람이 만든 무늬에서 규칙을 찾아 설명하게 한다.
- 여러 가지 삼각형과 사각형을 이름 짓는 활동을 통하여 각 도형의 정의에 대해서 학생들 스스로 사고하게 한다.
- 여러 가지 사각형의 성질은 구체적인 조작 활동을 통하여 간단한 것만 다루고, 여러 가지 사각형 사이의 관계는 다루지 않는다.
- 도형 영역의 문제 상황에 적합한 문제 해결 전략을 지도하고, 문제 해결 과정을 설명하게 하여 문제 해결 능력을 기르게 한다.

(다) 평가 방법 및 유의 사항

- 직선, 선분, 반직선에 대한 평가에서는 정확한 정의나 표현보다 직선, 선분, 반직선을 서로 구별할 수 있는지에 중점을 둔다.
- 평면도형의 이동을 활용하여 모양의 변화나 무늬를 설명하게 할 때 설명 방법이 다양할 수 있음에 유의하여 평가한다.

초등학교 5~6학년

1 합동과 대칭

· 구체적인 조작 활동을 통하여 도형의 합동의 의미를 알고, 합동인 도형을 찾을 수 있다.

· 합동인 두 도형에서 대응점, 대응변, 대응각을 각각 찾고, 그 성질을 이해한다.

· 선대칭도형과 점대칭도형을 이해하고 그릴 수 있다.

2 직육면체와 정육면체

· 직육면체와 정육면체를 알고, 구성 요소와 성질을 이해한다.

· 직육면체와 정육면체의 겨냥도와 전개도를 그릴 수 있다.

3 각기둥과 각뿔

· 각기둥과 각뿔을 알고, 구성 요소와 성질을 이해한다.

· 각기둥의 전개도를 그릴 수 있다.

4 원기둥과 원뿔

· 원기둥을 알고, 구성 요소, 성질, 전개도를 이해한다.

· 원뿔과 구를 알고, 구성 요소와 성질을 이해한다.

5 입체도형의 공간감각

· 쌓기나무로 만든 입체도형을 보고 사용된 쌓기나무의 개수를 구할 수 있다.

· 쌓기나무로 만든 입체도형의 위, 앞, 옆에서 본 모양을 표현할 수 있고, 이러한 표현을 보고 입체도형의 모양을 추측할 수 있다.

(가) 학습 요소

- 합동, 대칭, 대응점, 대응변, 대응각, 선대칭도형, 점대칭도형, 대칭축, 대칭의 중심, 직육면체, 정육면체, 면, 모서리, 밑면, 옆면, 겨냥도, 전개도, 각기둥, 각뿔, 원기둥, 원뿔, 구, 모선

(나) 교수·학습 방법 및 유의 사항

- 실생활에서 같은 무늬 찾기, 종이 겹쳐 오리기, 도장 찍기, 데칼코마니 등 구체적인 조작 활동을 통하여 도형의 합동의 의미를 알게 한다.
- 실생활에서 선대칭도형과 점대칭도형의 예를 찾아 설명하게 한다.
- 선대칭도형과 점대칭도형의 성질을 이용하여 각 도형의 나머지 부분을 그리게 한다.

- 직육면체의 전개도에서 수직인 면과 평행한 면을 찾게 하여 전개도로부터 입체도형을 추측할 수 있게 한다.
- 각기둥의 전개도는 간단한 형태만 다루고, 각뿔과 원뿔의 전개도는 다루지 않는다.
- 한 직선을 중심으로 직사각형, 직각삼각형, 반원을 돌리는 활동을 통하여 원기둥, 원뿔, 구를 만들어 보게 한다.
- 모형을 이용하여 입체도형의 구성 요소와 성질을 확인하게 한다.
- 도형 영역의 문제 상황에서 문제 해결 전략 비교하기, 주어진 문제에서 필요 없는 정보나 부족한 정보 찾기, 조건을 바꾸어 새로운 문제 만들기, 문제 해결 과정의 타당성 검토하기 등을 통하여 문제 해결 능력을 기르게 한다.

(다) 평가 방법 및 유의 사항

- 선대칭도형과 점대칭도형 그리기를 평가할 때 점판이나 격자를 이용하여 쉽게 그릴 수 있게 한다.
- 입체도형의 전개도에 대한 평가는 전개도가 될 수 있는 것과 될 수 없는 것을 구별하는 데 중점을 둔다.
- 쌓기나무로 만든 입체도형의 위, 앞, 옆에서 본 모양에 대한 평가를 할 때는 간단한 모양을 이용한다.

[참고문헌]

교육부(2015). 2015 개정 수학과 교육과정. 서울: 교육부.

교육부(2017). 초등학교 수학 1-2. 교육부.

교육부(2018a). 초등학교 수학 3-1. 교육부.

교육부(2018b). 초등학교 수학 초등 4-1. 교육부.

교육부(2018c). 초등학교 수학 4-2. 교육부.

류희찬 외(2013). 중학교 수학②. 서울: ㈜ 천재교과서.

우정호 외(2013). 중학교 수학②. 서울: ㈜ 두산동아.

Van Hiele, P. (1986). Structure and Insight, Academic Publishers.

제4장 **측정**

1. 이론적 배경

> 측정이
> 세상을 바꾼다.
>
> –로버트 P. 크리스

(1) 측정 지도의 의의

학교수학에서 왜 측정을 가르쳐야 하는가? 첫째, 측정은 학생들의 일상생활과 밀접하게 관련되어 있다. 집에서 가장 가까운 편의점은 어디인지, 누가 더 큰지, 나에게 맞는 신발은 어느 것인지, 어느 물건이 더 무거운지, 집에서 학교까지 가는 데 시간이 얼마나 걸리는지 등 학생들은 일상적으로 측정 활동을 경험한다. 또한 기술이 발달하면서 과거에는 측정할 수 없었던 속성들이 측정의 대상이 되고 있다. 예를 들어, 소리의 크기, 물의 오염도, 공기의 오염도 등이 측정되는 등 현대 사회의 많은 영역에서 측정의 중요성이 강조되고 있다. 이처럼 측정은 학생들이 일상생활에서 수학의 유용성을 느끼는 데 도움이 될 수 있다.

둘째, 측정은 수학의 다른 내용과 밀접한 관계가 있고 그러한 내용을 학습하는 데 도움이 될 수 있다. 예를 들어, 넓이나 부피를 구하는 과정에서 곱셈을 해야 하고, 분을 시간으로 나타내거나 cm를 m로 나타내기 위해 나눗셈을 해야 하고, 도형의 각도를 구하는 과정에서 그 도형의 특징을 이해해야 하는 등 수학의 다른 영역과 밀접한 관계가 있다. 사람 수나 물건의 개수를 세는 데는 자연수만으로 충분했지만 길이나 넓이 등을 재는 데는 유리수가 필요했다. 또한 원의 넓이를 재는 데는 원주율이라는 개념이 필요했다. 이러한 과정을 거치면서 수 개념이 확장되었다고 볼 수 있다. 또한 넓이나 속도를 정확하게 측정하는 방법으로서 적분과 미분 개념이 등장한 것으로 볼 수 있다. 이처럼 측정은 수학 내용을 의미 있게 학습하는 맥락이 될 수 있다.

셋째, 측정은 수학뿐만 아니라 타 교과에서도 유용하게 활용된다. 과학에서 실험을 하고 그 결과를 기록하는 과정에서 측정은 필수적이다. 사회에서도 인구, 인구밀도, 축척 등 측정이 사용되는 경우가 많고, GDP, 지니계수, 행복지수 등 추상적인 개념을 측정하려는 시도가 계속해서 나타나고 있다. 미술, 음악, 체육과 같은 과목의 학습을 위해서도 측정은 필요한 역량이다. 이처럼 측정은 수학과 타 교과의 관계를 이해하는 데 도움이 되는 영역이다.

넷째, 측정 활동은 학생들의 참여와 흥미를 유발한다. 측정은 일상생활에서 자주 접하는 활동이므로 학생들이 직관적으로 그 활동에 참여할 수 있고, 선행 지식을 많이 요구하지 않으므로 다양한 수준의 학생들이 수업에 참여할 수 있다.

(2) 양의 기본 성질

측정은 양의 개념과 관련이 있다. 양은 사물을 크기의 관점에서 볼 때 관측자가 대소의 차이를 느낄 수 있는 추상적인 개념을 말한다. 어떤 대상에 대해 크고 작음, 많고 적음, 무겁고 가벼움, 길고 짧음, 높고 낮음 등으로 표현될 수 있는 속성이 양이다. 예를 들어, 연필이 가지고 있는 양은 길이, 무게, 부피 등으로 그 크기를 수로 나타낼 수 있다. 양을 이산량과 연속량으로 구분할 수 있다. 사람 수나 종이의 매수와 같은 이산량을 세는 방법이나 개수를 쓰는 방법은 수와 연산 영역에서 다룬다. 연속량 가운데, 초등학교 수학에서 다루는 양은 시간, 길이, 들이, 무게, 각, 넓이, 부피 등이다.

양은 여러 가지 성질이 있으나 초등학교에서 주로 다루는 기본 성질인 비교성, 연속성, 가법성을 살펴보기로 한다.

1) 양의 비교성

같은 종류의 양끼리는 대소 상등의 관계를 비교할 수 있다는 것이 양의 비교성이다. 양의 대소 상등 관계에 대한 성질은 다음과 같다.

① 같은 종류의 두 양 a, b에 대하여 아래 세 관계 중 어느 하나만 성립한다.

$a > b$, $a = b$, $a < b$

② 같은 종류의 양 a, b, c에 대하여, $a = b$, $b = c$이면 $a = c$이고,

$a > b$, $b > c$이면 $a > c$이다.

③ 같은 종류의 양에 대해서 $a = a'$, $b = b'$, $a > b$이면 $a' > b'$이다.

①, ②에 의하여 같은 종류의 양은 대소로 순서를 결정할 수 있다. ③은 양의 독립성을 말하는 것으로, 양은 그것이 소속된 물체와 독립된 개념으로서 물체와 관계없이 양 자체에 대한 대소를 생각할 수 있다.

2) 양의 연속성

이산량의 측정에서는 측정값이 자연수에 대응되나 길이, 넓이, 부피와 같은 연속량의 측정에서는 측정값이 양의 실수에 대응된다. 실수의 집합은 연속성이 있으므로 실수로 양의 연속성을 나타낼 수 있다. 이러한 연속성의 성질은 다음과 같다.

① 같은 종류의 두 양 a, b에 대해서 $a < b$일 때, $a < c < b$인 양 c가 존재한다.

② 양 a와 자연수 n에 대하여 $b \times n = a$가 되는 양 b가 존재한다. 이때 b를 a의 n등분이라 한다.

③ 같은 종류의 두 양 a, b에 대하여 $a > b$일 때, $a \leq b \times n$가 되는 자연수 n이 존재한다.

이러한 성질은 같은 종류의 양에 대해서는 최대의 양도 최소의 양도 없고, 주어진 양은 항상 보다 작은 양에 의해서 측정이 가능함을 뜻한다.

3) 양의 가법성

양의 가법성은 양의 합을 생각할 수 있다는 성질이다. 예를 들어, 연필 2개를 연결한 것의 길이는 연필 각각의 길이를 구한 값의 합과 같다는 것이다. 양

의 가법성은 다음과 같다.

① 같은 종류의 양에 대해서 $a = a'$, $b = b'$이면 $a+b = a'+b'$이다.

② 같은 종류의 양 a, b, c에 대하여

- $a+b = b+a$ (교환법칙)
- $(a+b)+c = a+(b+c)$ (결합법칙)

③ 같은 종류의 양 a, b, c에 대하여

- $a+b > a$
- $a > b$이면 $a = b+c$가 되는 양 c가 존재한다.

①은 같은 종류의 양은 물체에 관계없이 합할 수 있다는 것이다. ②는 물체를 합병해서 얻어지는 양의 크기는 물체를 합하는 순서에 무관하다는 것이다. ③은 양에 대해서 합과 차를 구할 수 있고, 실수의 연산 성질을 그대로 만족한다는 것이다.

(3) 측정의 의미

생활 주변에는 시간, 길이, 들이, 무게, 넓이 등 양과 관련된 다양한 속성이 존재한다. 측정은 여러 가지 속성의 양을 비교하고, 단위를 이용하여 재거나 어림해봄으로써 양을 수치화하는 것이다. 다시 말해, 양의 측정이란 주어진 양의 크기가 기준 되는 양의 몇 배에 해당하는가를 수치화하는 과정이다. 이때 기준 되는 양의 크기를 단위라 하고, 주어진 양이 단위의 몇 배가 되는지를 나타내는 수를 그 단위에 의한 측도라고 한다. 측정값은 측도를 단위와 함께 나타낸 값이다.

(4) 측정 과정

측정이란 대상 또는 사건의 어떤 속성에 수를 부여하는 과정이다. 초등학교 수학 교육과정에서는 길이, 들이, 무게, 넓이, 부피, 시간 등의 속성을 측정한다. 이러한 각각의 속성은 서로 다르지만, 측정 과정은 모든 속성에 공통적이다. 일반적으로 측정 과정의 지도는 다음의 순서를 따를 수 있다.

1) 측정하려는 속성에 대한 경험

측정은 측정하려는 속성이 무엇인지를 아는 것으로부터 시작된다. 길이, 무게, 넓이 등의 측정 가능한 속성을 이해한 뒤에 그 속성을 측정하는 것이 가능하다. 학생이 길이, 무게 등을 측정하기 전에 길다, 짧다, 높다, 낮다, 무겁다, 가볍다와 같이 말이 어떤 상황에서 쓰이는지 아는 것이 필요하다. 길이, 무게와 같은 양이 어떤 매체에 의해 어떤 장면에서 나타나는가를 알아야 한다. 교사는 학생들에게 측정 가능한 속성을 경험할 수 있는 기회를 충분히 제공해야 한다. 어떤 양의 속성을 경험하는 가장 효과적이고 자연스러운 방법은 그 속성을 가진 대상들을 서로 비교하는 것이다. 학생들이 두 대상을 비교하는 과정에서 특정 속성 및 이와 관련된 어휘를 이해하게 될 뿐만 아니라 수를 측정에 할당하는 데 도움이 되는 절차를 배울 수 있다.

2) 측정하려는 속성의 크기 비교

학생들은 측정하려는 속성에 따라 두 대상을 비교하면서 그 속성을 이해할 수 있고, 보다 정교한 측정의 필요성도 인식할 수 있다. 학생들이 각각의 속성에 대해서 비교하는 경험에 참여하는 것이 중요하다. 양을 비교하는 방법은 크게 직접비교와 간접비교의 두 가지로 구분할 수 있다.

① 직접비교

연필과 빗자루와 같이 길이가 현저하게 차이가 나는 두 대상의 길이를 비교한다면, 직관적으로 빗자루가 더 길다는 것을 바로 알 수 있다. 이처럼 두 대상의 길이, 무게, 넓이 등의 속성의 차가 매우 크다면, 그 속성의 대소를 직관적으로 파악할 수 있다. 그러나 서로 비슷한 길이의 연필과 볼펜의 길이의 차를 눈으로 보기만 해서는 분명하지 않을 것이고, 이러한 경우는 두 대상을 직접 맞대어서 비교할 필요가 있다. 이와 같이 두 대상을 직접 이동하여 겹쳐보거나 견주어 봄으로써 양의 대소를 비교하는 방법을 직접 비교라 한다. 직접 비교의 과정에서 학생들은 사물을 움직여도 길이, 무게, 넓이 등의 속성의 크기는 변하지 않는다는 보존성을 인식하게 된다. 직접 비교는 양을 비교하는 직관적인 방법이지만 두 대상을 이동시키는 것이 불가능한 경우 직접 비교를 할 수 없는 불편함이 있다. 예를 들어, 서로 떨어진 곳에 있는 두 나무의 키를 직접 비교로 하기에는 적절하지 않다. 이와 같이 직접 비교가 어려운 상황을 제시했을 때, 학생들은 자연스럽게 매개물을 이용하는 간접 비교의 방법을 모색하게 될 것이다.

② 간접비교

비교하는 두 양을 이동할 수 없을 경우에는 다른 매개물을 사용하여 비교할 수 있다. 예를 들어, 교탁의 높이와 교실 문의 폭을 비교할 경우, 실이나 끈을 이용하여 두 대상의 길이를 측정하여 두 대상의 길이를 비교할 수 있다. 길이를 비교하는 데 사용하는 매개물은 손 뼘, 막대기, 종이 등 다양하게 선택될 수 있고, 학생들은 이렇게 선택한 매개물을 단위로 삼아 두 대상을 측정하는 과정에서 단위의 필요성과 역할을 직관적으로 이해하게 된다. 직접 비교가 불가능하거나 불편한 상황에서 간접 비교가 나타난 것처럼, 교사는 간접 비교가 적합하지 않은 상황을 제시하여 학생들이 개선된 측정 활동을 할 수 있도록 지도할 필요가 있다. 예를 들어, 간접 비교에서 사용하는 매개물은 그 크기가 일정하지 않고, 비교하는 상황마다 매개물이 달라질 경우 의사소통에 많은 문제가 발생할 수 있다.

3) 단위를 사용한 측정

① 임의 단위

교탁의 높이와 교실 문의 폭을 비교할 때, 끈을 이용하여 교탁의 높이를 재고 이 끈을 이동하여 교실 문의 폭과 비교함으로서 어느 것이 더 긴지 파악할 수 있다. 또한 연필을 이용하여 교탁의 높이를 재어 연필이 몇 번 포함되는지 확인하고, 교실 문의 폭에도 연필이 몇 번 포함되는지 확인하여 두 대상을 비교할 수 있다. 이러한 두 가지 방법 모두 간접 비교의 형태라고 볼 수 있지만, 후자의 활동에서 연필은 임의 단위로서 그 역할이 두드러지게 나타난다. 임의 단위를 이용한 측정은 단위로 두 대상을 비교하는 것이고 그 대상에 얼마나 많은 단위가 들어가는지 찾는 것이다. 임의 단위로는 양에 따라 손 뼘, 막대기, 책, 바둑돌 등이 사용될 수 있다. 둘 이상의 여러 대상을 측정하는데 임의 단위를 이용한 측정이 효과적이다. 그러나 측정의 표준 단위가 없을 때 크기에 대해서 의사소통하는 것이 어려울 수 있다. 예를 들어, 교탁의 높이가 연필 10개와 같다고 할 때, 어떤 연필을 사용했는지에 따라 그 길이가 달라질 수 있다. 연필이나 손 뼘과 같은 임의 단위로 측정 결과를 전달할 때, 전달받는 사람에 따라 그 길이가 달라질 수 있다는 문제 상황으로부터 학생들은 표준 단위의 필요성을 이해할 수 있을 것이다.

② 표준 단위

양을 임의 단위로 측정하면 임의 단위에 따라 그 측정값은 서로 다르게 나타난다. 따라서 임의 단위에 의한 측정은 의사소통에 어려움이 생기게 된다. 초등학교 교육과정에서 사용하는 표준 단위는 cm, m, mm, km, L, mL, g, kg, t, cm^2, m^2, km^2, cm^3, m^3 등이 있다. 표준 단위를 지도하는 단계에서 학생들은 각 단위에 대한 양감을 형성하는 것이 중요하다. 학생들에게 표준 단위를 이용하여 다양한 대상을 측정해보는 경험을 제공하여, 학생들이 1m에 해당하는 길이, 1kg의 무게 등에 대한 감각을 형성할 수 있도록 해야 한다. 이러한 양감은 학생들이 자신과 관련 있는 대상의 속성을 토대로 새로운 대상에 대한 측정값을 이해하는 과정을 통해 형성될 수 있다. 예를 들어, 3m의 길이는 자신의 키의 약 2배 정도라고 생각할 수 있고, 600g의 무게는 우유 200mL 무게의 약 3배 정도라고 생각할 수 있다. 또한 축구장의 넓이, 서울과 부산 사이의 거리, 자동차의 무게 등 주어진 대상의 속성을 표현하기에 적합한 표준 단위를 선택하는 과정에서 양감을 형성할 수 있다.

2. 지도의 실제

생활 주변에는 시간, 길이, 들이, 무게, 각도 등 다양한 속성이 존재한다. 측정은 여러 가지 속성의 양을 비교하고, 속성에 따른 단위를 이용하여 재거나 어림해봄으로써 양을 수치화하는 것이다. 측정 과정에서 경험하는 양의 비교, 측정, 어림은 수학 학습을 통해 길러야 할 중요한 기능이고, 이는 실생활이나 타 교과의 학습에서 유용하게 활용된다. 또한 측정을 통해 길러지는 양감은 수학적 소양을 기르는 데 도움이 된다. 초등학교 교육과정의 측정 영역에서는 시간, 길이, 들이, 각도, 무게, 넓이, 부피 등을 다루는데, 학년별로 그 내용 체계를 살펴보면 다음과 같다.

표 4.1 측정 영역 내용 체계

	1~2학년	3~4학년	5~6학년
지도 내용	· 양의 비교 · 시각과 시간 · 길이(cm, m)	· 시간, 길이(mm, km), 들이, 무게, 각도	· 원주율 · 평면도형의 둘레, 넓이 · 입체도형의 겉넓이, 부피 · 수의 범위 · 어림하기(올림, 버림, 반올림)
학습 요소	시, 분, 약, cm, m	초, 도(°), mm, km, L, mL, g, kg, t	이상, 이하, 초과, 미만, 올림, 버림, 반올림, 가로, 세로, 밑변, 높이, 원주, 원주율, cm^2, m^2, km^2, cm^3, m^3

(1) 시간의 지도

시간 개념을 지도할 때는 시간의 두 가지 속성을 고려하여야 한다. 하나는 '현재'를 나타내는 속성이고, 다른 하나는 '양'을 나타내는 속성이다. 전자를 시각, 후자를 시간이라 구분한다. 시각은 기준점으로부터 얼마나 떨어져 있는지를 나타내는 위치 개념이고, 시간은 두 시각 사이의 거리를 나타내는 양적 개념으로 시각은 일종의 0차원 측정값이고 시간은 1차원 측정값이다. 학생들은 초등학교에 입학하기 이전에 이미 시각과 시간을 생활 속에서 경험하였다. 초등학교에서는 이 경험을 바탕으로 시계를 읽으면서 시각과 시간을 학습하기 시작한다. 시간은 구체물을 대상으로 한 양이 아니기 때문에 다른 측정 영역과는 다르게 직접 비교, 간접 비교, 임의 단위를 활용한 측정을 생략하고 표준 단위 학습으로 시작한다.

1) 시각과 시간에 관한 기초적인 경험

시각과 시간은 일상생활에 밀접하게 관련되어 있는 친숙한 양적 개념이다. 학생들은 일상적으로 '오래 기다렸다'거나 '금방 끝났다'라는 말을 통해 시간에 관한 경험을 하고 있다. 또한 1교시는 '9시에 시작'하거나 TV 프로그램이 '5시부터 시작'한다는 것을 통해 시각을 경험하고 있다. 이와 같이 학생들은 일상적으로 시간과 시각에 관해 경험하고, 학교생활이나 일상생활에서 시간과 시각을 사용해야 하는 상황이 점점 많아지게 된다. 그러나 초등학교 저학년 학생들은 시각과 시간의 개념을 구분하기 어려워한다. 교과서에는 시각과 시간을 구별하여 사용하지만, 학생들이 시각과 시간을 엄밀하게 구분하지 못하더라도 시각을 정확히 읽고 나타내며 간단한 시간을 구하는 수준까지 지도한다. 이때 시각과 시간의 의미는 구체적인 상황 속에서 구별하여 사용할 수 있는 정도로 지도한다.

2) 시간의 단위

시간의 단위는 시계 보기를 통해 시각의 차이로부터 시, 분 등의 단위를 도입한다. 학생들이 실생활에서 접할 수 있는 아침에 일어나는 시각, 운동하는 시각, 등교하는 시각 등을 소재로 시각에 관심을 가지게 한다. 시계 보기는 짧은 시간에 완성되는 것이 아니므로 평소 학교에서 시계 보는 기회를 다양하게 제공하면서 시각을 읽게 한다.

시각을 나타내는 단위로 '1분' 단위까지 시계 눈금을 통해 구체적으로 지도하고 이를 활용하여 시각을 '몇 시 몇 분'까지 읽을 수 있게 한다. 시각을 숫자로 나타낸 시계와 일반 시계 등 다양한 형태의 시계를 제시하여 시각을 읽게 한다.

시계모형이나 실제 시계의 움직임을 통하여 1시간은 60분임을 알게 하고, 시간을 '시간', '분'으로 말할 수 있게 한다. 시각과 시각 사이의 간격을 뜻하는 시간의 의미를 알고, 1시간 = 60분을 알게 한다. 1시간이 60분임을 이해한 후, 60분이 넘는 시간을 '몇 시간 몇 분'으로 표현할 수 있게 한다.

3) 시간의 계산

시간은 길이나 넓이와 같은 외연량이기 때문에 덧셈과 뺄셈으로 시간의 변화량을 설명할 수 있으며, 이때 시간의 덧셈과 뺄셈은 60진법을 따른다. 따라서 교사는 학생들이 1분 = 60초, 1시간 = 60분 등의 단위 사이의 관계를 정확하게 이해하고, 이를 바탕으로 시간의 덧셈과 뺄셈을 계산할 수 있도록 지도해야 한다.

시간의 덧셈과 뺄셈을 지도할 때는 기차 시간표와 같은 여러 가지 시간표를 활용하는 것이 효과적이다. 또한 표 4.2와 같이 시간의 덧셈과 뺄셈이 필요한 여러 가지 상황을 제시하여 시각과 시간을 다양하게 관련지으면서 지도하는 것이 중요하다. 이때 구체적인 상황 속에서 시간의 흐름을 이해할 수 있도록 안내해야 하며, 이를 위하여 시간을 계산한 결과가 실제로 가능하거나 타당한지를 학생이 스스로 판단하게 할 수도 있다.

표 4.2 **시간의 덧셈과 뺄셈 상황** (강완 외 2013)

유형		상황
시간끼리의 덧셈과 뺄셈	(시간)+(시간)=(시간)	집에 도착하자마자 한 시간 동안 책을 읽고, 한 시간 동안 운동을 하였더니 두 시간이 지났다.
	(시간)−(시간)=(시간)	차를 타고 집에서 동물원까지 가는데 2시간이 걸리고, 영화관까지 가는데 1시간이 걸린다. 따라서 차를 타고 집에서 동물원까지 가는 것이 영화관까지 가는 것보다 한 시간이 더 걸린다.
시각과 시간의 덧셈과 뺄셈	(시각)+(시간)=(시각)	오후 1시부터 한 시간 동안 영화를 보았더니 오후 2시가 되었다.
	(시각)−(시간)=(시각)	한 시간 동안 동화책을 읽고 시계를 보니 오후 3시였으므로 동화책을 읽기 시작한 시각은 오후 2시이다.
시각끼리의 뺄셈	(시각)−(시각)=(시간)	기차는 오후 1시 30분에 출발하여 오후 4시 30분에 도착했으므로 모두 3시간 동안 운행되었다.

(2) 길이의 지도

길이는 물체의 한 끝에서 다른 끝까지의 공간적 거리이다. 수학적인 관점에서, 직선 위에 있는 두 점 사이의 거리는 두 점의 좌표의 차이의 절댓값과 같다. 길이는 대상의 속성들 중에 가장 쉽게 지각되는 것 중의 하나이므로, 길이는 모든 양 중에서 가장 기본이 되는 개념이라고 볼 수 있다. 예를 들어, 무게,

들이 등과 같은 다른 양들도 측정 계기에서 길이로 표현된다. 따라서 길이는 측정 지도 과정에서 기본적으로 형성되어야 할 개념이다.

1) 길이의 비교

여러 가지 물체의 길이를 비교하는 활동을 통해 길이 개념의 지도를 시작한다. 예를 들어, 두 연필의 한쪽 끝을 맞추어 나란히 놓거나 세워서 그 길이를 비교한다. 길이를 비교하면서 학생들이 '길다, 짧다', '높다, 낮다' 등의 용어 사용에 익숙해지도록 지도한다.

길이의 직접 비교 활동을 충분히 실행한 뒤에는 직접 비교가 불가능한 예를 제시한다. 예를 들어, 그림 4.1과 같이 서로 떨어져 있어서 옮기기가 어려운 두 대상의 길이를 비교해야 하는 상황을 제시한다. 이때 학생들은 끈이나 막대와 같은 매개물을 이용하여 각각의 길이를 측정하여 어느 것이 더 높은지 판단하는 간접 비교를 경험할 수 있다. 이러한 간접 비교 활동을 통해 학생들은 길이를 재는 데 고정된 단위 길이가 필요함을 인식할 수 있다.

높이를 비교해 봅시다.

그림 4.1 길이의 간접 비교

2) 길이의 표준 단위

길이의 단위를 도입하기 위해서 '어느 쪽이 더 긴가'에서 '얼마나 더 긴가'로의 관점의 전환이 필요하다. 손 뼘이나 막대와 같은 매개물을 임의 단위로 선택하여 두 대상의 길이 차이를 수치화할 수 있으나 이러한 임의 단위는 사람에 따라 그 단위가 달라질 수 있으므로 의사소통이 어렵게 된다. 예를 들어, 그림 4.2처럼 손 뼘으로 옷의 길이를 잴 때 생길 수 있는 불편함과 문제점을 느낄 수 있도록 상황을 제시할 수 있다. 이러한 상황을 통해 학생들에게 임의 단위의 불편함을 인식시키고 이를 해결하기 위한 방안으로서 표준 단위 1cm를 도입할 수 있다. 이후 자의 특징과 용도를 지도하여 여러 가지 사물의 길이를 측정하는 기회를 제공한다. 학생들이 주변에서 쉽게 측정할 수 있는 대상들은 주로 1cm 단위로 측정하는 것이 자연스럽기 때문에, 1m 대신 1cm를 먼저 지도하는 것이 일반적이다.

왕자님에게 옷이 맞지 않는 이유를 알아봅시다.

- 왕자님의 바지 길이는 몇 뼘인가요? ☐ 뼘
- 모둠에서 한 사람을 정하여 4뼘의 길이를 비교해 보세요.

그림 4.2 임의 단위에 의한 측정 상황

3) 길이의 측정

길이를 측정하는 도구로서 자를 이해하고 사용하는 방법을 지도하는 것이 필요하다. 학생이 자를 가지고 실물을 측정하는 것이 중요하다. 측정하려는 대상의 한 끝을 자의 눈금 0에 맞추고 다른 끝에 있는 자의 눈금을 읽도록 지도

한다. 그러나 한 끝을 항상 눈금 0에 맞출 필요는 없음을 지도할 필요가 있다. 측정하려는 물건의 한 끝을 눈금 0이 아닌 다른 눈금에서 시작하여 길이를 재어 보는 기회를 줄 필요가 있다. 이와 같은 방법은 단위 길이인 1cm가 몇 번 들어가는지를 세어 보고 길이를 재어보는 방식으로 단위 길이의 반복으로서 측정을 이해하는 데 도움이 될 수 있다.

학생들에게 다양한 물건이나 대상을 자로 재어보는 활동을 하는 이유 중의 하나는 양감을 길러주는 데 있다. 학생들이 자신의 손이나 발 또는 연필, 책상 등을 재어보면서 1cm, 10cm 등의 길이에 대한 양감을 형성하도록 지도한다. 예를 들어, 자를 사용하는 방법이나 이를 통한 양감을 형성하는 방법으로서 그림 4.3의 활동을 생각해보자. 그림 4.3은 학생들이 주어진 점들 중에서 길이가 5cm인 두 점을 선으로 이어보는 활동이다. 여러 점들 사이의 길이를 재어보면서 자의 사용법도 익히고, 5cm 길이에 대한 양감을 형성할 수 있다. 이 활동의 결과는 그림 4.4와 같다. 5cm 길이 측정을 반복하는 활동이지만 미지의 그림을 완성시켜 나간다는 점에서 학생들이 흥미를 갖고 참여할 수 있다.

학생이 사용하고 있는 자보다 더 긴 대상을 재어보는 활동을 통해 학생들이 자연스럽게 길이의 덧셈과 뺄셈을 하도록 지도한다. 받아올림이 없는 계산은 m는 m끼리, cm는 cm끼리 계산하면 바로 답을 구할 수 있다. 하지만 받아올림

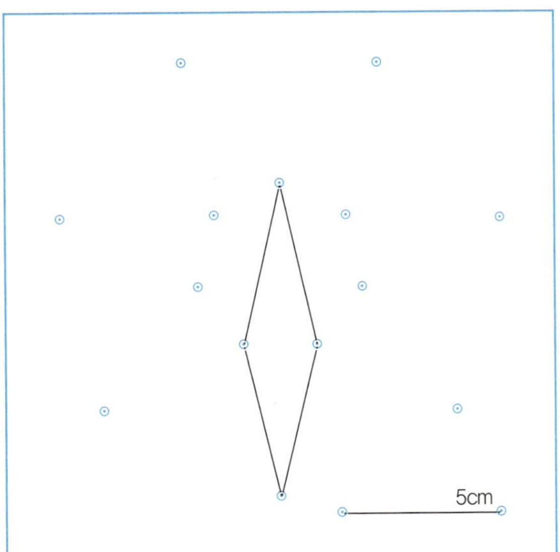

그림 4.3 활동 전

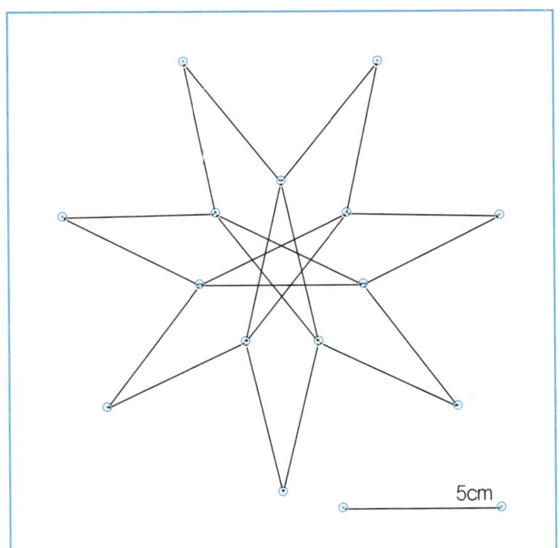

그림 4.4 활동 후

이 있는 계산의 경우 100cm가 1m임을 인식하여 cm를 m로 변환할 수 있다는 것을 생각해 보게 한다. 그러나 길이의 합과 차의 지도를 위해 문제 상황을 구성할 때 받아올림이나 받아내림이 필요한 상황은 가급적 피하도록 한다. 길이의 합과 차는 수와 연산 영역이 아닌 만큼 연산 방법이나 절차에 지나치게 초점이 맞추어지지 않도록 한다.

새로운 단위의 필요성을 인식하여 1mm, 1m 단위를 도입하도록 한다. 예를 들어, 3cm와 4cm 사이인 대상을 좀 더 정확하게 측정하기 위해 1mm 단위를 도입하도록 지도한다. 또한 교실의 가로, 세로의 길이를 30cm 자로 재어보면서 작은 단위의 불편함을 느끼게 하여 1m 단위를 도입하도록 지도한다.

(3) 들이의 지도

일반적으로 들이는 용기의 내부 공간에 담을 수 있는 양을 의미하므로, 들이는 보통 용기에 들어가는 액체의 부피로서 측정된다.

1) 들이의 비교

들이를 비교해야 하는 상황을 제시하여 학생들에게 들이 비교의 필요성을 인식시킨다. 예를 들어, 그림 4.5와 같이 서로 다른 모양의 용기를 제시하고 어느 용기에 더 많은 물을 담을 수 있는지를 알아보는 상황을 통해 들이 비교의 필요성을 지도할 수 있다. 들이를 비교할 때는 다양한 비교 방법이 있음을 알고, 각 방법의 장점과 단점을 알 수 있도록 지도해야 한다. 들이를 비교할 때는 눈짐작으로 어림하여 어느 쪽에 물이 많이 담길 수 있는지 판단할 수 있다. 하지만 이러한 방법은 들이를 빠르게 비교할 수 있으나 비교 결과가 정확하지 않을 수 있다. 다른 방법으로 두 물건 중 한쪽에 물을 가득 부어서 다른 물건으로 부어 보는 활동을 통해 들이를 비교할 수 있다. 이 방법은 비교하고자 하는 물건이 여러 개일 때는 효과적이지 않다. 이와 같은 직접 비교 방법의 한계를 인식하고 매개물을 이용한 간접 비교의 필요성을 느끼도록 지도할 필요가 있다.

어느 병에 물이 가장 많이 들어갈지 알아봅시다.

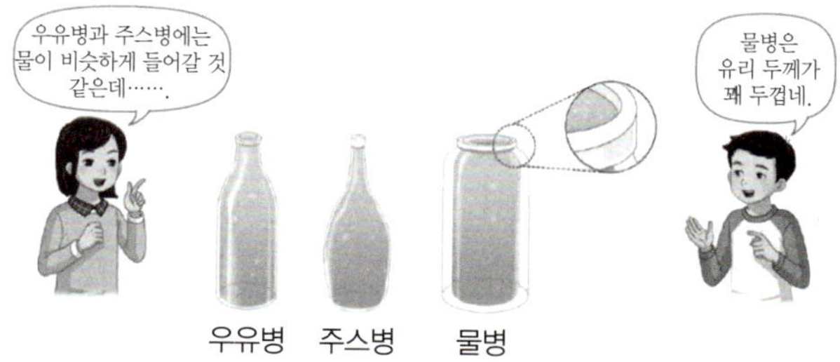

그림 4.5 들이의 비교가 필요한 상황

종이컵, 유리잔, 음료수병 등 여러 가지 용기를 단위로 하여 들이를 간접 비교로 측정할 수 있다(그림 4.6). 그러나 이러한 매개물은 측정하는 사람이나 상황마다 달라질 수 있는 임의 단위이므로 측정하는 용기의 크기에 따라 측정값이 달라지며, 어느 쪽이 얼마나 많은지를 정확하게 비교하기 힘들다. 이러한 임의 단위에 의한 측정의 단점을 보완하기 위하여 표준 단위를 도입하며 표준 단위의 사용은 원활한 의사소통을 도울 수 있다.

물병의 들이를 여러 가지 단위로 비교해 봅시다.

단위	내 물병	짝꿍 물병
예 종이컵	6개	5개

물병의 들이를 여러 가지 단위로 재어 보세요.

그림 4.6 임의 단위를 사용한 들이의 간접 비교

2) 들이의 표준 단위

들이의 표준 단위에는 1L 와 1mL가 있다. 1L는 용기의 내부 공간이 가로,

세로, 높이가 각각 10cm인 정육면체의 부피에 해당하는 양이다. 1mL는 한 변의 길이가 1cm인 정육면체의 부피에 해당하는 양이다. 즉, 1L = 1000cm^3이고, 1mL = 1cm^3인데, 들이와 부피 사이의 관계는 지도하지 않고, 측정을 통해 1mL와 1L의 양감을 기르고 1L = 1000mL인 관계를 이해하도록 지도한다. 일상생활에서 자주 접하는 우유, 주스 등에는 들이의 단위인 mL, L가 포함되어 있으니 학생들에게 들이의 단위가 적혀 있는 물건을 가져오도록 하여 들이의 단위에 관심을 가지고 측정해 볼 수 있는 기회를 제공한다.

3) 들이의 측정

들이의 어림과 측정은 실생활에서 많이 사용되며, 이를 위해서는 표준 단위인 1L와 1mL의 양감을 아는 것이 중요하다. 양감은 실제로 어림하고 측정하는 과정을 통해서 형성될 수 있으므로 수업에서 지속적으로 어림하고 측정해 보는 활동을 경험하는 것이 중요하다. 실제 1L와 유사한 양은 무엇인지, 1mL와 유사한 양은 무엇인지 알고, 이를 기준으로 하는 어림 전략을 사용하여 적절히 어림할 수 있는 기회를 제공한다. 또한 들이를 측정할 때는 실생활에서 많이 접할 수 있는 물건의 들이를 측정해 보는 경험을 제공하는 것이 바람직하다. 측정 시 과학 실험 도구인 비커, 눈금 실린더, 스포이트 등을 사용할 수 있으며 측정하는 양에 따라 적절한 측정 도구를 선택하여 측정하고 이때 적절한 단위도 선택해 보아야 한다. 그림 4.7과 같이 학생들에게 적절한 들이의 단

그림 4.7 1mL, 1L에 대한 양감을 이용한 들이 어림활동

위를 선택하도록 하면서 들이에 대한 양감을 지도할 수 있다.

들이의 덧셈과 뺄셈을 할 때는 계산의 필요성을 느끼게 하는 것이 중요하다. 들이의 덧셈과 뺄셈 원리를 식으로 접근하기 전에 실제로 그릇에 두 양을 부어 전체의 양을 알아보는 활동 또는 한 양에서 다른 양을 빼어 보는 활동이 들이의 덧셈과 뺄셈을 이해하는 데 도움이 될 수 있다. 이러한 활동을 통해 들이의 덧셈과 뺄셈이 수의 덧셈과 뺄셈과 동일하다는 것을 인식할 수 있는 기회를 제공할 수 있다. 들이의 덧셈과 뺄셈 원리를 지도할 때는 단순한 단위 환산을 지양하고 계산 방법을 스스로 터득할 수 있게 그림, 수직선 등을 활용할 수 있다. 이러한 활동을 통해 L는 L끼리, mL는 mL끼리 더하거나 빼는 방법을 유추할 수 있다. 2015 개정 교육과정에서는 단위 사이의 관계를 이해하는 데 중점을 두고 지나친 단위 환산은 다루지 않도록 권고하고 있다.

(4) 무게의 지도

무게는 지구가 지구상의 물체에 가하는 중력의 정도이다. 길이나 들이는 시각적으로 판단이 가능하지만 무게는 시각적으로 쉽게 판단하기가 어렵다. 그러나 물건의 무거움 가벼움은 학생들이 일상생활에서 자주 접하는 속성이므로 무게는 다양한 물건을 직접 측정하는 과정을 통해 지도하는 것이 바람직하다.

1) 무게의 비교

무게를 비교하는 가장 간단한 방법 중 하나는 두 물체를 양손으로 들어 보는 것이다. 주변의 여러 가지 구체물의 무게를 직접 비교하게 한다. 그러나 손으로 들 수 없는 무거운 물체이거나 너무 가벼운 경우 또는 두 물체의 무게가 비슷할 때는 무게의 비교가 어렵다. 이러한 불편을 극복하기 위하여 무게를 시각적인 양으로 표현할 수 있는 측정도구가 필요한 것이다. 무게의 대소를 시각적으로 판단할 수 있는 양팔저울을 사용하여 측정하도록 지도한다. 그러나 양팔저울을 이용한 무게 비교는 '어느 편이 더 무거운가?'는 알 수 있으나 '얼마나 더 무거운가?'는 알 수 없다. 따라서 바둑돌, 공기돌 등의 매개물을 이용한 간접 비교가 필요한 것이다. 그러나 이러한 임의 단위에 의한 측정은 측정하는 단위에 따라 측정값이 달라지며, 어느 쪽이 얼마나 무거운지를 정확하게 비교하기 힘들다. 이러한 임의 단위에 의한 측정의 단점을 보완하기 위하여 표준 단위가 도입되었으며 정확히 측정을 해야 할 경우에는 표준 단위에 의한 측정이 필요하다.

저울을 사용하여 과일의 무게를 여러 가지 단위로 비교해 봅시다.

단위	내가 가져온 과일	짝꿍이 가져온 과일
예 바둑돌	14개	20개

과일의 무게를 여러 가지 단위로 재어 보세요.

그림 4.8 매개물을 이용한 무게의 간접 비교

2) 무게의 표준 단위

시장에서 판매하는 대부분의 물건에는 무게 단위가 적혀 있다. 학생들에게 무게 단위가 적혀 있는 여러 가지 상자나 포장지를 관찰하도록 하면서 무게 단위에 대한 관심을 갖도록 한다. 1kg과 1g의 무게 단위를 소개하고 각각이 어느 정도의 무게인지 들어보도록 한다. 그리고 1kg = 1000g 사이의 관계를 이해하도록 지도한다. 또한 kg 단위보다 더 무거운 값을 간단하게 표현하기 위해 새로운 단위가 필요한 상황을 제시하여 1t = 1000kg임을 지도한다.

무게를 재는 다양한 저울이 있음을 소개하고, 저울에 따라 눈금을 읽는 활동을 하면서 무게를 측정한다. 저울의 눈금에는 보통 큰 눈금과 작은 눈금이 있다. 눈금 0은 저울에 물건을 올려놓지 않았을 때의 무게이다. 따라서 저울을 사용할 때는 물건이 놓이지 않은 상태에서 눈금이 0을 가리키는지를 확인한다.

3) 무게의 측정

무게의 어림과 측정은 실생활에서 많이 사용되며, 이를 위해서는 기본량인 1kg과 1g의 양감을 아는 것이 중요하다. 양감은 실제로 어림하고 측정하는 과정을 통해서 형성될 수 있으므로 수업에서 지속적으로 어림하고 측정해 보는 활동을 경험하는 것이 중요하다. 실제 1kg과 유사한 양은 무엇인지, 1g과 유사한 양은 무엇인지 알고, 이를 기준으로 하는 어림 전략을 사용하여 적절히 어림할 수 있는 기회를 제공한다.

그림 4.9 1g, 1kg에 대한 양감을 이용한 무게 어림활동

무게의 덧셈과 뺄셈 원리를 이해하기 위해 저울에 두 물체를 차례로 올려놓아 전체의 무게를 알아보는 활동과 저울에 두 물체를 올려놓은 후 한 물체를 옮겨, 옮긴 물체의 무게를 알아보는 활동도 무게의 덧셈과 뺄셈을 이해하는 데 도움이 될 수 있다. 이러한 활동을 통해 무게의 덧셈과 뺄셈이 수의 덧셈과 뺄셈과 동일하다는 것을 인식할 수 있는 기회를 제공할 수 있다. 무게의 덧셈과 뺄셈을 식으로 계산할 때는 단순히 단위 환산을 지양하고 계산 원리를 스스로 터득할 수 있도록 그림, 수직선 등을 활용할 수 있다. 이러한 활동을 통해 kg은 kg끼리, g은 g끼리 더하거나 빼서 계산하는 방법을 유추할 수 있다. 2015 개정 교육과정에서는 단위 사이의 관계를 이해하는 데 중점을 두고 지나친 단위 환산은 다루지 않도록 권장하고 있다.

(5) 각도의 지도

각도는 각의 두 변이 벌어진 정도를 나타내는 양이다. 각을 정적인 도형으로 보면 각의 크기는 평각인 180°까지 생각할 수 있다. 그러나 각을 동적인 측면에서 보면, 선분의 한 끝점을 고정하고 다른 끝점을 회전 이동하였을 때 회전한 양으로 볼 수 있다. 이 경우 각도는 180° 이상이 될 수 있다. 각도는 삼각형을 직각삼각형, 예각삼각형, 둔각삼각형으로 분류하는 활동 등 후속 학습의 중요한 기초가 된다.

1) 각도의 비교

두 각의 크기가 확연히 차이가 나는 경우에는 눈으로 보아 어느 각이 더 큰지 파악할 수 있다. 이때 각의 크기가 변의 길이에 좌우되지 않는다는 사실 또한 인식시킬 필요가 있다. 차이가 눈으로 구별되지 않을 정도의 두 각은 직관적 비교가 어려움을 인식하도록 함으로써 다른 비교 방법이 필요함을 느끼도록 한다. 예를 들어, 그림 4.10처럼 크기가 일정한 부챗살을 매개물로 하여 부채의 각을 측정하고 비교하는 활동은 임의 단위에 의한 비교라고 할 수 있다. 임의 단위를 다루는 것은 단위에 따라 결과가 달라져 불편하므로 결과가 달라지지 않도록 표준 단위의 필요성을 인식시키는 데 목적이 있다. 따라서 앞선 학습에서 길이, 무게 등에서 임의 단위의 필요성을 충분히 경험했다면 각의 크기 측정을 위해 이 단계를 생략하는 것도 가능하다.

부채의 부챗살이 이루는 각의 크기는 일정합니다. 부챗살을 이용하여 부채가 벌어진 정도를 비교해 봅시다.

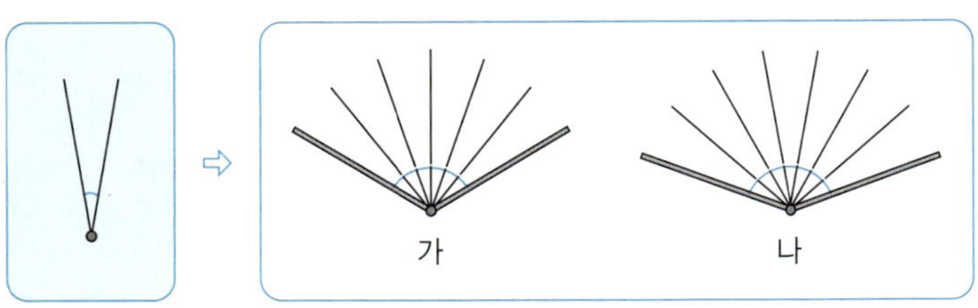

그림 4.10 각의 크기 비교

2) 각도의 표준 단위

각도의 표준 단위는 각도기를 사용하여 지도한다. 직각을 똑같이 90으로 나눈 것 중 하나를 1°라고 지도한다. 각도기의 눈금에 의하여 각도는 수치화되고 그 수치로서 각도를 비교한다. 각도기를 처음 다루는 학생들은 각도기 이용을 어려워할 수 있다. 각도기를 사용할 때는 다음 사항에 유의하도록 지도한다.

- 각도기의 중심을 각의 꼭짓점에 맞춘다.
- 각도기의 밑금을 각의 한 변에 맞춘다.
- 각도를 읽을 때는 각도기의 밑금과 각의 한 변이 만난 쪽의 눈금에서 시작하여 각의 나머지 변이 각도기의 눈금과 만나는 부분을 읽는다.

3) 각도의 측정

각도기를 이용하여 주변의 여러 각도를 측정하는 활동을 통해 각도에 대한 양감을 기른다. 또한 자와 각도기를 이용하여 주어진 각을 정확하게 그릴 수 있게 한다. 각도기의 이용법을 정확하게 알고 여러 가지 각을 그릴 수 있게 하며, 학생들은 각을 그리는 과정에서 자연스럽게 각의 크기를 비교하거나 각도에 대한 양감을 기르게 된다. 직각과 비교하는 활동을 통해 예각과 둔각을 구별하게 한다. 각도를 어림하고 각도기로 재어 확인하는 활동을 통해 각도에 대한 양감을 기르고, 자연수의 덧셈, 뺄셈과 관련하여 각도의 합과 차를 구하는 것을 학습하게 된다. 이를 바탕으로 구체적인 조작 활동을 통해 삼각형과 사각형에서의 내각의 크기의 합을 알게 한다.

직각보다 작은 각과 직각보다 큰 각을 알아봅시다.

그림 4.11 각의 크기 분류

(6) 넓이의 지도

넓이는 2차원 도형이 공간에서 차지하는 크기를 나타내는 양이다. 넓이 개념은 구체적인 두 사물의 넓이를 직관적으로 비교하면서 도입한다. 공책과 책, 색종이와 도화지 등을 비교하면서 학생들이 '더 넓다', '더 좁다'를 표현하면서 자연스럽게 넓이 개념을 형성하도록 지도한다.

1) 넓이의 비교

넓이는 차이가 충분히 크고 모양이 비슷하다면 직관적으로 비교할 수 있는 평면의 속성이다. 두 평면도형을 포갰을 때 한쪽이 다른 쪽에 포함된다면 포함된 쪽이 작다는 것을 알 수 있다. 넓이를 직접 비교하는 대표적인 활동이 이와 같은 겹쳐보는 것이다. 포갰을 때 포개지지 않는 부분이 생기는 경우에 공통부분을 제외한 나머지 부분을 오려서 그것을 겹쳐보고 넓이를 비교할 수 있다. 이러한 비교 활동은 도형을 분할하고 이동하여 합성하여도 넓이는 변하지 않는다는 조작 즉, 등적 변형을 토대로 한다. 등적 변형은 다양한 평면도형의 넓이를 구하는 기본 원리이다.

포갰을 때 포개지지 않는 부분이 생기더라도 그 부분을 자를 수 없거나 포개지지 않는 모양이 불규칙한 경우, 직접 비교 활동이 어렵게 된다. 이때 임의

여러 가지 모양을 단위로 하여 넓이를 구하고 넓이의 단위로 알맞은 모양을 알아봅시다.

• , ,  모양을 세 종이 위에 붙여 각각의 넓이를 구해 보세요.

	가의 넓이	나의 넓이	다의 넓이
 의 수			
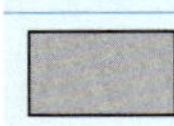 의 수			
 의 수			

그림 4.12 임의 단위를 이용한 넓이 비교

단위에 의한 비교가 필요함을 인식시키고 여러 가지 임의 단위로 비교하면서 적절한 단위의 특징을 이해하도록 한다.

2) 넓이의 표준 단위

두 도형의 넓이를 비교하기 위하여 일정한 크기의 도형을 단위로 하여 측정 대상에 단위 넓이가 몇 개 포함되는지 파악해야 한다. 이때 가로, 세로 1cm인 정사각형의 넓이를 넓이의 표준 단위 1cm^2로 도입한다. 넓이 지도의 초기에는 넓이가 1cm^2인 정사각형을 단위로 하여 직사각형 안에 포함된 정사각형이 몇 개인가를 세게 한다. 이때, 모눈종이를 이용하거나 단위 정사각형 조각을 붙여 보는 활동을 한다. 직사각형의 넓이 공식을 형식화하고 나서 이를 이용하여 평행사변형, 삼각형, 사다리꼴, 마름모의 넓이를 구하는 방법을 탐구하고 형식화할 수 있도록 지도한다.

칠판 또는 교실 넓이와 같이 1cm^2 단위로 측정하기에는 불편한 넓은 대상을 측정하기 위해 더 큰 단위가 필요함을 지도한다. 한 변의 길이가 1m인 정사각형의 넓이인 1m^2, 한 변의 길이가 1km인 정사각형의 넓이 1km^2의 단위를 지도한다. 또한 이들 단위를 환산할 수 있도록 지도한다.

3) 넓이의 측정

초등학교 수학교육과정에서 평면도형의 넓이는 다각형의 넓이와 원의 넓이 두 가지로 구분할 수 있다. 다각형의 넓이는 일반적으로 '직사각형 → 정사각형 → 평행사변형 → 삼각형 → 마름모 → 사다리꼴'의 순서로 지도한다.

① 직사각형의 넓이

넓이가 1cm^2인 정사각형을 단위로 하여 직사각형 안에 포함된 정사각형이 몇 개인가를 세어서 직사각형의 넓이를 구할 수 있다. 그런데 직사각형의 넓이가 큰 경우 단위 정사각형을 모두 세는 것은 효율적이지 않다. 이와 같이 단위 정사각형을 모두 세는 것이 불편함을 인식시키고 보다 효과적으로 넓이를 구할 수 있는 방법을 찾아보도록 한다. 그림 4.13과 같이 가로에 포함된 단위 정사각형의 개수와 세로에 포함된 단위 정사각형의 개수만 알면 두 값을 곱한 것이 전체 단위 정사각형의 개수와 같음을 알 수 있다. 이를 통해, 직사각형의 넓이는 가로, 세로의 길이에 관계되는 양이라는 것을 이해시킨다. 학생들이 여러 가지 직사각형의 넓이를 가로, 세로 길이와 관련지어 구해보도록 하면서 (직사각형의 넓이) = (가로의 길이)×(세로의 길이)라는 공식을 지도한다.

특히, 정사각형은 가로, 세로의 길이가 같은 직사각형이므로 (정사각형의 넓이) = (한 변의 길이)×(한 변의 길이)임을 지도한다. 정사각형의 넓이 공식은 직사각형의 넓이 공식에서 자연스럽게 유도되므로 정사각형의 넓이 공식을 지나치게 강조할 필요는 없다.

- 연수처럼 $1cm^2$ 를 붙여 직사각형 가, 나, 다의 넓이를 구해 보세요.

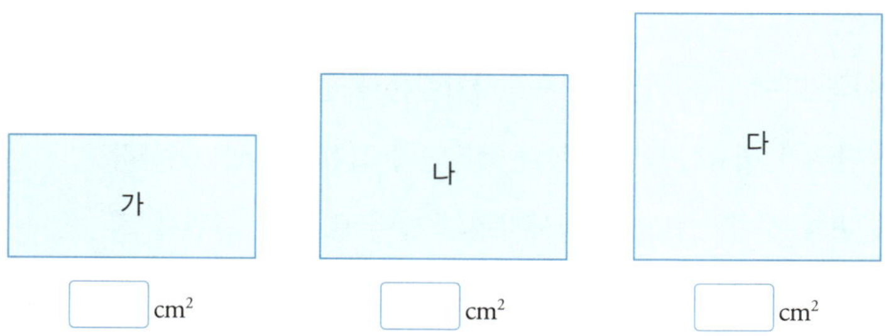

- 연수처럼 직사각형의 넓이를 구했을 때 불편한 점을 이야기해 보세요.
- 직사각형의 넓이를 쉽게 구하는 방법을 이야기해 보세요.

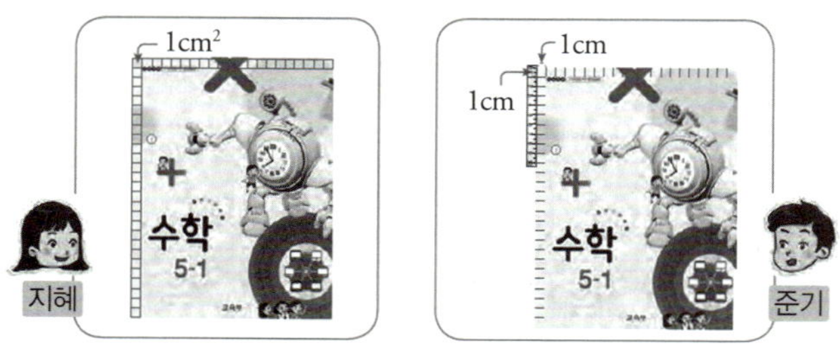

그림 4.13 직사각형의 넓이 공식 유도 과정

② **평행사변형의 넓이**

평행사변형의 넓이도 단위 정사각형이 몇 개 포함되어 있는지를 세어보면서 측정할 수 있다. 그러나 직사각형과 다르게 단위 정사각형의 개수를 파악하는 것이 쉽지 않다. 따라서 평행사변형의 넓이는 일반적으로 직사각형으로 등적 변형하여 지도한다.

그림 4.14와 같이 삼각형 ㅁㄷㄹ과 삼각형 ㅂㄴㄱ이 합동이므로 평행사변형 ㄱㄴㄷㄹ의 넓이는 직사각형 ㅂㄴㄷㅁ의 넓이와 같다. 따라서 평행사변형 ㄱㄴㄷㄹ의 넓이는 밑변 ㄴㄷ의 길이와 높이 ㅂㄴ의 곱과 같다. 이와 같은 방법으로 평행사변형의 넓이 공식을 구할 수 있다.

(평행사변형의 넓이) = (밑변의 길이)×(높이)

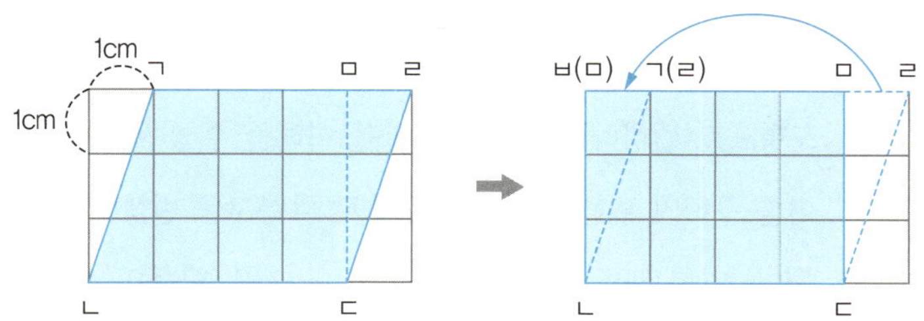

그림 4.14 평행사변형의 넓이

③ **삼각형의 넓이**

삼각형의 넓이도 단위 정사각형이 몇 개 포함되어 있는지를 세어보면서 측정할 수 있다. 그러나 직사각형과 다르게 단위 정사각형의 개수를 파악하는 것이 쉽지 않다. 따라서 삼각형의 넓이는 평행사변형으로 등적 변형하여 지도한다. 이를 위해 학생들에게 합동인 삼각형 2개를 이용하여 평행사변형을 만들어보는 활동을 지도할 필요가 있다.

그림 4.15와 같이 삼각형 2개를 붙여서 평행사변형을 만들 수 있으므로, 삼각형 1개의 넓이는 평행사변형의 넓이의 반과 같음을 알 수 있다. 따라서 삼각형 넓이 공식을 구할 수 있다.

(삼각형의 넓이) = (밑변의 길이)×(높이)÷2

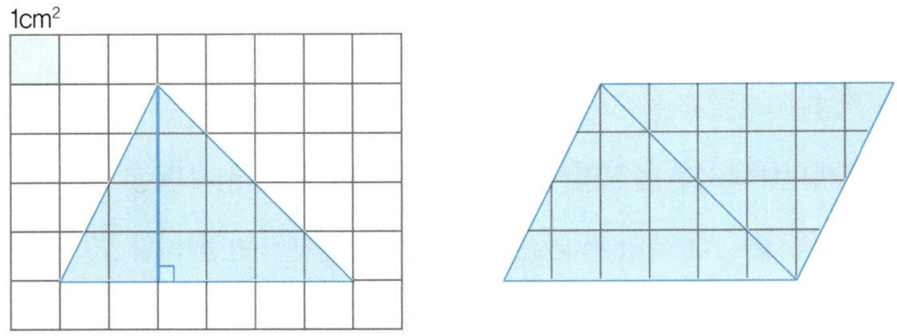

그림 4.15 삼각형의 높이

④ **마름모의 넓이**

직사각형의 넓이를 시작으로 평행사변형, 삼각형의 넓이를 구하는 방법을 지도했다면, 새로운 도형의 넓이를 구하기 위해서 넓이 구하는 방법을 알고 있는 도형으로 변형하는 것이 필요함을 이해할 수 있을 것이다. 따라서 마름모의 넓이를 구하기 위해 다양한 도형으로 마름모를 변형하는 활동을 지도한다. 예를 들어, 마름모의 한 대각선을 그어 두 개의 합동인 삼각형으로 분할하여 생각하거나 마름모를 둘러싸고 있는 직사각형 넓이의 반으로 생각하여 마름모 넓이 공식을 유도할 수 있다.

$$(\text{마름모의 넓이}) = (\text{한 대각선의 길이}) \times (\text{다른 대각선의 길이}) \div 2$$

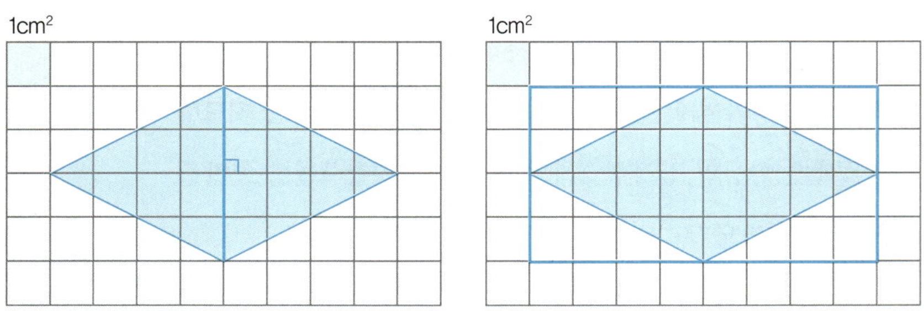

그림 4.16 마름모의 넓이

⑤ **사다리꼴의 넓이**

사다리꼴의 넓이는 사다리꼴 2개를 붙여서 평행사변형으로 만들어서 넓이를 구하거나 대각선으로 분할하여 삼각형 넓이를 이용하여 넓이를 구할 수 있다.

그림 4.17과 같이 사다리꼴 2개를 붙여서 평행사변형을 만들 수 있다. 그림 4.17에서 사다리꼴 1개의 넓이는 붙여서 만든 평행사변형의 넓이의 반이므로 다음 공식이 성립한다.

(사다리꼴의 넓이)
= (평행사변형의 밑변의 길이)×(평행사변형의 높이)÷2
= {(윗변의 길이)+(아랫변의 길이)}×(높이)÷2

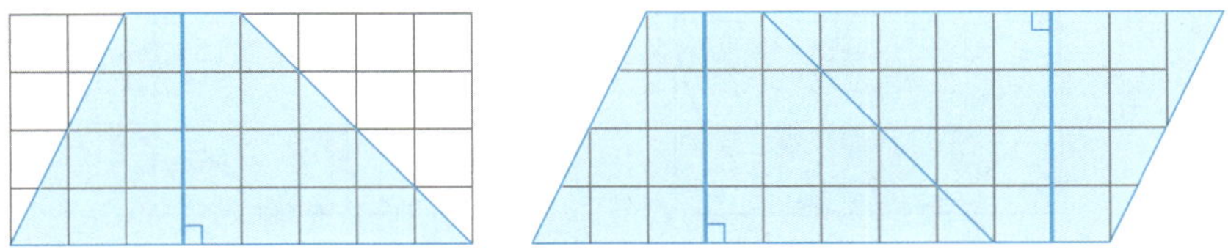

그림 4.17 사다리꼴의 넓이

⑥ **원의 넓이**

원의 넓이는 사각형이나 삼각형으로 변형시키기 어렵기 때문에, 먼저 근사적으로 계산하여 원의 넓이와 반지름 사이의 관계가 있음을 귀납적으로 확인하는 지도방법을 생각할 수 있다.

원의 넓이는 여러 가지 둥근 물체의 원주와 지름을 측정하여 귀납적 추론을 통해 원주율을 구하고, 원주율 이용하여 원주와 지름을 구하는 활동으로 시작한다. 초등학교 학생들은 원주를 다루면서 처음으로 직선이 아닌 곡선의 길이를 측정하는 활동을 접하게 된다. 학생들이 직접 구체물을 측정해 봄으로써 지름에 대한 원주의 비가 일정함을 귀납적으로 발견하도록 한다.

원의 넓이를 근사적으로 계산하는 방법으로서 내접, 외접하는 다각형으로 원의 넓이를 어림하는 방법과 모눈종이를 이용하여 어림하는 방법이 가능하다.

그림 4.18에서 반지름이 10cm인 원의 넓이는 그 원의 내부에 있는 마름모의 넓이 200cm^{2}보다는 크고, 그 원을 둘러싸고 있는 정사각형의 넓이 400cm^{2}보다는 작음을 알 수 있다. 이러한 활동을 토대로 학생들이 반지름이 10cm인 원

의 넓이는 한 변의 길이가 10cm인 정사각형 넓이의 3배 정도 된다는 점을 이해하도록 할 수 있다. 학생들에게 원의 넓이와 반지름 사이에 관계가 있음을 인식시키는 것이 중요하다.

반지름이 10cm인 원의 넓이를 어림해 봅시다.

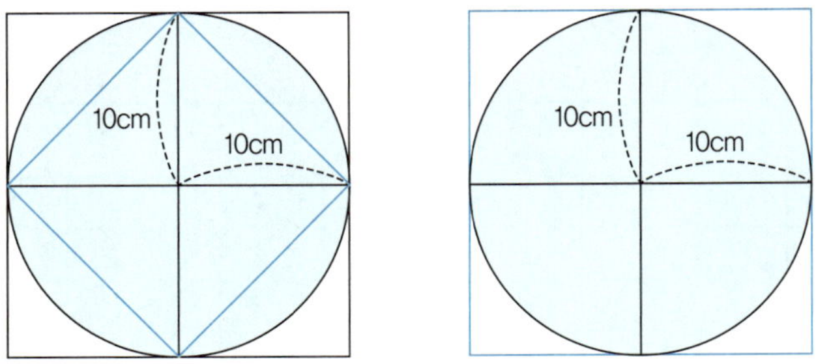

그림 4.18 원의 넓이 어림하기

그림 4.19는 모눈종이를 이용하여 원의 넓이를 어림하는 활동으로서, 원의 내부에 있는 모눈의 개수와 원을 포함하는 모눈의 개수를 세어보고 그사이에 원의 넓이가 있음을 알아보는 활동이다.

반지름이 10cm인 원의 넓이를 어림해 봅시다.

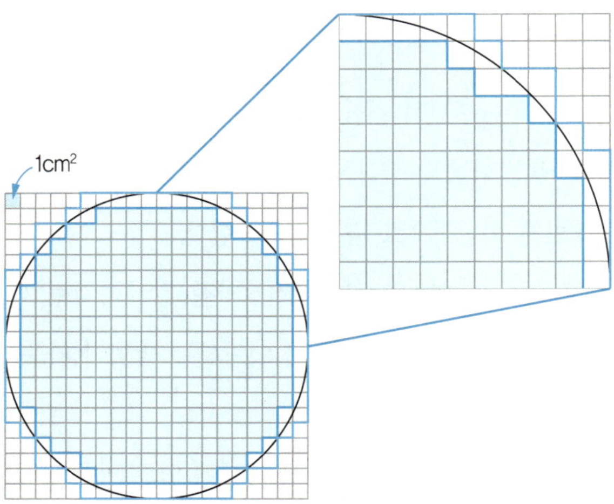

그림 4.19 원의 넓이 어림하기

원의 넓이를 어림하는 방법을 지도하면서 학생들은 원의 넓이와 반지름 사이에 관계가 있음을 확인할 수 있다. 원의 넓이 구하는 공식은 원을 한없이 분할하여 직사각형으로 만드는 방법으로 지도한다. 그림 4.20처럼 원을 잘라서 각 조각을 이어붙이면 조각이 많아질수록 이어붙인 도형이 직사각형에 가까워

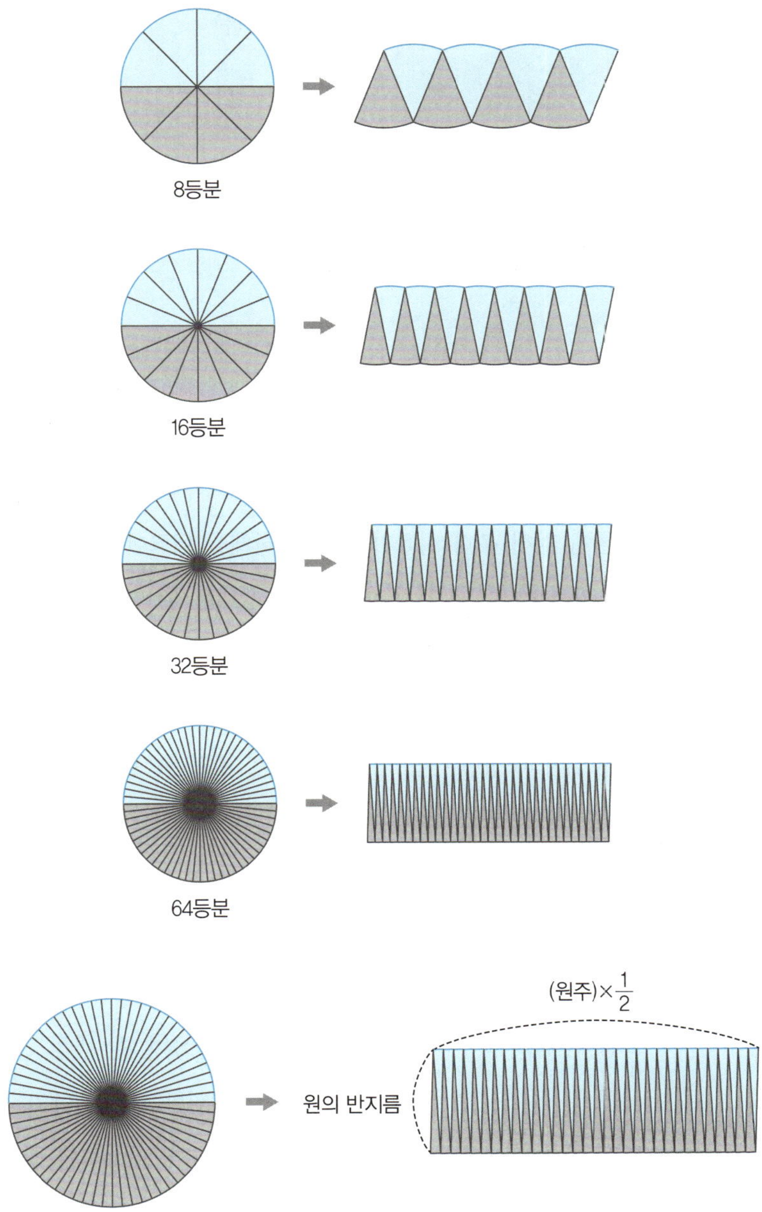

그림 4.20 원의 넓이

진다는 것을 그림을 통해 이해하도록 지도한다. 이때 만들어진 직사각형의 가로의 길이가 원주의 반이고 세로의 길이가 원의 반지름에 해당함을 지도한다. 따라서 원의 넓이는 다음과 같다.

$$
\begin{aligned}
(\text{원의 넓이}) &= (\text{원주}) \times \frac{1}{2} \times (\text{반지름}) \\
&= (\text{원주율}) \times (\text{지름}) \times \frac{1}{2} \times (\text{반지름}) \\
&= (\text{원주율}) \times (\text{반지름}) \times (\text{반지름})
\end{aligned}
$$

(7) 부피의 지도

부피는 3차원의 물체가 차지하고 있는 공간의 크기를 나타내는 양이다.

1) 부피의 비교

학생들에게 서로 다른 물체의 부피를 비교하거나 임의 단위로 부피를 측정해 보는 구체적 활동을 충분히 경험하도록 하는 것이 좋다. 처음에는 간단한 추론에 의해 부피 비교가 가능한 물체를 비교한다. 예를 들어 높이는 같지만 밑면의 넓이가 다르다든지, 밑면의 넓이는 같지만 높이가 다른 물체를 비교하게 하면 밑면의 넓이나 높이가 부피를 결정하는 데 중요한 요소임을 알아차릴 수 있다. 그러나 밑면의 넓이와 높이가 모두 서로 달라서 크기를 가늠하기 어려운 물체의 경우 직관적 비교나 직접 비교만으로는 문제를 해결할 수 없기 때문에, 쌓기나무와 같은 임의 단위를 사용할 필요가 있다.

2) 부피의 표준 단위

단위넓이에서 유추하여 단위부피의 개념을 이해하도록 지도한다. 즉, 넓이의 표준 단위로 정사각형을 이용한 것과 관련하여, 한 변의 길이가 1cm인 정육면체의 부피 $1cm^3$를 부피의 표준단위로 도입한다. 표준단위에 해당하는 쌓기나무로 여러 가지 직육면체 모양을 쌓아 보고 쌓기나무의 개수로 부피를 비교하도록 한다.

컨테이너 또는 교실의 부피와 같이 $1cm^2$ 단위로 측정하기에는 불편한 큰 공간을 측정하기 위해 더 큰 단위가 필요함을 지도한다. 한 변의 길이가 1m인 정육면체의 부피인 $1m^3$를 표준 단위로 지도한다. 또한 이들 단위를 환산할 수 있도록 지도한다.

3) 부피의 측정

표준단위에 해당하는 쌓기나무를 직육면체 모양으로 쌓아 본 다음 쌓은 쌓기나무의 수로 부피를 측정한다. 이러한 방식으로 여러 가지 직육면체의 부피를 측정하면서 부피 공식 (직육면체의 부피) = (가로)×(세로)×(높이)를 유도한다.

직육면체의 부피 구하는 공식을 이용하여 정육면체의 부피 구하는 공식을 유도하도록 지도한다.

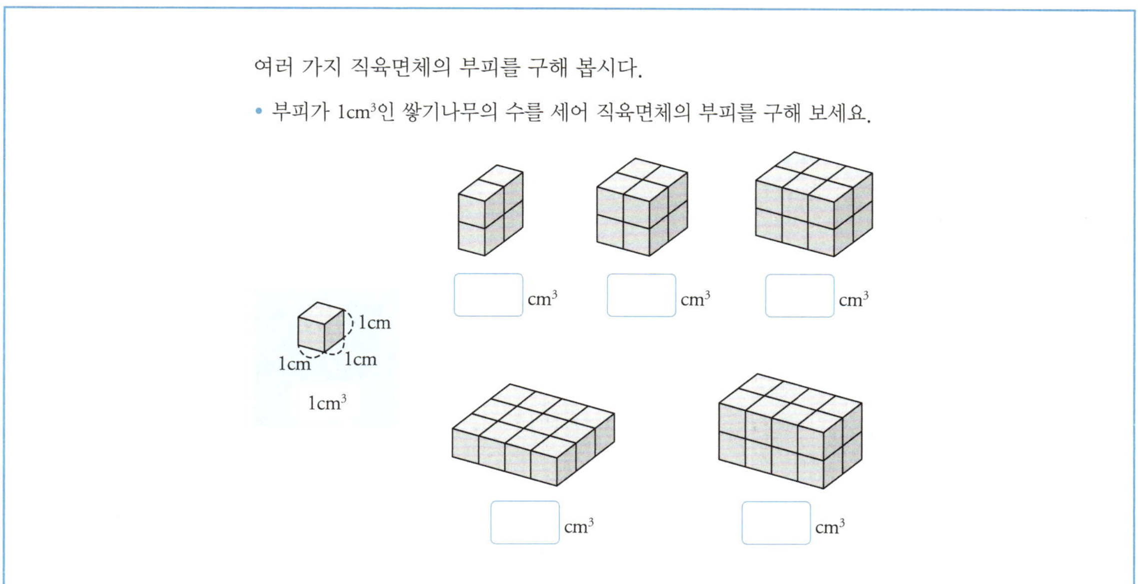

그림 4.21 표준단위를 이용한 부피 구하기

(8) 어림의 지도

수 감각의 발달에서 중요한 것의 하나는 어림한 수와 정확한 수를 구분하여 인식하는 것이다. 대략적인 값을 어림하는 것은 일상생활에서 자주 접하는 것이다. 일반적으로 어림하기는 수를 다루기 쉽게 만들거나 정확한 값을 알 필요가 없을 때 이루어진다.

1) 수의 범위

측정값을 말할 때 구간을 정하여 말하는 경우가 있다. 수의 범위를 표현하고 이를 나타내는 용어를 이해하는 것은 측정값을 말하거나 부등식의 지도 등에 유용하다.

이상은 '크거나 같다'의 의미로, 이하는 '작거나 같다'의 의미로, 초과는 '보다 크다'의 의미로, 미만은 '보다 작다'의 의미로 사용된다. 실생활에서 사용되는 예를 찾아 그 뜻을 알고, 이상, 이하, 초과, 미만을 사용한 말에서 수의 범위를 나타낼 수 있게 한다.

2) 어림수

실생활에서 어림이 필요한 상황을 제시하여 그 의미와 필요성을 명확히 알고, 각 상황에 알맞게 어림하는 방법을 찾아낼 수 있도록 지도하는 것이 중요하다. 학생들은 수학을 정확한 값을 산출하는 교과로 인식하기 때문에 어림하기를 꺼리는 경향이 있다. 따라서 많은 물건의 개수를 셀 때 물건을 하나하나 세는 것보다 대략적인 값을 구하는 것이 효율적일 수 있는 상황을 제시해 주고, 이런 과정을 통해 어림 감각이 발달해 가도록 해야 한다.

어림수를 구하기 위한 방법으로서 반올림, 올림, 버림이 쓰이는 예를 통하여 그 의미와 필요성을 알도록 하며, 이를 생활에 활용할 수 있게 한다. 어림을 하는 대표적인 방법으로 올림, 버림, 반올림이 있고, 각각이 필요한 대표적인 상황은 아래와 같다.

- 올림: 10개 묶음으로 판매하는 공책을 사서 284명의 학생에게 한 권씩 나누어 주려고 할 때, 공책을 모두 몇 권 사야 하는가?
  → $284 \div 10 = 28.4$이므로 소수 첫째 자리에서 올림하여, 모두 29묶음을 사야 한다.
- 버림: 불우 이웃 돕기를 하려고 동전을 모았습니다. 모은 돈이 62350원일 때, 1000원짜리 지폐로 얼마까지 바꿀 수 있을까요?

→ 1000원 미만인 350원은 1000원짜리 지폐로 바꿀 수 없으므로, 62350원을 백의 자리에서 버림하여 62000원까지 지폐로 바꿀 수 있다.

- 반올림: 10단위로 표시된 수직선 위에 352는 350과 360중에서 어느 쪽에 가까울까요? 357은 350과 360중에서 어느 쪽에 가까울까요?

  → 반올림은 정확한 측정값을 얻으려고 노력할 때 필요하다. 측정 장치에서 가장 가까운 눈금을 읽기 위해 수를 어림하는 방법이다. 예를 들어, 10단위로 표시된 수직선 위에 357은 350보다는 360에 가까우므로 일의 자리에서 반올림하여 360이 된다.

2015 개정 초등수학과 교육과정

측정 영역

초등학교 1~2학년

생활 주변에는 시간, 길이, 들이, 무게, 넓이 등 다양한 속성이 존재한다. 측정은 여러 가지 속성의 양을 비교하고, 단위를 이용하여 재거나 어림해봄으로써 양을 수치화하는 것이다. 측정 과정에서 경험하는 양의 비교, 측정, 어림은 수학 학습을 통해 길러야 할 중요한 기능이고, 이는 실생활이나 타 교과의 학습에서 유용하게 활용된다. 또한 측정을 통해 길러지는 양감은 수학적 소양을 기르는 데 도움이 된다.

1 양의 비교

· 구체물의 길이, 들이, 무게, 넓이를 비교하여 각각 '길다, 짧다', '많다, 적다', '무겁다, 가볍다', '넓다, 좁다' 등을 구별하여 말할 수 있다.

2 시각과 시간

· 시계를 보고 시각을 '몇 시 몇 분'까지 읽을 수 있다.
· 1시간은 60분임을 알고, 시간을 '시간', '분'으로 표현할 수 있다.
· 1분, 1시간, 1일, 1주일, 1개월, 1년 사이의 관계를 이해한다.

3 길이

· 길이를 나타내는 표준 단위의 필요성을 인식하고, 1cm와 1m의 단위를 알며, 상황에 따라 적절한 단위를 사용하여 길이를 측정할 수 있다.
· 1m가 100cm임을 알고, 길이를 단명수와 복명수로 표현할 수 있다.
· 여러 가지 물건의 길이를 어림하여 보고, 길이에 대한 양감을 기른다.
· 구체물의 길이를 재는 과정에서 자의 눈금과 일치하지 않는 길이의 측정값을 '약'으로 표현할 수 있다.
· 실생활 문제 상황을 통하여 길이의 덧셈과 뺄셈을 이해한다.

(가) 학습 요소

- 시, 분, 약, cm, m

(나) 교수·학습 방법 및 유의 사항

- 양의 비교는 직관적인 비교, 직접 비교, 간접 비교 등을 상황에 따라 알맞게 다룬다.
- 시각 읽기는 학생의 경험을 소재로 하고, 학생들이 모형 시계를 조작하며 '몇 시', '몇 시 30분', '몇 시 몇 분', '몇 시 몇 분 전' 등의 시각을 읽게 한다.
- 시간의 여러 가지 단위를 지도할 때 단위 사이의 관계를 이해하는 데 중점을 두고, 지나친 단위 환산은 다루지 않는다.
- 표준 단위를 도입하기 전에 여러 가지 임의 단위를 사용하여 구체물의 길이를 재어 보게 한다.
- 측정 영역의 문제 상황에 적합한 문제 해결 전략을 지도하여 문제 해결 능력을 기르게 한다.

(다) 평가 방법 및 유의 사항

- '몇 시 몇 분 전'의 시각 읽기를 평가할 때 '5분 전', '10분 전', '15분 전' 등과 같이 실생활에서 자주 사용되는 경우를 다루고, '2시 48분'을 '3시 12분 전'으로 나타내는 것과 같이 복잡한 경우는 다루지 않는다.
- 1일, 1주일, 1개월, 1년 사이의 관계를 평가할 때는 달력을 이용하여 그 관계를 이해하는지 파악하는 데 중점을 둔다.

초등학교 3~4학년

생활 주변에는 시간, 길이, 들이, 무게, 각도 등 다양한 속성이 존재한다. 측정은 여러 가지 속성의 양을 비교하고, 단위를 이용하여 재거나 어림해봄으로써 양을 수치화하는 것이다. 측정 과정에서 경험하는 양의 비교, 측정, 어림은 수학 학습을 통해 길러야 할 중요한 기능이고, 이는 실생활이나 타 교과의 학습에서 유용하게 활용된다. 또한 측정을 통해 길러지는 양감은 수학적 소양을 기르는 데 도움이 된다.

1 시각과 시간

· 1분은 60초임을 알고, 초 단위까지 시각을 읽을 수 있다.
· 초 단위까지의 시간의 덧셈과 뺄셈을 할 수 있다.

2 길이

· 길이를 나타내는 새로운 단위의 필요성을 인식하여 1mm와 1km의 단위를 알고, 이를 이용하여 길이를 측정하고 어림할 수 있다.
· 1cm와 1mm, 1km와 1m의 관계를 이해하고, 길이를 단명수와 복명수로 표현할 수 있다.

3 들이

· 들이를 나타내는 표준 단위의 필요성을 인식하여 1L와 1mL의 단위를 알고, 이를 이용하여 들이를 측정하고 어림할 수 있다.
· 1L와 1mL의 관계를 이해하고, 들이를 단명수와 복명수로 표현할 수 있다.
· 실생활 문제 상황을 통하여 들이의 덧셈과 뺄셈을 이해한다.

4 무게

· 무게를 나타내는 표준 단위의 필요성을 인식하여 1g과 1kg의 단위를 알고, 이를 이용하여 무게를 측정하고 어림할 수 있다.
· 1kg과 1g의 관계를 이해하고, 무게를 단명수와 복명수로 표현할 수 있다.
· 실생활에서 무게를 나타내는 새로운 단위의 필요성을 인식하여 1t의 단위를 안다.
· 실생활 문제 상황을 통하여 무게의 덧셈과 뺄셈을 이해한다.

5 각도

· 각의 크기의 단위인 1도(°)를 알고, 각도기를 이용하여 각의 크기를 측정하고 어림할 수 있다.
· 주어진 각도와 크기가 같은 각을 그릴 수 있다.
· 여러 가지 방법으로 삼각형과 사각형의 내각의 크기의 합을 추론하고, 자신의 추론 과정을 설명할 수 있다.

(가) 학습 요소

- 초, 도(°), mm, km, L, mL, g, kg, t

(나) 교수·학습 방법 및 유의 사항

- 시각과 시간의 의미는 구체적인 상황 속에서 구별하여 사용할 수 있는 정도로 이해하게 한다.
- 실제로 재거나 어림하는 측정 활동을 통하여 시간, 길이, 들이, 무게, 각도에 대한 양

감을 기르게 한다.

- 시간, 길이, 들이, 무게의 단위를 지도할 때 단위 사이의 관계를 이해하는 데 중점을 두고, 지나친 단위 환산은 다루지 않는다.
- 길이, 들이, 무게, 각도를 측정할 때 측정도구의 눈금에 일치하지 않는 측정값을 '약'으로 표현하게 한다.
- 측정 영역의 문제 상황에 적합한 문제 해결 전략을 지도하고, 문제 해결 과정을 설명하게 하여 문제 해결 능력을 기르게 한다.

(다) 평가 방법 및 유의 사항

- 무게 단위 사이의 관계에 대해 평가할 때 1g과 1t 사이의 단위 환산은 다루지 않는다.

초등학교 5~6학년

생활 주변에는 길이, 넓이, 부피 등 다양한 속성이 존재한다. 측정은 여러 가지 속성의 양을 비교하고, 단위를 이용하여 재거나 어림해봄으로써 양을 수치화하는 것이다. 측정 과정에서 경험하는 양의 비교, 측정, 어림은 수학 학습을 통해 길러야 할 중요한 기능이고, 이는 실생활이나 타 교과의 학습에서 유용하게 활용된다. 또한 측정을 통해 길러지는 양감은 수학적 소양을 기르는 데 도움이 된다.

1 어림하기

- 실생활 장면에서 이상, 이하, 초과, 미만의 의미와 쓰임을 알고, 이를 활용하여 수의 범위를 나타낼 수 있다.
- 어림값을 구하기 위한 방법으로 올림, 버림, 반올림의 의미와 필요성을 알고, 이를 실생활에 활용할 수 있다.

2 평면도형의 둘레와 넓이

- 평면도형의 둘레를 재어보는 활동을 통하여 둘레를 이해하고, 기본적인 평면도형의 둘레의 길이를 구할 수 있다.
- 넓이를 나타내는 표준 단위의 필요성을 인식하여 $1cm^2$, $1m^2$, $1km^2$의 단위를 알며, 그 관계를 이해한다.
- 직사각형의 넓이를 구하는 방법을 이해하고, 이를 통하여 직사각형과 정사각형의 넓이를 구할 수 있다.
- 평행사변형, 삼각형, 사다리꼴, 마름모의 넓이를 구하는 방법을 다양하게 추론하고, 이와 관련된 문제를 해결할 수 있다.

3 원주율과 원의 넓이

- 여러 가지 둥근 물체의 원주와 지름을 측정하는 활동을 통하여 원주율을 이해한다.

· 원주와 원의 넓이를 구하는 방법을 이해하고, 이를 구할 수 있다.

4 입체도형의 겉넓이와 부피

· 직육면체와 정육면체의 겉넓이를 구하는 방법을 이해하고, 이를 구할 수 있다.

· 부피를 이해하고, $1cm^3$, $1m^3$의 단위를 알며, 그 관계를 이해한다.

· 직육면체와 정육면체의 부피를 구하는 방법을 이해하고, 이를 구할 수 있다.

(가) 학습 요소

- 이상, 이하, 초과, 미만, 올림, 버림, 반올림, 가로, 세로, 밑변, 높이, 원주, 원주율, cm^2, m^2, km^2, cm^3, m^3

(나) 교수·학습 방법 및 유의 사항

- 삼각형의 넓이는 높이가 삼각형의 외부에 있는 것도 다룬다.
- 원주율을 나타내는 3, 3.1, 3.14 등은 정확한 값이 아님을 알고 상황에 따라 적절하게 선택하여 사용할 수 있게 한다.
- 원주율, 원주, 원의 넓이, 입체도형의 겉넓이와 부피 등을 구할 때 복잡한 계산은 계산기를 사용하게 할 수 있다.
- 겉넓이와 부피를 구하는 방법에 대하여 다양한 추론을 하고, 자신의 추론 과정을 다른 사람에게 설명하게 한다.
- 측정 영역의 문제 상황에서 문제 해결 전략 비교하기, 주어진 문제에서 필요 없는 정보나 부족한 정보 찾기, 조건을 바꾸어 새로운 문제 만들기, 문제 해결 과정의 타당성 검토하기 등을 통하여 문제 해결 능력을 기르게 한다.

(다) 평가 방법 및 유의 사항

- 원주율과 관련하여 계산이 지나치게 복잡한 문제는 다루지 않는다.
- 넓이 단위 사이의 관계에 대해 평가할 때 $1cm^2$와 $1km^2$ 사이의 단위 환산은 다루지 않는다.

[참고문헌]

강완, 나귀수, 백석윤, 이경화(2013). 『초등수학교수 단위 사전』. 서울: 경문사.

김성준 외. 2013. 초등학교 수학과 교재연구 및 지도법. 서울: 동명사.

박성선 외(역). 2012. 초등교사를 위한 수학과 교수법. 서울: 경문사. Helping Children Learn Mathematics. 2009. Reys R. E. et. al.

제5장 **규칙성**

1. 이론적 배경

(1) 규칙성 학습의 의의

규칙성 영역에서 다루는 내용은 규칙과 대응, 규칙 찾기, 비와 비율로 구분할 수 있다. 이 내용은 중학교의 함수와 연관이 깊다. '규칙과 대응'은 한 양이 변할 때 다른 양이 그에 종속하여 변하는 대응 관계를 다루는 것으로 함수와 직접적으로 연결된다. '규칙 찾기'에서는 차례대로 제시되는 순서에 따라 일정한 배열이 등장하는데 이는 순서와 배열 간의 함수로 볼 수 있다. 비와 비율은 비례추론의 기초가 되며 함수에 앞서 다루어지는 정비례나 반비례를 이해하는 기초가 된다.

우리나라 교육과정에 규칙성이 실린 것은 제7차 교육과정인 2000년부터이다. 1990년대 전후로 미국의 전국수학교사협의회NCTM에서는 '수학교육과정과 평가의 새로운 방향'을 내놓았다. 이 책에 규칙성 영역과 그에 포함되는 규준이 담겼다. 예컨대, 유치원에서 4학년까지는 '규칙성과 관계'로, 5학년에서 6학년까지는 '규칙성과 함수'로 제시하였다. 이러한 미국수학교육 흐름과 맥이 통한다.

'규칙성'의 중요성이나 의미는 수학의 발전사에서도 찾아볼 수 있다. 미국의 인기 있는 수학 저술가인 케이스 데블린Devlin, K은 '규칙성'이 수학에서 강조된 이유를 수학사와 연관 지어 다음과 같이 설명하였다.

이집트와 바빌로니아의 수학이 중심이 되었던 기원전 500년경까지 수학

> "
> 자연의
> 숨겨진 법칙에 대한
> 통찰력이 없는 세상에서
> 사는 것은
> 자신이 태어난 나라의
> 언어를 모르는 것과 같다.
>
> –하즈라트 이나야트 칸
> "

은 수에 관해 연구하는 학문이었다. 이 시기의 수학은 산술 중심이었다. 기원전 500년부터 기원후 300년까지 수학은 기하학을 연구하는 학문이었다. 대표적인 예로 고대 그리스 수학을 들 수 있는데 연역적 논증을 도입하고 원론Elements을 통해 이를 체계화함으로써 수학을 학문의 지위까지 올려놓았다. 중세 유럽을 거치는 동안 수학에 큰 변화가 없었다. 그러다가 Newton과 Leibniz가 미적분학을 발견하면서 큰 변화가 일었다. 미적분학은 운동과 변화를 탐구한다. 이후 수학은 수, 도형, 운동, 변화, 공간에 대한 연구로 확장되었다. 18세기 중반 이후로 수학 자체에 대한 관심이 증가하면서 오늘날 순수 수학이라고 하는 분야가 이 시기에 발전하였다. 19세기 말에 이르러 수학은 수와 도형, 운동, 변화, 공간의 연구뿐만 아니라 이들을 연구하기 위해 사용되는 수학적 도구에 대한 연구가 되었다. 20세기 들어 수학은 비약적인 성장과 발전을 거듭한다. Cantor의 초한수, Kovalevsky의 미분방정식, Noether의 추상대수학, Mandelbrot의 프랙탈 등이 그 예이다. 더 이상 연구대상, 이를테면 수, 도형, 운동, 변화, 공간 등을 가지고 수학을 규정할 수 없게 되었다. 수학자들은 수학을 규정하기 위해 수학을 연구하는 방법에 주목하였다. 그 결과로 얻어낸 것이 수학은 '규칙성패턴의 과학'이라는 정의이다권성룡, 2007.

장구한 역사를 지닌 수학의 성격을 어느 한 가지로 규정한다는 것은 어렵고 불가능에 가깝다. 하지만 수학에 패턴의 과학으로서의 특성이 있는 것은 분명해 보인다. 수학은 현상이나 그 이면에 있는 패턴을 찾아 드러내고 기술하고 더 나아가 의사소통이 가능하게 한다.

초등학교 수학에서 '규칙성' 영역의 교육적 의미는 수학의 그러한 특성을 초등 수준에서 체험하는 것으로 볼 수 있을 것이다. 이하에서는 규칙성 영역의 주요 내용인 규칙과 대응, 규칙 찾기, 비와 비율의 내용을 살펴본다.

(2) 규칙과 대응

2015 개정 교육과정에 제시된 '규칙과 대응'의 내용은 다음과 같다. '한 양이 변할 때 다른 양이 그에 종속하여 변하는 대응 관계를 나타낸 표에서 규칙을 찾아 설명하고, □, △ 등을 사용하여 식으로 나타낼 수 있다.' 여기에는 세 가

지 내용이 들어 있다. 첫째, 종속하여 변하는 대응관계를 이해하기, 둘째, 대응관계를 나타낸 표에서 규칙을 찾아 설명하기, 마지막으로, 규칙을 □, △ 등을 사용하여 식으로 나타내기이다.

초등수학과의 규칙성 영역은 함수 개념의 기초라고 하는데 그중에서도 '규칙과 대응'은 함수와 직접적으로 연결된다. 함수적 사고를 중심으로 규칙과 대응의 내용을 살펴보자.

1) 함수적 사고

수학교육사를 통해 볼 때 '함수'가 중등학교 수학에 교육내용으로 들어온 것은 20세기 초이다. 그전까지만 해도 학교수학은 산술, 대수, 기하로 구성되었다. 1900년대 초 독일의 수학교육개혁운동을 이끌었던 Felix Klein1849~1925은 '함수적 사고는 수학적 사고의 심장이고 혼'이라고 강조하면서 미적분과 함께 함수를 학교수학에 도입할 것을 주장하였다. 이후 Klein은 'Meran 개혁'을 주도했고 그 결과의 하나로 함수는 학교수학의 주요 줄기가 되었다.

산술, 대수, 기하에 비교하여 함수가 갖는 장점은 '통합성'이다. 먼저 함수는 대수와 기하를 통합한다. 예컨대 원의 방정식대수과 원의 그래프기하를 함수에서는 함께 다룰 수 있다. 둘째, 함수는 수학의 순수 측면과 응용 측면을 통합한다. 예컨대 Newton이 두 물체의 인력은 질량의 곱에 비례하고 그 거리의 제곱에 반비례함을 나타내기 위해 함수 $f = \frac{fmm'}{d^2}$를 제시하였다. 이 공식으로 인해 물리학은 큰 진전을 이룩할 수 있었다고 한다. 추상적인 함수식이 물질세계를 다루는 물리학의 발전에 이바지한 것이다. 이와 같이 통합성이 강한 '함수적 사고'를 중심으로 학교수학을 재조직해야 한다는 것이 Klein의 생각이었다.

수학으로서의 학문화된 함수 이전에 우리의 경험 안에서도 함수적 사고를 쉽게 찾아볼 수 있다. 아기가 울면 엄마가 아이를 달랜다. 아이는 자신의 울음과 엄마의 달램 사이의 대응을 경험한 것이다. 물체가 충돌하면 위치가 변하고 스위치를 돌리면 불이 들어오거나 나간다. 우리 주변 상황에서 벌어지는 가변성과 종속성이 함수적 사고의 기초가 된다. 더 세게 울면 소리가 더 커지고 더 힘을 들이면 더 높이 뛸 수 있고 블록이 더 많으면 더 높이 쌓아 올릴 수 있다는 것을 인식하는 등 함수적 사고는 점점 정교화된다.

'…할수록 더욱더 …하다'는 비례 관계에 대한 경험은 일정한 증가나 감소를 나타내는 함수의 중요한 원천이다. 함수적 사고는 '한 양을 변화시키면 다른 양이 변한다.' 또는 '…이 더 많아질수록 …도 더 많아진다'와 같은 두 양 사이의 관계에 대한 직관적 표상으로 시작한다. Freudenthal, H은 다음과 같이 말했다.

> 세계는 변화의 영역이고 세계를 기술하는 것은 변화를 기술하는 것이며 이를 위해 변화 가능한 대상-물리적, 사회적, 정신적인 그리고 마지막에 수학적인 대상을 창안한다. 함수 개념의 기원은 물리적, 사회적, 정신적 세계에서 그리고 이러한 세계 사이에서 나타나는 변수 사이의 종속성을 진술하고, 가정하고, 생산하고, 재생하는 것이다.

2) 초등학교 교육과정에 나타난 함수적 사고의 의미

함수적 사고는 우리 일상의 경험에 이미 녹아 있고 함수의 통합적 성격은 수학이나 과학의 발달에 크게 기여하였다. 우리나라 초등학교 수학에서 이러한 함수적 사고를 가르치기 위해 함수를 어떻게 지도해 왔는지 살펴보자.

함수는 '종속'과 '대응'이라는 두 가지 관점에서 바라볼 수 있다. 먼저 '종속으로서의 함수'는, 한 양이 변함에 따라 다른 양이 따라서 변화하는 관계를 말한다. 간단한 예를 들면 수돗물을 양동이에 받는다고 할 때 수돗물을 틀어 놓은 시간이 지날수록 양동이에 차는 물의 양이 점점 늘어난다. '시간'이라는 양이 변함에 따라 '물'의 양이 변하는 종속관계이다.

다음으로, '대응으로서의 함수'는, 한 값이 다른 값에 임의적으로 대응되는 관계를 말한다. 예를 들어 세계 여러 나라의 이름이 있을 때 각각의 나라에 그 나라의 수도를 대응시키는 것과 같은 것이다. 사람으로 이루어진 두 모둠 간에 서로 짝을 맺는 것도 대응으로서의 함수라고 할 수 있다.

우리나라 초등학교에서는 1945년 해방 이후로 함수를 늘 다루어 왔다. 1946년에 발간된 교수요목집의 산수과 6학년 내용에는 '비례, 반비례와 함수 관계'라고 명시되어 있다. 이어 제1차, 제2차 교육과정에서 함수라는 용어는 삭제되었지만 비례와 반비례는 여전히 다루었다.

1970년대 제3차 교육과정 이후로 대응으로서의 함수 관점이 본격적으로 초등학교 수학에 들어왔다. 미국의 새수학운동의 영향을 받아 교육과정이 새롭게 구성되었는데 함수는 '집합 사이의 대응'이라는 관점으로 도입하였다. 이 시기 교과서를 보면 '비례'에 앞서 '대응'을 정의하고, 대응을 효과적으로 설명하기 위한 '대응도'가 널리 사용되었다. 대응에 이어 집합 내의 여러 원소를 나타내는 문자를 사용하여 '관계식'과 '대응 규칙'을 정의하였다. 대응을 시각적으로 표시하기 위해 '→'가 적극 사용되었다. 제3차 교육과정 이후, 즉 1980년대 들어 새수학운동에 대한 반성과 더불어 집합 용어 표현이 줄고 엄밀성과 논리성은 약화되었다. 하지만 이후로 초등학교에서 대응, 대응 규칙, 대응표는 함수를 지도하는데 지속적으로 사용되어 왔다.

> 두 집합 ㄱ과 ㄴ이 다음과 같이 대응될 때, 대응 규칙을 알아보자.
>
> ㄱ = {0, 1, 2, 3, 4, 5}
>
> ↓ ↓ ↓ ↓ ↓ ↓
>
> ㄴ = {0, 4, 4, 6, 8, 10}
>
> ㄱ의 원소 0에 대응되는 ㄴ의 원소는 무엇인가?
>
> ㄱ의 원소 1에 대응되는 ㄴ의 원소는 무엇인가? 그 수는 1의 몇 배인가?

그림 5.1 3차 교육과정 5-1학기 산수

한편 제5차 초등수학교육과정을 보면 '따라서 변하는 두 수 사이의 관계'라는 말이 새롭게 등장하였다. 여기에는 종속으로서의 함수 관점이 드러난다. 일상에서 접하는 '…할수록 더욱더 …하다'는 비례 관계에 대한 경험이 함수의 기초라고 본다면 종속으로서의 함수 개념 지도는 꼭 필요하다. 최근 2015 교육과정에 제시된 '한 양이 변할 때 다른 양이 그에 종속하여 변하는 대응 관계'라는 문구도 같은 맥락의 것으로 볼 수 있다.

관계식을 보고 대응표를 만들어 보자.

물이 1분에 3ℓ씩 나오는 수도가 있다.
이 수도에서 물이 나오는 시간을 x분, 물이 나오는 양을 yℓ라고 할 때, x와 y의 관계를 식으로 나타내어 보아라.

• 시간 x와 물의 양 y를 나타내는 대응표를 생각하여 보자.

x(분)	1	2	3	4	5	6	7	8
y(ℓ)	3	6	9	12	15			

위의 대응표에서 y는 x의 3배이다.

따라서, y = ☐

그림 5.2 5차 교육과정 5-2 산수

함수에 대한 두 가지 관점인 '종속'과 '대응'이 오늘날까지 우리나라 교육과정에서 전개된 면모를 볼 때 두 관점을 어떻게 조화롭게 교과서에 구현할 것인가가 중요해 보인다. 제3차 교육과정이 지나치게 대응으로서의 관점에만 치중하였다면 이후로는 종속으로서의 함수 개념이 교육과정에 들어오면서 대응과 종속의 조화를 찾기 위해 노력해 왔다고 볼 수 있다.

3) 정비례와 반비례를 통해 보는 규칙과 대응

규칙과 대응에서는 아이들에게 대응 관계를 찾고 식으로 나타낼 수 있도록 지도한다. 이때 어떤 대응 관계를 제시할 것인가가 중요하다. 2015 개정 교육과정에 따르면 '한 양이 변할 때 다른 양이 그에 종속하여 변하는 대응 관계'라고 한정하고 있다. 이 대응 관계를 어떻게 해석할 것인가에 대해 의견이 다양할 수 있다. 그런데 그동안 교육과정의 흐름을 볼 때 이 대응 관계는 가능한 정비례, 반비례를 지향하는 것이 적절해 보인다.

초등학교에서 배우는 규칙과 대응은 중학교의 함수를 지도하기 위한 기초 내용의 역할이 있다. 중학교 함수는 $y = ax$와 $y = \frac{a}{x}$로 시작하는데 이 두 식을 다루기 전에 정비례, 반비례를 가르쳐 왔다. 이 식으로 나아가기 위한 대응 관계를 초등학교 수학에서 가르치게 되어 있다. 따라서 정비례, 반비례가 초등학교 수학에서 어떻게 다루어져 왔는지 살펴보고 현시점에는 어떤 상태인지를 알아볼 필요가 있다.

정비례와 반비례는 1955년인 1차부터 2000년인 7차 교육과정 이전 시기까지 초등학교 6학년에서 계속 다루어졌다. 7차 교육과정에서 중학교 1학년당시 7단계으로 상향 이동되었다가 2007년 다시 초등학교로 하향 이동되었다. 이어 2015 교육과정에서는 중학교 내용으로 상향 이동된 상태이다.

2000년 이후로 정비례와 반비례 내용이 초등학교와 중학교 사이에서 이동이 반복되어온 이유는 내용 경감 때문이었다. 7차 교육과정에서 초등학교에서 중학교로 이동한 주된 이유이기도 하다. 당시 초등학교와 중학교 모두에서 정비례와 반비례가 등장하였는데, 7차 교육과정에서는 내용 경감 차원에서 정비례와 반비례 단원이 초등학교에서 삭제되고 [7-가] 함수 부분에서 지도되었다.

그러다가 다시 2007에 개정된 교육과정에서는 6학년 2학기에 정비례와 반비례를 도입하였다. [7-가]에서 6학년으로 이동된 배경은 초등학생들의 실생활 문제 해결 능력 신장, 타 교과 학습에 필요한 기초 개념 지도, 변수 개념에 대한 체계적인 이해 도모였다.

2015 개정 교육과정에서는 정비례와 반비례를 중학교에서 가르치는 것으로 정해졌다. 초등학교에서는 중학교의 정비례와 반비례의 선수학습이 될 수 있도록 대응 관계를 지도하는 것이 주요해졌다고 볼 수 있다. 초등학교에서 대응 관계의 의미를 이해하기 위해 다양한 규칙을 제시할 수는 있다. 하지만 초등학교와 중학교 간의 내용 연계성을 고려했을 때, '한 양이 변할 때 다른 양이 그에 종속하여 변하는 대응 관계'는 가급적 정비례와 반비례의 기초가 되는 방향으로 제시되는 것이 적절할 것으로 보인다.

(3) 규칙 찾기

1) '규칙 찾기'의 도입과 내용

'규칙 찾기'가 내용 요소로 교육과정에 명시된 것은 2000년 시행된 제7차 교육과정 이후이다. 이전 교과서에도 규칙 찾기라고 볼 수 있는 내용이 있었지만 그것을 교육과정에 내용 요소로까지 제시하지는 않았다. '규칙 찾기'는 다른 내용에 비해 교육내용으로서의 역사가 비교적 짧은 편이다.

표 5.1 제7차 수학과 교육과정의 '규칙 찾기'에 대한 해설서 내용

· (6차의) 2학년에서 가르치던 '간단한 대응표에서 간단한 두 수 사이의 대응 규칙'을 4-나 단계로 이동시킴
· 규칙성에 관한 내용을 저학년부터 체계화하여 지도할 수 있게 추가함
▶ 1-가 단계: 규칙적인 배열에서 규칙 찾기
▶ 1-나 단계: 규칙에 따라 배열하기, 수 배열표에서 규칙 찾기
▶ 2-가 단계: 다양한 변화의 규칙 찾기, 수 배열표에서 뛰어 세는 규칙 찾기
▶ 2-나 단계: 곱셈표에서 여러 가지 규칙 찾기
▶ 3-나 단계: 규칙에 따라 여러 가지 무늬 꾸미기
▶ 4-가 단계: 변화 규칙을 수로 나타내고 설명하기, 규칙 알아맞히기
▶ 5-가 단계: 여러 가지 이동으로 무늬 만들기

규칙 찾기에서 다루는 내용을 2015 개정 수학과 교육과정을 중심으로 살펴보면 다음과 같다. 저학년에서 물체, 무늬, 수 등에서 규칙을 찾아 나타내고, 자신이 정한 규칙에 따라 배열하는 활동을 주로 하고, 중학년에서는 규칙을 수나 식으로 나타내며, 더 나아가 규칙을 추측하는 것이다. 이를 요약하면, 주어진 배열에서 규칙 찾기, 스스로 규칙 만들어 배열하기, 규칙을 적절한 방법으로 나타내기, 규칙을 추측하기로 요약된다.

표 5.2 2015 개정 교육과정의 규칙 찾기 내용

1~2학년군
· 물체, 무늬, 수 등의 배열에서 규칙을 찾아 여러 가지 방법으로 나타낼 수 있다.
· 자신이 정한 규칙에 따라 물체, 무늬, 수 등을 배열할 수 있다.

3~4학년군
· 다양한 변화 규칙을 찾아 설명하고, 그 규칙을 수나 식으로 나타낼 수 있다.
· 규칙적인 계산식의 배열에서 계산 결과의 규칙을 찾고, 계산 결과를 추측할 수 있다.

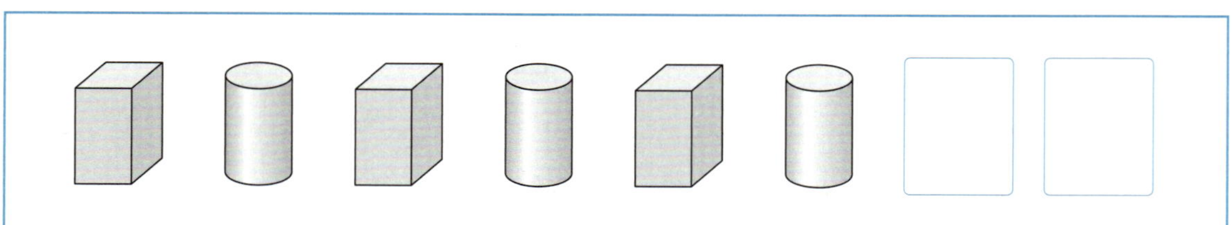

그림 5.3 2007 개정 교육과정 1-1학기의 규칙 찾기

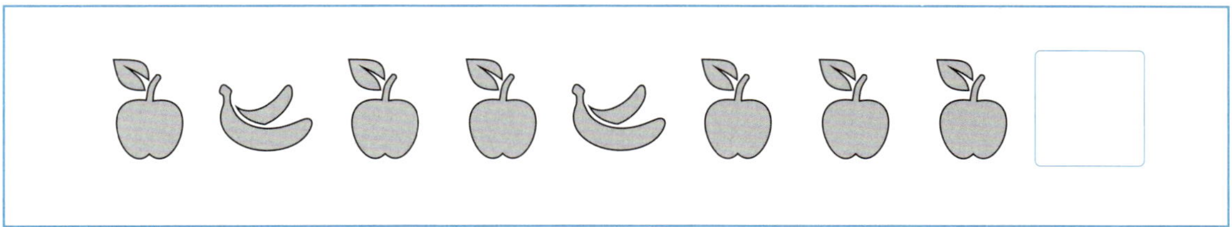

그림 5.4 2007 개정 교육과정 2-1학기 규칙 찾기

2) '규칙 찾기'의 교육적 가치

'규칙 찾기'는 수학 지식으로 보기에는 애매한 점이 있다. 수, 도형, 확률 등은 그 안에 고유한 수학 지식이 있다. 그에 대해 '규칙 찾기'는 수, 도형, 확률 등 모든 수학 지식을 대상으로 이루어질 수 있다. 따라서 규칙 찾기의 교육적 가치는 내용적 측면보다는 사고의 측면에서 찾아볼 수 있다.

먼저 규칙 찾기를 통해 귀납추론을 경험할 수 있다. 몇몇 사례로부터 규칙을 찾고 이를 적용하여 좀 더 일반적인 경우로까지 확장하는 것이 귀납추론이다. 저학년에서부터 이루어지는 간단한 수 배열표나 곱셈표 등에서 규칙을 찾아보는 경험은 이후 복잡한 상황에서도 귀납추론이 자연스럽게 이루어질 수 있는 토대가 될 수 있다. 규칙 찾기는 귀납추론의 기초이며 규칙을 찾음으로써 문제에 대한 가설을 이끌어낼 수 있다. 여러 가지 예에서 규칙을 인식하고 조작하며 자신의 규칙을 사용하여 가설을 세우게 되는 것이다. 아이들은 규칙성을 탐구하는 과정에서 "다음에 어떤 것이 올까?", "왜 그렇다고 생각하는가?", "다른 규칙성은 없는가?", "발견한 규칙을 다른 방법으로 설명하고 표현해 보자"와 같은 질문에 답을 함으로써 추론 능력을 키울 수 있다.

둘째, 문제해결 전략으로서의 규칙 찾기를 생각해 볼 수 있다. 문제해결의 전략으로 표 만들기, 예상과 확인, 거꾸로 풀기 등 여러 가지가 제시되는데 그 중에 '규칙 찾기'라는 전략이 있다. 규칙 찾기는 강력한 문제해결 전략의 하나이다. 학생이 규칙을 이해하기 시작할 때 문제해결 전략으로서 규칙 찾기를 사용하며, 학생은 규칙성에 관하여 배울 뿐만 아니라 규칙성을 사용하기도 한다. 규칙성의 이해는 다양한 수학적 사고를 풍부하게 하며, 문제해결과 추상적 사고가 가능하도록 도와준다.

셋째, 규칙 찾기는 '수학적 연결성'을 지도할 수 있는 좋은 소재이다. 수학적 연결성은 다양한 표현을 서로 관련짓는 것, 수학의 내용 사이의 관계를 인식하는 것, 다른 교과에서 수학을 사용하는 것, 일상의 생활에서 수학을 사용하는 것 등을 포함하는데 이런 활동이 풍부하게 이루어질 수 있는 영역이 규칙 찾기인 것이다. 예를 들어, 일상생활의 다양한 소재 속에서 규칙 찾기를 해 볼 수 있다. 또한 음악이나 미술, 과학, 문학, 사회과학 등의 다른 교과 영역에 수학을 관련시킬 수 있게 해주는 주제이다. 도로의 보도블록의 규칙적인 배열이나 타일 무늬, 벽지의 규칙성과 같은 것은 수학과 일상생활을 연결시킬 수 있게 해 주는 예이다. 어떤 학생은 이야기나 음악의 리듬, 미술 교과 시간의 무늬 꾸미기에서 예상할 수 있는 규칙성을 발견하고 그것을 사용하는 것과 연결시킨다. 세계 여러 지역과 역사를 통하여 문화유물에서 발견되는 규칙성이 조사되어 수학의 연구에 연결된다. 규칙성 학습 과정에서 학생들은 수학 내에서의 연결과 다른 교과와의 관련성을 배우고 수학이 규칙성으로 유도되기도 하고 규칙성으로 설명되기도 함을 배운다.

(4) 비와 비율

1) 비례 추론의 의미

'빵 3개를 만드는데 달걀이 4개 들어간다. 빵 18개를 만들려면 달걀이 몇 개 필요한지 구하시오.'라는 문제를 풀어보자. '빵 3개'가 '빵 18개'로 6배 늘었기 때문에 달걀도 6배 늘어나야 한다. 따라서 필요한 달걀의 수는 4(개)×6(배)=24개가 된다. 여기에는 3 : 4, 18 : □라는 두 비와 곱셈 관계가 들어 있다. 이와 같이 '두 개의 비 이면에 존재하는 곱셈 관계를 추론하는 것'을 비례 추론이라고 한다.

비례 추론은 초등학교 고학년에서 주요하게 다루어지는 수학적 사고이다. 비례 추론은 초등학교에서 그동안 배운 분수, 곱셈 개념 등을 아우를 뿐만 아니라 중학교에서 다루는 정비례, 반비례, 함수, 닮음 등을 이해하는 초석이다.

2015 개정 교육과정에서는 비례 추론과 관련하여 5~6학년군에서 비와 비율, 비례식, 비례배분 등을 다룬다. 이하에서는 각각의 교수학적 의미를 살펴보았다.

표 5.3 2015 개정 교육과정의 비례 추론 내용

5~6학년군

[2] 비와 비율

· 두 양의 크기를 비교하는 상황을 통해 비의 개념을 이해하고, 그 관계를 비로 나타낼 수 있다.

· 비율을 이해하고, 비율을 분수, 소수, 백분율로 나타낼 수 있다.

[3] 비례식과 비례배분

· 비례식을 알고, 그 성질을 이해하며, 이를 활용하여 간단한 비례식을 풀 수 있다.

· 비례배분을 알고, 주어진 양을 비례배분 할 수 있다.

2) 비

일상생활이나 사회, 과학, 자연 속에서 비에 관련된 상황을 어렵지 않게 접할 수 있다. 가게에서 어떤 물건이 더 적절한지 고를 때, 자동차 연비를 따질 때, 음식을 만들면서 재료를 얼마큼씩 넣을지 생각할 때, 이 모든 상황에서 비와 관련된 생각이 이루어진다. 출생률, 태풍의 속도, 자연에서 찾아보는 황금비 등도 비와 관련된다.

비는 기본적으로 '두 양의 비교'에 기초한다. 양을 비교하는 방법은 두 가지로 구분해 볼 수 있다. 예를 들어 사과가 6개, 배가 2개 있는데 이 두 과일의 수를 비교한다고 하자. 첫째, 사과가 배보다 4개 더 많다고 비교할 수 있다. 이를 식으로 표현하면 2+4=6이다. 이는 덧셈적 구조로 비교한 것으로, 얼마나 더 많은지, 반대로 얼마나 적은지를 알아봄으로써 비교하는 것이다. 둘째, 사과는 배보다 3배 많다고 비교할 수 있다. 이는 2×3=6으로 표현할 수 있다. 이는 곱셈적 구조로 비교한 것이다. 이 비교는 기준량(배 2개)에 대해 비교하는 양(사과 6개)이 몇 배인지를 나타내어 비교하는 것이다. 양을 비교하는 두 가지 방법 중에서 비는 곱셈적 구조의 비교에 기초를 둔다.

비는 $a:b$로 표현되며, a 대 b라고 읽는다. 축구, 야구, 배드민턴, 테니스 등에서 '몇 대 몇'으로 경기 결과를 말한다. 이 경우도 두 팀의 성적을 비교하고 있기 때문에 비라고 볼 수 있지만, 초등학교 수학에서 가르치고자 하는 비는 다른 의미를 더 갖는다. 그것은 바로 '몇 배'가 되는지, 즉 곱셈적 구조를 알아보고 나타내는 것에 관심이 있다는 점이다.

'몇 배'인지를 나타내기 위해서는 '기준'을 정해야 한다. 예를 들어, 사과 20개가 있다고 하자. 사과 1개를 기준으로 하면, 사과 20개는 원래대로 '20'이 되고,

사과 10개를 기준으로 하면, 사과 20개는 '2'가 되며, 사과 40개를 기준으로 하면 사과 20개는 '1/2' 또는 '0.5'가 된다. 따라서 비에서는 기준량에 대한 인식과 더불어 기준량에 따라 비교하는 양의 값이 달라짐을 인식하는 것이 중요하다.

초등학교 수학에서는 비를 $a : b$로 표현하면서 b를 '기준량', a를 '비교하는 양'으로 정하여 가르친다. 기준량이 고정되어 있기 때문에 읽는 방법도 정해져 있다. $a : b$는 a 대 b, b에 대한 a의 비, a의 b에 대한 비로 읽는다.

비를 지도하기 위해 상황을 구성함에 있어 곱셈적 비교 상황이 중요하다. 비를 처음 도입할 때는 $2 : 3$, $2 : 5$와 같이 $a : b$에서 b가 a의 자연수 배가 되지 않은 경우보다는 $2 : 4$, $3 : 9$와 같이 b가 a의 자연수 배가 되는 경우를 제시하는 것이 더 적절할 수 있다. 아이들이 직관적으로 비에서 배 개념 또는 곱셈적 구조를 읽어낼 수 있기 때문이다. 2015 개정 교육과정의 '교수학습 방법 및 평가 유의사항'에도 다음과 같이 제시되었다.

> 두 양을 비교할 때 한 양을 기준으로 다른 양이 몇 배가 되는지를 나타낼 필요성을 인식하게 하면서 비의 개념을 도입한다.

3) 비율

한자 비율比率에서 율率은 '수를 집계하다'는 뜻을 지니고 있다. 그 뜻에 비추어보면, 비를 수로 집계한 것이 비율라고 할 수 있다. 앞서 비는 기본적으로 $a : b$로 표현되는 두 양 사이의 관계, 특히 한 양이 다른 양에 대해 몇 배인지를 나타내는 관계이다. 몇 배인 관계를 나타낸 비 $a : b$를 하나의 수로 집약하여 나타낸 것이 비율이다.

① 비율을 분수 또는 소수로 나타내기

비 $a : b$에서 a는 비교하는 양, b는 기준량이다. 초등 수학교과서에서는 대체로 $(\text{비율}) = \frac{(\text{비교하는 양})}{(\text{기준량})}$로 정의해 왔다. 예컨대 비 $2 : 5$에서 2는 비교하는 양, 5는 기준량이므로 $2 : 5$의 비율은 $\frac{2}{5}$가 된다. 이 비율을 다시 소수로 바꾸는 것도 쉽게 할 수 있다. $\frac{2}{5} = \frac{4}{10} = 0.4$가 된다. 비 $2 : 5$의 비율은 분수로는 $\frac{2}{5}$, 소수로는 0.4이다.

한편 분수나 소수로 나타낸 비율, 즉 위의 경우 $\frac{2}{5}$나 0.4가 어떤 의미를 갖는지를 알아보자. 먼저 2는 5의 $\frac{2}{5}$(배)로 볼 수 있다. 여기서 '어떤 양을 기준량으로 할 때, (비율) $=\frac{(\text{비교하는 양})}{(\text{기준량})}$은 비교하는 양이 기준량의 몇 배에 해당하는지를 나타내는 수'임을 알 수 있다. 예를 들어 기준량 5에 대해 2는 기준량의 $\frac{2}{5}$배인 것이다.

다음으로, $2:5=\frac{2}{5}:1$이라는 비례식을 세울 수 있다. 이는 기준량 5를 1로 보았을 때 비교하는 양은 $\frac{2}{5}$임을 나타낸다. (비율) $=\frac{(\text{비교하는 양})}{(\text{기준량})}$은 기준량을 1로 보았을 때 비교하는 양의 크기를 나타낸다고도 할 수 있다.

② 비율을 백분율로 나타내기

- 백분율의 역사

앞서 (비율) $=\frac{(\text{비교하는 양})}{(\text{기준량})}$은 기준량을 1로 간주하고 비교하는 양을 나타낸 것이라고 하였다. 비율을 백분율로 나타낸다는 것은, 기준량을 100으로 하여 비교하는 양의 값을 정하는 것이다.

백분율은 인도에서 찾아볼 수 있다. 기원전 300년경에 100을 기준으로 월 이자를 계산하였다. 이탈리아에서도 1186년에 상인들이 100을 기준으로 이자를 계산하였고, 15세기 유럽에서는 백분율을 100플로린[1] 당 10플로린과 같이 '100당 어떤 양'의 의미로 사용하였다. 백분율의 아이디어는 이자, 즉 화폐와 연관되어 출현했다.

이 백분율 개념은 두 가지 사건을 계기로 확장되었다. 먼저 이탈리아의 백분율 기호 도입이다. 15세기 말 백분율을 나타내는 용어로 perceto가 쓰였다. 17세기 중반에는 그동안 백분율을 나타냈던 여러 기호가 모두 $\frac{\circ}{\circ}$으로 바뀌었다. 이후 100플로린당 10플로린과 같이 100을 기준으로 하는 구체적인 양의 의미로서의 백분율은, 10%라는 비를 나타내는 추상적 관계로서의 의미로 변화되었다. 둘째, 통계학의 발달이다. 통계학은 18세기 말부터 발달했는데 19세기에는 다양한 유형의 자료를 비교하는 상황이 크게 증가했다. 서로 다른 대상과

---

1 플로린(Florin)은 1252년 이탈리아 피렌체(Firenze) 지방의 금화에서 시작되었다.

자료를 비교하는 상황에서 표준화 방법의 하나로 백분율을 사용하였다.

• 백분율의 의미

백분율의 의미를 수, 비, 연산자라는 측면에서 살펴볼 수 있다. 먼저 수로서의 백분율은 100개 중 얼마, 100마다 얼마로 백분율을 보는 것이다. '어떤 것을 100개로 등분했을 때 그중 1개를 1퍼센트라고 한다'와 같은 표현이 이에 해당한다. '100개 중에 1개'는 분수로 $\frac{1}{100}$, 소수로 0.01이다. 이는 전제−부분의 관점에서 백분율을 보는 것으로, 하나의 집합과 그 부분집합을 생각할 때는 적절하지만, 서로 다른 집합을 비교하게 될 경우에 어려움이 따를 수 있다.

비로서의 백분율은 100을 기준으로 하는 곱셈적 비교 관계인 비 또는 비율로 백분율을 보는 것이다. 예를 들어, 200명의 학생 중 남학생이 80명일 때, 전체에 대한 남학생의 백분율을 구하려면, 200명을 '기준 100'으로 생각해서 80명을 조정해야 한다. 비례 추론의 핵심은, 한 단위를 기준으로 선택해서 그 단위에 대해 다른 양을 조정하는 기준화가 필수적이다. 이때 백분율은 100을 기준으로 생각하는 비인 것이다.

연산자로서의 백분율은 백분율을 투입과 산출에 관련된 함수적 연산자의 의미로 보는 것이다. 이것은 어떤 것의 몇 %에 해당하는 양을 구하는 것을 의미한다. 예를 들면, 3000원 하는 물건을 5% 할인할 때 물건의 가격은 얼마인지 구하는 것이다. 여기서 3000원은 '투입'에 해당하고 '5% 할인'은 '함수적 연산자'이며 3000원을 5% 할인하여 구한 값은 '산출'에 해당한다.

백분율을 도입할 때 처음부터 이 세 가지 의미를 동시에 다룰 수는 없다. 다양한 상황을 통해 여러 의미를 통합해야 할 것이다. 특히 절대적인 양의 의미가 아니라 상대적인 관계를 뜻하는 비의 의미로 발전시키는 것이 중요하다.

• 백분율 계산 전략

백분율을 구하는 계산 전략을 다섯 가지로 구분해 볼 수 있다. 첫째, 기준 백분율 전략으로, 어떤 백분율을 하나의 단위로 간주해서 다른 백분율을 유도하는 것이다. 예를 들어 200의 30%를 구한다고 하자. 기준 백분율 전략은 10%를 단위로 하여 200의 10%는 20이므로 30%는 10%의 3배인 60이라고 답을 구하는 것이다.

둘째, 단위 백분율 전략으로, 1%를 기준으로 보는 전략이다. 예를 들어, 200의 1%는 2이므로 30%는 2의 30배인 60이 되는 것이다. 이는 기준 백분율 전략의 특수한 경우로도 볼 수 있다.

셋째, 동치 분수 전략으로 분수와 백분율의 관계를 이용하여 답을 구하는 것이다. 400의 25%를 구할 때 25%가 $\frac{1}{4}$임을 알고 400의 $\frac{1}{4}$을 구하는 것이다.

넷째, 비례 추론 전략으로 백분율이 비례 관계임을 이용해 답을 구하는 것이다. 예를 들어, 200의 30%를 구할 때, $x : 200 = 30 : 100$과 같이 비례식을 이용하거나 이들의 비례관계를 이용하여 답을 구하는 것이다.

다섯째, 동치 소수 전략으로 백분율을 이와 동치인 소수로 바꾸어 해결하는 방법이다. 예를 들어, 50개의 사탕 중 20%가 빨간색 사탕이라면, 20%의 동치 소수인 0.2를 사용하여 50×0.2로 답을 구하는 것이다.

4) 비례식

두 비 $a : b$와 $c : d$의 비율또는 비의 값이 같을 때 두 비는 같다고 한다. 이를 등호를 써서 $a : b = c : d$로 나타낸다. 비례식은 비율이 같은 두 비를 등호 또는 등식으로 나타낸 식이다. '비례식의 성질'은 '$a \times d = b \times c$'이다. 여기서 a, b, c, d에 이름을 붙일 필요가 생기는데 a와 b를 외항, c와 d를 내항으로 부른다. 비례식의 성질을 문장화하면 '외항의 곱은 내항의 곱과 같다'로 정리된다.

$a : b = c : d$에서 $a \times d = b \times c$로 나아가는 과정은 보통 다음과 같이 설명된다. 여기서 두 번째 단계에서 세 번째로 넘어가는 과정을 대각선곱셈알고리즘이라고도 한다.

$$a : b = c : d \Leftrightarrow \frac{a}{b} = \frac{c}{d} \Leftrightarrow a \times d = b \times c \ (*)$$

두 개의 비 사이에 존재하는 곱셈적 관계를 추론하는 것을 비례 추론이라고 하였다. 비례식은 두 개의 비를 다룬 것으로, 비례식에서는 비례 추론이 작동하는 것이 중요하다. 그런데 비례식에는 (*)와 같이 강력한 알고리즘이 있어 비례식 문제에서 이 알고리즘을 적극 사용하게 된다. 그런데 알고리즘 사용과 비례 추론의 작동은 다른 성격의 것일 수 있다.

예를 들어 보자. 영이는 '8분 동안 물 6L를 받았다. 4분 동안 받은 물의 양은 얼마인가?'라는 문제를 다음과 같이 풀었다. 8 : 6 = 4 : □ ⇔ 8×□ = 6×4 ⇔ □ = 3. 따라서 4분 동안 떨어진 물의 양은 3L이다. 영이의 답은 맞았다. 영이는 비례식의 성질 알고리즘을 사용하였다.

그런데 이 풀이에서 영이가 비례적으로 사고했는지는 드러나 있지 않다. 이제 영이에게 다른 문제를 제시한다. '같은 상황에서 40분 동안 떨어진 물의 양은 얼마일까? 단 알고리즘, 즉 비례식의 성질을 쓰지 못하도록 했다. 영이는 알고리즘을 쓰지 않으면 풀 수 없다고 말했다. 40분을 16분으로 바꾼 후에도 영이는 이 문제를 알고리즘 없이는 풀 수 없었다. 이 사례로 볼 때, 영이는 비례식의 성질이라는 알고리즘을 쓴 것일 뿐, 비례 추론은 작동하지 않은 것이다. 알고리즘에 익숙해져 비례 추론이 작동하지 않는 것이다.

비례 추론이 어떻게 발달하는가에 대한 여러 주장이 있다. 피아제와 인헬더는 청소년 이전의 아동은 비례 추론을 할 수 없다고 하였다. 이에 대해 Resnick과 Singer1993은 비 추론의 직관적 근원에 대한 연구에서 어린 학생들도 비의 관계에 대해 추론을 하게 하는 양量에 대한 원시적인 도식을 갖고 있다고 주장하였다. NCTM1989에서는 5～8학년 사이에 비례 추론이 발달한다고 보았다.

비례 추론은 공변량과 불변량에 대한 인식을 전제로 한다. 공변량은 두 개의 집합 안에 있는 같은 요소 사이의 동일한 변화를 말하는 것이다. 예를 들어 레몬에이드가 3스푼의 설탕과 2스푼의 레몬즙으로 만들어졌다면 설탕의 양을 3스푼에서 6스푼으로 늘릴 경우, 레몬즙의 양도 2스푼에서 4스푼으로 늘어나는 것을 말한다. 다음으로, 불변량은 한 개의 집합 안에 있는 요소 사이의 변하지 않는 관계를 의미한다. 레몬에이드의 양을 두 배, 세 배로 늘린다 하더라도 각각의 맛은 모두 같을 것이다. 왜냐하면 레몬에이드의 전체 양이 두 배, 세 배로 변한다 하더라도 설탕과 레몬즙의 비(3 : 2)는 변하지 않기 때문이다.

비례식 문제를 해결할 때 강력한 알고리즘을 기계적으로 사용하지 않고 비례 추론을 스스로 할 수 있도록 하려면 비례식에서 공변량과 불변량에 대해 학생들이 인식할 수 있도록 지도하는 일이 우선일 것이다.

5) 비례배분

비례배분은 '전체를 주어진 비로 나누는 것' 또는 '전체를 주어진 비로 배분하는 것'으로 정의할 수 있다. 예를 들어 '지수가 캔 조개는 6kg, 효정이가 캔 조개는 8kg이다. 조개를 캔 비에 따라 용돈 7000원을 나누어 가지려고 한다. 지수와 효정이는 각각 얼마를 가져야 할까?'라는 문제를 풀 때 비례배분을 하게 된다. 지수와 효정이가 캔 조개의 비는 6 : 8 = 3 : 4이다. 따라서 7000원을 3 : 4로 나누어 지수는 3000원, 효정이는 4000원을 가질 수 있다. 이렇게 어떤 양을 특정 비에 따라 나누거나 배분하는 것을 비례배분이라고 한다.

비례배분 문제를 푸는 방법을 형식화하면 다음과 같이 나타낼 수 있다.

> c를 $a : b$로 비례배분한다고 할 때 $c\times\frac{a}{a+b}$와 $c\times\frac{b}{a+b}$로 비례배분할 수 있다. (*)

여기서 a를 전항, b를 후항이라고 이름을 붙이면, 비례배분 방법은 다음과 같이 명문화된다. '비례배분을 할 때는 주어진 비의 전항과 후항의 합을 분모로 하는 분수의 비로 고쳐서 계산하면 편리하다.'

비례배분을 가르칠 때 이와 같은 형식화나 명문화된 내용을 일찌감치 알려주게 되면 아이들은 비례배분 상황에 기계적으로 알고리즘을 적용하게 된다. 비례식과 마찬가지로 비례배분 역시 비례 추론을 아이들이 스스로 할 수 있도록 지도할 필요가 있다.

2. 지도의 실제

(1) 규칙과 대응

2015 개정 수학과 교육과정을 살펴보면, 초등학교 5~6학년군의 '규칙과 대응'은 내용적인 면에서 중학교의 함수와 밀접하게 연계되어 있다. 이 점을 감안하여 초등학교에서 규칙과 대응의 지도방안을 모색할 필요가 있다. 중학교에서 학생들이 어려워하는 내용 중에 하나가 함수이기 때문에 초등학교 단계에

서 함수의 기초에 대한 안내가 친절하게 이루어져야 할 것이다.

표 5.4 2015 개정 교육과정의 규칙과 대응 관련 성취기준

초등학교 5~6학년군

[1] 규칙과 대응

· 한 양이 변할 때 다른 양이 그에 종속하여 변하는 대응 관계를 나타낸 표에서 규칙을 찾아 설명하고, □, △ 등을 사용하여 식으로 나타낼 수 있다.

중학교 1학년

[1] 좌표평면과 그래프

· 순서쌍과 좌표를 이해한다.

· 다양한 상황을 그래프로 나타내고, 주어진 그래프를 해석할 수 있다.

· 정비례, 반비례 관계를 이해하고, 그 관계를 표, 식, 그래프로 나타낼 수 있다.

※ 교수 · 학습방법 및 유의사항

· 함수의 개념은 다양한 상황에서 한 양이 변함에 따라 다른 양이 하나씩 정해지는 두 양 사이의 대응관계를 이용하여 도입한다.

먼저 함수적 상황이 반영된 실생활 맥락의 과제를 마련해야 한다. 예를 들어 자전거와 자전거 바퀴 수 사이의 관계와 같이 두 양 사이의 관계가 분명하게 드러나는 경우가 적절하다.

표 5.5 두발자전거와 바퀴의 수 사이의 관계

자전거의 수	1	2	3	4	
자전거 바퀴의 수	2	4	6	8	

표 5.6 세발자전거와 바퀴의 수 사이의 관계

자전거의 수	1	2	3	4	
자전거 바퀴의 수	3	6	9	12	

정비례는 '두 양 x, y에서 x가 2배, 3배, 4배, …로 변함에 따라 y도 2배, 3배, 4배, …로 변하는 관계가 있으면 y는 x에 정비례한다'고 정의된다. y가 x에 정비례할 때, $y=2\times x$, $y=3\times x$, …와 같이 나타낼 수 있다. 반비례는 '두 양 x, y에서 x가 2배, 3배, 4배, …로 변함에 따라 y는 $\frac{1}{2}$배, $\frac{1}{3}$배, $\frac{1}{4}$배, …로 변하는 관계가 있으면 y는 x에 반비례한다'고 정의된다. y가 x에 반비례할 때, $x\times y=2$, $x\times y=3$, …와 같이 나타낼 수 있다. 정비례와 반비례 개념을 2015 개정 교육과정에서는 초등학교에서 다루지 않는 것으로 하고 있다.

아이들이 함수적 상황을 이해하는데 필요한 다양한 실생활 맥락의 과제를 개발해야 한다. 규칙과 대응에서의 대응 관계는 이후에 정비례, 반비례로 이어져 함수로 나아가기 때문에 가급적이면 $y = ax$나 $y = \frac{y}{x}$꼴의 관계를 지도하는 것이 적절할 것이다. 초등학교에서 가능한 정비례와 반비례 상황의 예를 들어보면 다음과 같다.

표 5.7 정비례 상황과 반비례 상황의 예

정비례 상황

· 책상 1개에 의자를 4개씩 놓을 때 책상의 수와 의자의 수 사이의 관계
· 1분에 3L씩 나오는 수돗물에서 시간과 수돗물양 사이의 관계
· 휘발유 1L로 12km를 가는 자동차에서 휘발유량과 자동차로 갈 수 있는 거리 사이의 관계

반비례 상황

· 빵이 24개 있을 때 사람 수와 한 사람이 가져갈 수 있는 빵의 양 사이의 관계
· 넓이가 $24cm^2$인 직사각형에서 가로와 세로의 길이 사이의 관계
· 석탄 매장량이 일정할 때 한 해 석탄 사용량과 석탄을 사용할 수 있는 년 수 사이의 관계

규칙과 대응에서는 대응 관계를 □, △ 등을 사용하여 식으로 나타내는 것을 지도한다. 함수에서 변수 x, y에 대한 이해가 중요하다. 초등학교에서는 x, y 대신에 □, △의 기호를 사용하여 변수를 지도한다고 볼 수 있다.

초등학교 3학년 학생들의 대수적 사고를 조사한 결과에 따르면 3학년 학생들이 미지의 양을 □, △로 나타내는 데 어려움을 겪었다. 초등학교 6학년 학생들은 문자로 표현된 변수를 특정한 값을 지닌 미지수로만 이해하는 경향이 있다. 일반화된 수나 두 양 사이의 관계를 나타내는 것으로서 변수를 이해하는 데에는 어려움을 나타낸다. 따라서 학생들이 자신이 사용하는 변수의 의미를 이해하고 사용하도록 지도해야 한다. 자신이 사용하는 □, △가 변수를 의미한다는 것을 명확히 이해하지 못한 채로 사용하기 쉽기 때문이다.

(2) 규칙 찾기

규칙 찾기에서 가장 우선적으로 생각해야 할 것은 어떤 규칙을 사용할 것인지를 정하는 일이다. 규칙의 속성과 규칙의 생성방식에 따라 표 5.8과 같이 구

분해 볼 수 있다.

초등학교에서는 주어진 배열에서 규칙을 찾고 규칙에 따라 표현하고 말해보는 활동을 한다. 규칙을 나타내기 위해 사용할 수 있는 소재는 다양하다. 도형, 숫자, 상징 기호, 신체 등을 이용할 수 있다.

표 5.8 규칙의 속성, 생성 방식, 도구 및 지도 방법에 따른 분류(남승인, 2000)

분류	규칙성의 유형	예
속성에 따른 분류	관계적 속성에 따른 규칙: 수열이나 함수 등과 같이 요소들 사이의 관계적 속성을 기초로 하는 규칙	1, 3, 5, 7, □, 9, …
	기하학적 속성에 따른 규칙: 도형의 모양이나 성질과 같이 기하학적 속성을 기초로 하는 규칙	□△○◇(　　)□△○◇ …
	물리적 속성에 따른 규칙: 방향, 크기, 색 등과 같이 물리적인 속성을 기초로 하는 규칙	→↑↓→↑↓(　　)↑↓…
생성 방식에 따른 분류	반복하는 규칙: 기본 단위나 기본 규칙이 변화 없이 일정하게 반복되는 규칙	△▲▲△▲▲△(　　)△▲▲…
	증가하는 규칙: 기본 단위나 기본 규칙이 증가 · 변형되면서 만들어지는 규칙	
	대칭에 의한 규칙: 기본 단위가 대칭이 되면서 만들어지는 규칙	≦, ≧, ≦, (　　), ≧, …
	회전에 의한 규칙: 기본 단위가 회전되면서 만들어지는 규칙	⬆, ➡, ⬇, (　　), ⬆, ➡, …
	카오스 현상에 의한 규칙: 자연 현상에서 비정규적으로 만들어지는 규칙	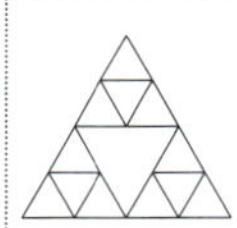
도구 및 지도 방법에 따른 분류	신체를 이용한 규칙: 신체활동을 이용하여 만들어지는 규칙	허리, 어깨, 무릎, 발, 허리, (　　), 어깨, 무릎, 발
	물건을 이용한 규칙: 교구를 이용하여 만들어지는 규칙	칼, 지우개, 연필, (　　), 지우개, 연필, …
	그림을 이용한 규칙: 스탬프나 스티커 등 그림을 이용하여 만들어지는 규칙	◒, ♥, (　　), ♥, ◒, ♥, ◒, ♥, …
	기호를 이용한 규칙: 점, 선, 문자 기호 배열을 이용하여 만들어지는 규칙	×, +, ÷, ×, (　　), ÷, …
	수를 이용한 규칙: 수열이나 수 배열표 등 수를 이용하여 만들어지는 규칙	3, 7, 5, 9, (　　), 11, 9, 13, 11, 15, …

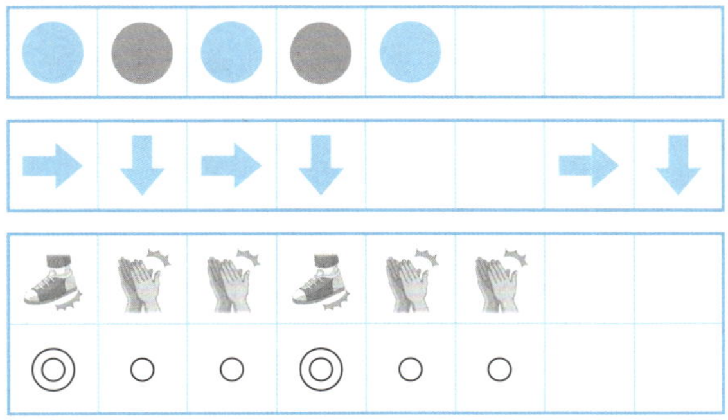

그림 5.5 2015 개정 교육과정 1-2학기, 규칙 찾기

일정한 배열에서 규칙을 찾는 내용을 학습한 후에는 스스로 규칙을 만들어보는 활동을 한다. 규칙을 스스로 만들어보는 활동에서는 하나의 정답이 있는 것은 아니기 때문에 반드시 학생들의 의도를 들어보고 그 의도가 규칙 만들기 활동에 부합할 경우에는 적절한 것으로 판정해 주어야 할 것이다.

친구와 함께 규칙을 정해 쌓기나무를 쌓아 봅시다.

• 쌓은 규칙을 말해 보세요.

그림 5.6 2015 개정 교육과정 2-2학기 규칙 찾기

규칙 찾기에서는 자연수와 연산을 활용한 수표를 이용해 볼 수 있다. 그림 5.7의 왼쪽은 자연수를 차례대로 나열한 수표에서 규칙을 찾는 것이며, 오른쪽은 곱셈 구구단에서 규칙을 찾는 것이다. 자연수와 그 연산은 아이들이 수와 연산 영역에서 자주 다루었기 때문에 친숙하여 큰 부담 없이 규칙을 찾을 수 있으며, 반대로 규칙 찾기 활동을 통해 수와 연산을 더 깊이 이해해 보는 기회를 가질 수 있다.

덧셈표에서 규칙을 찾아봅시다.

- 빈칸에 알맞은 수를 써넣으세요.

+	2	4	6	8	10
1	3	5	7	9	11
3	5	7	9	11	
5	7	9	11		
7	9	11			
9	11				

- 덧셈표에서 규칙을 찾아 써 보세요.

곱셈표에서 규칙을 찾아봅시다.

×	1	2	3	4	5	6	7	8	9
1	1	2	3	4	5	6	7	8	9
2	2	4	6	8	10	12	14	16	18
3	3	6	9	12	15	18	21	24	27
4	4	8	12	16	20	24	28	32	36
5	5	10	15	20	25	30	35	40	45
6	6	12	18	24	30	36		48	54
7	7	14	21	28	35			56	63
8	8	16		32	40	48	56	64	72
9	9	18			45	54	63	72	81

그림 5.7 2015 개정 교육과정 2-2학기 규칙 찾기

덧셈식에서 규칙을 찾아봅시다.

순서	덧셈식
첫째	$1+2+1=4$
둘째	$1+2+3+2+1=9$
셋째	$1+2+3+4+3+2+1=16$
넷째	$1+2+3+4+5+4+3+2+1=25$
다섯째	

- 규칙을 찾아보세요.
- 다섯째 빈칸에 알맞은 덧셈식을 써 보세요.
- 규칙에 따라 계산 결과가 49가 되는 덧셈식을 찾아보세요.

그림 5.8 4-1학기, 6단원 규칙 찾기(2015)

규칙 찾기의 과정을 수준별로 구분해 보면, 규칙을 인식하고 설명하는 단계, 규칙을 확장하고 창안하는 단계, 수나 대수적 형태로 규칙성을 나타내는 단계, 가설-검증을 거쳐 타당성을 입증하고 규칙을 일반화하는 단계로 나아갈

수 있는 것이다. 여기서 마지막 단계인 가설-검증을 거쳐 타당성을 입증하고 규칙을 일반화하는 단계는 귀납적 사고와 일반화의 사고를 경험하는 기회가 될 수 있다. 그림 5.8에서 보듯이, '다섯째' 규칙을 찾는 것은 귀납적 사고를 거쳐 가설을 세우는 것으로 볼 수 있다. 이 수업은 4학년에 해당하기 때문에 여기서는 일반화로까지 확장시키지는 않았다. 학년이 높아져 사고력이 허용된다면 가운데 수가 n이라고 할 때 $1+2+\cdots+n+\cdots+2+1 = n\times n$이라고 일반화할 수 있을 것이다.

규칙 찾기를 배우는 과정에서 "왜 그럴까?", "만약 ~라면 어떻게 될까?", "다른 방법으로 할 수 있을까?" 등과 같은 발문을 해 볼 수 있다. 이 발문으로 아이들은 사고에 자극을 받고 사고가 확장되며 때로는 규칙을 스스로 만들어 보는 경험을 통해 자신감을 가질 수 있다.

(3) 비와 비율

1) 비의 지도

비 개념의 출발은 비교 상황에 있기 때문에 적절한 비교 상황을 제시하는 것이 중요하다. 또한 두 양을 비교하는 상황에서도 특히 '한 양을 기준으로 다른 양이 몇 배가 되는지를 나타낼 필요성을 인식하게' 하면서 비의 개념을 도입해야 한다.

예를 들어, '놀이터에서 남학생 8명과 여학생 4명이 놀고 있다. 남학생 수와 여학생 수를 비교하여 보시오.'라는 상황을 제시했다고 하자. 남학생 8명과 여학생 4명이 등장하였다. 남학생 수와 여학생 수를 비교하는 방법에는 두 가지가 있다. 하나는 덧셈적 비교로 $8-4=4$이므로 남학생이 여학생보다 4명 많다고 비교하는 것이다. 다른 하나는 곱셈적 비교로 $8\div4=2$로 남학생이 여학생보다 2배 많다고 비교하는 것이다. 이 상황에서 8과 3이라는 숫자가 쓰였다면 아이들은 8이 3의 몇 배라는 생각을 자연스럽게 해내기 어려울 것이다. 그에 대해 8과 4 사이에서는 8이 4의 2배라는 점을 쉽게 떠올릴 수 있기 때문에 이 비교 상황에서는 덧셈적 비교만큼이나 곱셈적 비교가 일어날 수 있다. 이와 같이 비교 상황에서 사용하는 두 수가 몇 배로 쉽게 표현될 수 있는 경우를 사용하는 것이 비 개념 지도에 적절하다.

비는 4 : 8 또는 8 : 4와 같이 쌍점(:)을 사용하여 나타낸다. 이때 주의할 점은 기준량과 비교하는 양이 있을 때 (비교하는 양) : (기준량)으로 표현한다는 점이다. 우리나라 교과서에서는 위의 상황에서 남학생을 기준으로 할 경우 8 : 4가 아니라 4 : 8로 표현하는 것으로 정하고 있다. 이를 읽을 때도, 4 대 8이라고 읽기도 하지만, 기준량의 의미를 살려 8에 대한 4의 비, 4의 8에 대한 비로 읽는다는 점도 유의해야 한다.

2) 비율의 지도

'초등학생 중에서 안경을 쓴 학생의 비율이 점점 늘어나고 있다.'와 같이 비율이라는 말은 일상에서 흔히 쓰는 말이 되었다. 이 비율을 수학교과서에서는 $\frac{(\text{비교하는 량})}{(\text{기준량})}$으로 정의하고 있다. 예를 들어 남학생이 8명, 여학생이 4명이고 남학생을 기준량으로 할 때, 비는 4 : 8로 나타내어진다. 이 비를 비율로 나타내면 $\frac{4}{8}=\frac{1}{2}$이 된다.

여기서 $\frac{1}{2}$이라는 비율의 의미를 되새겨볼 필요가 있다. 남학생 수 8명을 1로 볼 때, 여학생 수 4명은 $\frac{1}{2}$이라는 뜻이다. $(\text{비율})=\frac{(\text{비교하는 량})}{(\text{기준량})}$이라고 하는 것은, (기준량)을 1이라고 할 때 (비교하는 양)이 얼마나 되는지를 나타내는 것으로 요약할 수 있다. 또한 기준량에 대해, 비교하는 양이 기준량의 몇 배가 되는지를 의미한다. 즉 남학생 8명에 대해 여학생 4명은 $\frac{1}{2}$(배)에 해당한다.

분수로 나타낸 비율은 어렵지 않게 소수로 나타낼 수 있다. 예를 들어, 5~6학년군에서 '분수와 소수의 관계를 이해하고 크기를 비교할 수 있다.'라는 성취기준이 있는데, 이 지식을 이용하면 쉽게 분수를 소수로 바꿀 수 있다. 특히 비율에서 등장하는 분수는 2나 5의 곱으로 된 경우가 많아 다음과 같이 분모의 값을 10 또는 100 등 10의 거듭제곱꼴로 바꾸면 쉽게 소수로 비율을 나타낼 수 있다.

$$\frac{5}{4}=\frac{5\times25}{4\times25}=\frac{125}{100}=1.25$$

3) 백분율의 지도

비율을 분수, 소수로 나타내는 것은 기준량을 1로 간주하는 것인데 반해, 백분율은 기준량을 100으로 보는 것이다. 위의 남학생 수 8명에 대한 여학생 수 4명의 비율을 백분율로 나타내어 보면, 남학생 수 8명을 100으로 간주할 때 여학생 수는 50이 된다. 여기서 100을 기준으로 했다는 점을 분명하게 나타내기 위해 % 기호를 써서 50%로 나타낸다. 백분율은 비율의 표시 방법 중에 하나이면서 일상에서 많이 쓰이고 또한 비율그래프에서 꼭 필요한 개념이기 때문에 그 개념과 구하는 방법을 잘 지도해야 한다.

① 백분율의 과제 유형

백분율의 과제 유형은 부분 전체 과제, 비교 과제, 변화 과제로 나눌 수 있다. 부분 전체 과제는 전체집합에 대한 부분집합의 크기를 구하는 과제이다. 예를 들면, 하이킹에 참가한 학생 수에 대해 완주한 학생 수의 백분율을 구하는 경우이다. 다음으로 비교 과제는 서로 다른 집합들을 비교하는 것이다. 예를 들면, 두 빌딩의 높이를 보고 한 빌딩의 높이를 기준으로 다른 빌딩의 높이의 백분율을 구하는 것이다. 마지막으로 변화 과제는 시간의 흐름에 따라 증가 또는 감소하는 집합의 변화를 나타내는 과제이다. 사진의 확대나 축소, 금액의 할인 등의 과제가 해당한다.

한편 백분율의 과제 유형은 결과량, 백분율, 기준량을 구하는 것에 따라 구분될 수도 있다. 예를 들어, 부분 전체 과제에서 '하이킹에 참가한 학생 수가 얼마이고 그중에서 완주한 학생 수가 얼마이다'라는 상황이 있다고 하자. '완주한 학생 수'를 구하는 것은 '결과량'을, '하이킹에 참가한 학생 수'를 구하는 것은 '기준량'을, '하이킹에 참가한 학생 수 중에서 완주한 학생 수의 비율'을 구하는 것은 '백분율'이 될 수 있다. 이는 비교 과제, 변화 과제에도 똑같이 적용될 수 있다.

② 백분율 지도를 위한 모델

백분율 지도를 위한 모델로는 영역 모델, 이중 척도 모델, 이중 도형 모델을 들 수 있다.

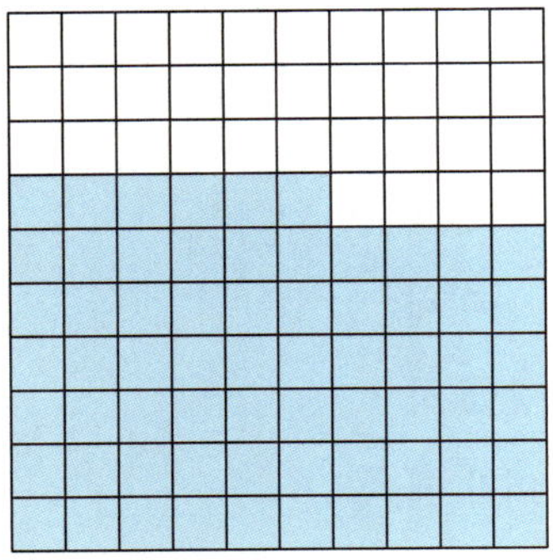

그림 5.9 백분율의 영역모델

먼저 영역 모델은 원그래프, 띠그래프, 격자모델과 같이 평면도형을 분할하여 백분율을 나타내는 것이다. 격자모델 중 정사각형을 10×10으로 분할한 백판은 백분율을 시각적으로 나타낼 뿐만 아니라 백분율을 분수와 소수로 전환하거나 그 반대로 전환하는데 도움이 된다. 그런데 영역 모델은 기본적으로 백분율 과제 중 부분 전체 과제에는 적절하나 변화 과제나 비교 과제에는 어려움이 따를 수 있다.

이중 척도 모델은 막대 모델, 이중 수직선 모델, 비(례)표 모델과 같이 하나의 모델에 동시에 서로 다른 척도를 사용하는 모델이다. 막대 모델과 이중 수직선 모델은 각각 막대와 수직선 눈금의 위와 아래에, 그리고 비(례)표 모델은 두 행 중 한쪽에 백분율에 해당하는 수를 표시하고 다른 한쪽에 그에 대응되는 양을 표시한다. 이는 백분율 상황에 대한 통찰과 계산 방법을 생각하는데 도움이 될 수 있다.

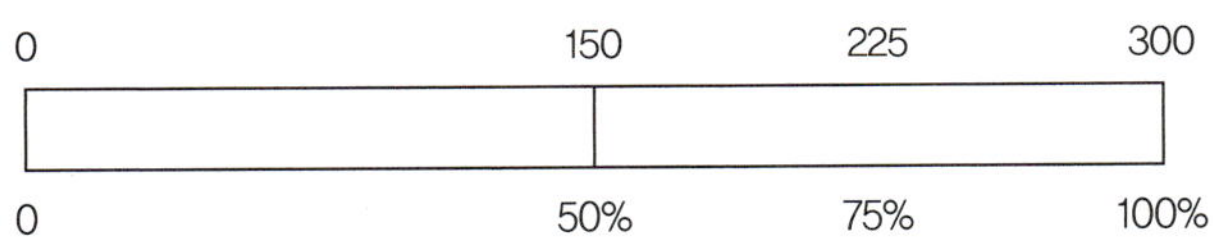

그림 5.10 이중 척도 모델

이중 도형 모델은 백분율 문제 상황에서 세 양의 상대적인 크기를 시각적으로 표현한 세 개의 직사각형으로 이루어진 모델이다. 예를 들어 어떤 물건을 20% 할인한 가격이 840원일 때 물건의 원래 가격을 구한다고 하자. 왼쪽 그림과 같이 물건의 원래 가격에 해당하는 직사각형, 감소한 양을 나타내는 직사각형, 할인된 가격에 해당하는 직사각형을 그린다. 이 직사각형 아래에 한 줄에는 백분율을, 다른 한 줄에는 가격을 제시한다. 이후에는 100 : 20 : 80 또는 5 : 1 : 4의 관계를 사용하는 등 다양한 방법으로 물건의 원래 가격을 구할 수 있다. 이 모델은 백분율과 관련된 양 사이의 비례 관계 해석에 중점을 두고 있으며, 백분율을 소수로 바꿀 필요가 없고 100% 이상의 큰 백분율을 다룰 때

뿐 아니라 백분율의 증가와 감소 문제, 비교 문제를 다루는 데도 효과적이다.

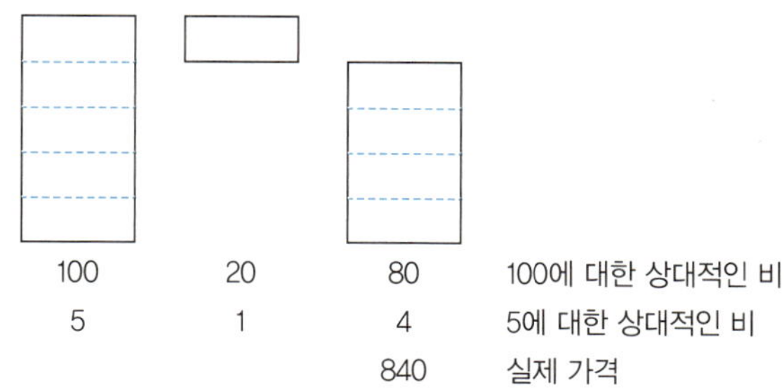

그림 5.11 이중 도형 모델

4) 비례식의 지도

비례식은 비의 값 또는 비율이 같은 두 비를 등식 또는 등호로 나타낸 것으로 정의된다. 이를테면 $2:3$과 $6:8$은 그 비의 값 또는 비율이 $\frac{2}{3}=\frac{6}{8}$으로 같다. 따라서 $2:3=6:8$로 나타낼 수 있다. 이를 비례식이라고 한다.

비례식을 정의할 때 비의 값이나 비율을 거치지 않고 직관적으로 할 수 있다. 비의 값이 얼마인지 알지 못해도 비가 같음 혹은 다름에 대해 말할 수 있는 것이 비의 의미이다. 즉, 상황이나 크기가 바뀌어도 그 안에 내재하는 관계가 같다는 구조의 불변성을 인식하는 것이 비의 진정한 의미이다.

그러한 지도 방식으로 다음과 같은 전개를 생각해 볼 수 있다. 영이는 빨간색 사과 4개, 녹색 사과 8개를 가지고 있다. 빨간색 사과의 수(R)와 녹색 사과의 수의 비(G)는 $4:8$이다. 이 사과를 한 접시에 2개씩 담는다. 그러면 빨간색 사과는 2개씩 2접시에, 녹색 사과는 2개씩 4접시에 담긴다. 이제 $R:G=2:4$이다. 사과를 한 접시에 4개씩 담는다. 그러면 $R:G=1:2$이다. 이로부터 $4:8=2:4=1:2$라는 것을 알 수 있다. 이는 한 접시에 담긴 사과의 수를 달리하면서, 다시 말해, 기준화를 달리 하면서 비례식을 정의한 것이다. 이 방법은 비의 값이나 비율을 별도로 정의하지 않고 직관적으로 어떤 비가 다른 비로 표현될 수 있고, 또한 그 값이 같음을 나타낸다.

비례식 지도에서는 '비례식의 성질'을 가르치는 일이 중요하다. 비례식의 성질은 $a : b = c : d$에서 $a \times d = b \times c$임을 말하며, 이를 문장으로 나타내면 '외항의 곱은 내항의 곱과 같다'이다. 우리나라 초등학교 교과서의 지도 방식은 대략적으로 표 5.9와 같은 흐름이다.

표 5.9 우리나라 초등학교 교과서의 비례식의 성질 지도

빵을 2개 만드는데 달걀이 5개 필요하다. 빵을 10개 만들려면 달걀이 25개 필요하다. 이를 비례식으로 나타내면 다음과 같다.

$$2 : 5 = 10 : 25$$

① 외항끼리 곱해봅시다. 2×25=50
② 내항끼리 곱해봅시다. 5×10=50
③ 외항끼리 곱과 내항끼리 곱이 같다는 것을 알았다.
④ 이를 비례식의 성질이라고 한다.

비례식의 성질은 강력한 알고리즘으로 작동한다. 따라서 비례식의 성질을 강조하기 이전에 비의 성질을 이용하여 비례식의 문제를 풀 수 있도록 지도할 필요가 있다. 비의 성질은 표 5.10과 같다.

표 5.10 우리나라 초등학교 교과서의 비의 성질 지도

〈비의 성질〉
· 비의 전항과 후항을 같은 수로 곱하였을 때 그 비의 값은 처음 비의 값과 같다. (단, 0으로 곱하는 것은 제외한다.)
· 비의 전항과 후항을 같은 수로 나누었을 때 그 비의 값은 처음 비의 값과 같다. (단, 0으로 나누는 것은 제외한다.)

비의 성질을 이용하여 비례식 문제를 푼다고 할 때 다음과 같이 할 수 있다.

> **[비례식 문제]** 동화책의 가로와 세로의 비는 4 : 5이다. 가로가 20cm라면 세로는 몇 cm인가?

이에 대해 비례식을 세우면 $4 : 5 = 20 : \square$이다. 여기서 비례식의 성질이 아닌, 비의 성질을 적용해보자. 4가 20으로 변했으므로 5배가 된 것이다. 그렇다면 5도 5배가 되면 된다. 따라서 □의 값은 25cm가 된다.

또 다른 문제를 살펴보자.

[비례식 문제] 일정한 빠르기로 2시간 동안에 140km를 가는 자동차가 있다. 같은 빠르기로 달릴 때 420km를 가려면 몇 시간 걸리겠는가?

140km에서 420km로 3배가 되었다는 것을 알 수 있다. 따라서 걸리는 시간도 3배가 되면 된다. 따라서 걸리는 시간은 모두 6시간이 된다. 이는 비의 성질에 기초한 풀이이다.

비례식의 성질을 쓰기 이전에 비의 성질을 적극 사용하여 문제를 푼 경험이 풍부할수록 비례 추론에 대한 감각이 키워질 수 있다.

5) 비례배분의 지도

비례배분의 실생활 문제는 다음과 같은 유형이 있다.

[예시]

- 지수와 효정이가 조개 35개를 3 : 4로 나누어 가지려고 합니다. 각각 몇 개씩 가지면 되는지 알아보시오.
- 형과 동생이 아버지의 생신에 15000원짜리 케이크를 사려고 합니다. 형과 동생이 3 : 2로 나누어 돈을 낸다면 두 사람은 각각 얼마씩 내야 합니까?
- 지수가 캔 조개는 6kg, 효정이가 캔 조개는 8kg입니다. 주방장 아저씨가 주신 용돈이 7000원이라면 지수와 효정이는 용돈을 어떻게 나누어야 하는지 알아보시오.

이 문제를 푸는 방법은 다음과 같다. 먼저 비례표를 이용한 방법이다. 지수와 효정이가 각각 3개, 4개를 갖는 상황에서 출발하여 개수를 2배, 3배,…등으로 늘려가며, 전체 35개가 나올 때까지 계속해서 표를 채워간다.

표 5.11 비례표를 이용하여 비례배분 문제 풀기

지수의 조개 수	3	6	9	12	15
효정의 조개 수	4	8	12	16	20
전체 조개 수	7	14	21	28	35

다음으로, 이중테이프 모델을 이용하는 것이다. 지수와 효정이가 갖는 조개

의 수는 각각 3 : 4이다. 이를 이중테이프 모델로 나타내면 그림 5.12와 같다. 7칸이 35개가 되어야 하므로 1칸에는 5개씩 할당이 된다. 따라서 지수와 효정이 갖게 되는 조개의 수는 그림 5.12와 같다. 그림 5.13의 풀이도 근본 아이디어는 그림 5.12와 같다고 할 수 있다.

마지막으로, 수치적 해법으로 형식화하여 푸는 것이다.

지수와 효정이가 조개를 3 : 4로 나누어 가질 때 각자 갖게 되는 조개는 전체의 몇 분의 몇이 되는지를 알아본다. 지수는 $\frac{3}{3+4}=\frac{3}{7}$, 효정이는 $\frac{4}{3+4}=\frac{4}{7}$가 된다. 따라서 지수가 갖게 되는 조개의 수는 $35\times\frac{3}{7}=15$개이고, 효정이가 갖게 되는 조개의 수는 $35\times\frac{4}{7}=20$개이다.

이 세 가지 방식 중에서 맨 나중에 나온 '형식화 방법'을 선호하게 된다. 하지만 첫 번째나 두 번째 방법이 비례 추론적 사고를 더 활성화시킬 수 있다. 따라서 비례배분의 초기 단계에서는 첫 번째와 두 번째 방법을 주로 사용하도록 지도하고, 마지막에 수학적으로 형식화하는 과정에서 세 번째 단계로 정리하는 것이 적절하다.

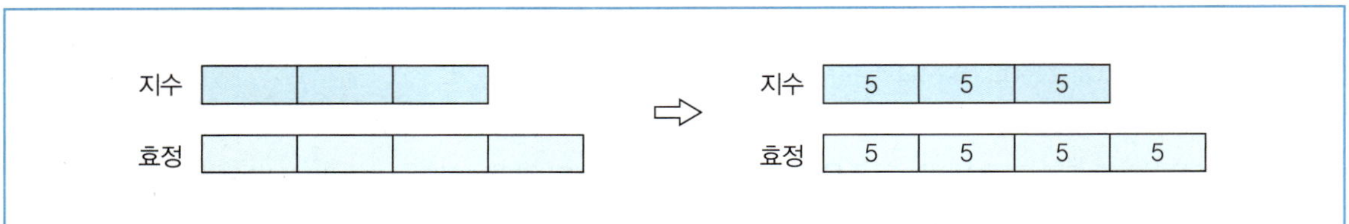

그림 5.12 이중테이프 모델을 이용하여 비례배분 문제 풀기(1)

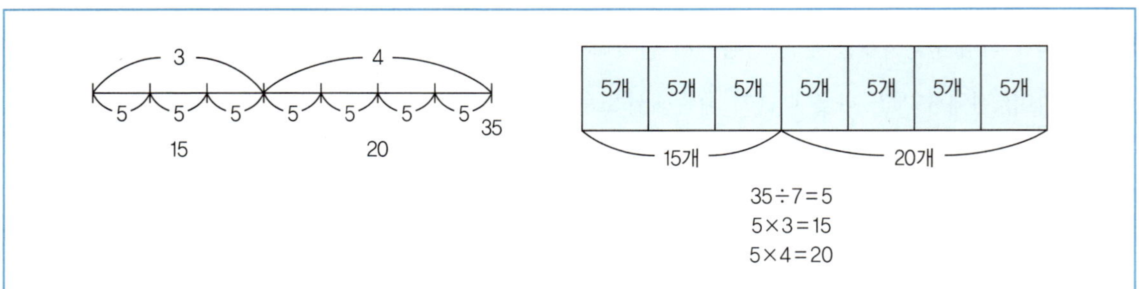

그림 5.13 이중테이프 모델을 이용하여 비례배분 문제 풀기(2)

2015 개정 초등수학과 교육과정

규칙성 영역

초등학교 1~2학년

규칙성은 생활 주변에 존재하는 다양한 현상을 탐구하는 데 중요하며 함수 개념의 기초가 된다. 생활 주변이나 여러 현상에서 찾을 수 있는 규칙은 실생활의 복잡한 문제를 해결하는 데 유용하고, 규칙 찾기를 통해 추론 능력을 기를 수 있다.

[1] **규칙 찾기**

· 물체, 무늬, 수 등의 배열에서 규칙을 찾아 여러 가지 방법으로 나타낼 수 있다.

· 자신이 정한 규칙에 따라 물체, 무늬, 수 등을 배열할 수 있다.

(가) 교수·학습 방법 및 유의 사항

- 물체나 무늬의 배열에서는 크기, 색깔, 위치, 방향 등에 대한 단순한 규칙을 다루고, 그 규칙을 말, 수, 그림, 기호, 구체물, 행동 등의 다양한 방법으로 표현하게 한다.
- 물체나 무늬의 배열에서 다음에 올 것이나 중간에 빠진 것을 추측하여 말하게 한다.
- 수의 배열뿐만 아니라 수 배열표, 덧셈표, 곱셈표를 활용하여 수의 규칙을 찾고, 자신이 정한 규칙에 따라 색칠하거나 ○, ╱ 등으로 나타내게 한다.
- 자신의 규칙을 창의적으로 만들어보고, 다른 사람의 배열에서 규칙을 찾아보거나 규칙에 대해 서로 말하게 한다.
- 규칙성 영역의 문제 상황에 적합한 문제 해결 전략을 지도하여 문제 해결 능력을 기르게 한다.

(나) 평가 방법 및 유의 사항

- 규칙 찾기를 평가할 때 학생이 자신의 규칙이나 다른 학생의 규칙에 대해 의사소통

하는 과정을 평가한다.

초등학교 3~4학년

규칙성은 생활 주변에 존재하는 다양한 현상을 탐구하는 데 중요하며 함수 개념의 기초가 된다. 생활 주변이나 여러 현상에서 찾을 수 있는 규칙은 실생활의 복잡한 문제를 해결하는 데 유용하고, 규칙 찾기를 통해 추론 능력을 기를 수 있다.

[1] 규칙 찾기

- 다양한 변화 규칙을 찾아 설명하고, 그 규칙을 수나 식으로 나타낼 수 있다.
- 규칙적인 계산식의 배열에서 계산 결과의 규칙을 찾고, 계산 결과를 추측할 수 있다.

(가) 교수·학습 방법 및 유의 사항

- 규칙적인 계산식의 배열에서 계산 결과의 규칙을 찾는 활동을 할 때 계산기를 사용하게 할 수 있다.
- 규칙성 영역에 적합한 문제 해결 전략을 지도하고, 문제 해결 과정을 설명하게 하여 문제 해결 능력을 기르게 한다.

(나) 평가 방법 및 유의 사항

- 규칙을 식으로 나타낼 때 혼합 계산식, 일반항을 나타낸 식 등을 이용해야 하는 복잡한 문제는 다루지 않는다.
- 규칙적인 계산식의 배열에 대한 평가에서는 계산 결과의 규칙을 추측하고 확인하는 데 중점을 둔다.

초등학교 5~6학년

규칙성은 생활 주변에 존재하는 다양한 현상을 탐구하는 데 중요하며 함수 개념의 기초가 된다. 생활 주변이나 여러 현상에서 찾을 수 있는 규칙이나 두 양 사이의 대응 관계는 실생활의 복잡한 문제를 해결하는 데 유용하고, 규칙 찾기를 통해 추론 능력을 기를 수 있다. 또한 비와 비율 개념은 비례적 사고를 개발하는 데 도움이 된다.

1 **규칙과 대응**

- 한 양이 변할 때 다른 양이 그에 종속하여 변하는 대응 관계를 나타낸 표에서 규칙을 찾아 설명하고, □, △ 등을 사용하여 식으로 나타낼 수 있다.

2 **규칙과 대응**

- 두 양의 크기를 비교하는 상황을 통해 비의 개념을 이해하고, 그 관계를 비로 나타낼 수 있다.
- 비율을 이해하고, 비율을 분수, 소수, 백분율로 나타낼 수 있다.

3 **비례시과 비례배분**

- 비례식을 알고, 그 성질을 이해하며, 이를 활용하여 간단한 비례식을 풀 수 있다.
- 비례배분을 알고, 주어진 양을 비례배분 할 수 있다.

(가) 학습 요소

- 비, 기준량, 비교하는 양, 비율, 백분율, 비례식, 비례배분, : , %

(나) 교수·학습 방법 및 유의 사항

- 두 양의 대응 관계는 덧셈식, 뺄셈식, 곱셈식, 나눗셈식 중 하나로 표현되는 간단한 경우만 다룬다.
- 두 양을 비교할 때 한 양을 기준으로 다른 양이 몇 배가 되는지를 나타낼 필요성을 인식하게 하면서 비의 개념을 도입한다.
- 비율의 의미를 다룰 때 타 교과 및 실생활에서 비율이 적용되는 간단한 사례를 사용할 수 있다.
- 규칙성 영역의 문제 상황에서 문제 해결 전략 비교하기, 주어진 문제에서 필요 없는 정보나 부족한 정보 찾기, 조건을 바꾸어 새로운 문제 만들기, 문제 해결 과정의 타당성 검토하기 등을 통하여 문제 해결 능력을 기르게 한다.

(다) 평가 방법 및 유의 사항

- 비율을 평가할 때 속력, 인구밀도, 축척, 농도 등을 구하는 문제는 다루지 않는다.

[참고문헌]

강옥기(1997). 제7차 수학과 교육과정 시안 연구. 수학교육학연구. 대한수학교육학회. 7(2), pp.45-62.

김성애(2011). 초등학교 수학교과서에 나타난 문자와 식의 지도 방법에 대한 분석. 부산교육대학교 석사학위논문.

김용익(2009)). 비례상황에 기초한 비의 지도 방법 연구. 한국교원대학교 교육대학원 박사학위논문.

남승인(2000). 수학적 사고력 신장을 위한 규칙성 영역의 학습 자료 개발. 과학·수학교육연구, 23(1), pp.91-121.

문영순(2006). 수학적 연결성에 기초한 규칙성 탐구 활동에 관한 연구. 전주교육대학교 석사학위논문.

박교식(2010). 우리나라 초등학교 수학에서의 비율 정의와 비의 값 정의의 비판적 분석. 대한수학교육학회지 수학교육학연구 20(3). pp.397-411.

방정숙, 김은경, 선우진(2017). '규칙과 대응'에 대한 2007 개정 및 2009 개정 초등학교 수학 교과서 분석 . 학교수학, 19(1), pp.117-135.

우정호(2018). 학교수학의 교육적 기초. 서울대학교출판부.

이경훈(2016). 초등학교 6학년 학생들의 비례추론능력 및 비례문제해결전략 분석. 경인교육대학교 교육전문대학원 석사학위논문.

이재우(2000). 규칙성 영역의 지도 내용 계열 분석. 서울교육대학교 석사학위논문.

임재훈, 이형숙(2015). 비례 추론을 돕는 시각적 모델에 대하여. 수학교육학연구, pp.189-206. 25(2).

장혜원(2016). 2015 개정 수학과 교육과정의 변화 내용에 대한 종적 분석. 한국초등수학교육학회지, 20(2), pp.215-238.

정영옥(2016). 초등학교에서 백분율 지도에 관한 논의. 한국초등수학교육학회지, 20(1), pp. 71-104.

정은실(2003). 비 개념에 대한 교육적 분석. 대한수학교육학회지 수학교육학연구, 13(3). 247-265.

제6장 **자료와 가능성**

1. 자료와 가능성 지도의 의의

> 궁극적으로 분석해 보면,
> 모든 지식은 역사학이다.
>
> 추상적으로 보면,
> 모든 과학은 수학이다.
>
> 근본 원리를 따져보면,
> 모든 판단은 통계학이다.
>
> –C. R. Rao

2015 개정 교육과정부터 초등학교 수학의 확률과 통계라는 영역명이 자료와 가능성으로 변경되었다. 확률을 '가능성'으로 변경한 것은 우연과 무작위성이라는 아이디어를 다루는 확률 개념이 가능성을 수량화하는 경험을 통해 발달해 왔다는 배경을 반영한 것이다. 확률을 형식적인 수학적 개념으로 볼 때, 가능성은 확률 개념에 대응하는 비형식적 개념으로 간주할 수 있다. 따라서 수학과 교육과정에서는 초등학교에서의 확률 학습은 이후 확률 개념 형성에 필요한 직관의 형성에 초점을 맞추도록 하고 있다. 기존 초등학교 수학과 교육과정의 확률과 통계 영역에서는 주사위나 동전과 관련된 어떤 사건의 확률을 구하는 수학적 확률 학습에 초점이 맞추어진 반면, 자료와 가능성 영역에서는 어떤 상황에 대하여 공정한가를 탐구함으로써 직관적인 확률 개념을 형성하도록 하는데 초점을 맞추고 있다.

통계를 '자료'로 변경한 것은 통계학이라는 학문이 자료를 이용해 문제를 해결하는 제반의 과정을 다룬다는 기초적인 내용을 반영한 것이다. 즉, 통계의 주 활동이 자료 처리임을 반영한 것이다. 일련의 통계 활동은 자료를 통해 해결할 수 있는 문제를 인식하여 형식화하고, 이후 문제 해결에 적합한 자료를 수집할 수 있도록 계획하고 실행하며, 이어 수집된 자료를 정리 및 분석하여 결론에 도달하는 과정으로 이루어진다. 기존 초등학교 수학과 교육과정의 확률과 통계 영역에서는 그래프를 그리고 읽고, 평균 알고리즘을 이용하는데 초점이 맞추어진 반면, 자료와 가능성 영역에서는 자료의 수집, 분류, 정리, 해석 등을 강조함으로써 자료 처리에 초점을 맞추고 있다.

2015 개정 교육과정에서는 실생활에서 가능성과 관련된 상황을 '불가능하다', '~아닐 것 같다.', '반반이다.', '~일 것 같다.', '확실하다.' 등의 일상 언어를 사용하여 나타내도록 하고 있다. 이와 관련된 활동은 경험적으로 누적된 자료를 통해 가능성의 정도를 직관적으로 파악할 수 있도록 함으로써 가능성을 수량화하는 토대가 된다. 근원사건의 등확률에 대한 이해 없이 주사위나 동전과 관련된 사건에서 기계적으로 수학적 확률을 구하는 것은 오히려 올바른 직관 형성에 장애물이 될 수 있다.

2015 개정 교육과정에서는 우리나라 초등학교 수학과 교육과정에서 자료 수집을 상대적으로 소홀하게 지도해 온 점을 보완하기 위해 1~2학년군에서는 자료 수집과 직접 관련 있는 자료의 분류에 대한 내용을 강화하고, 이를 점차 확장, 심화하여 3~4학년군과 5~6학년군 성취기준에서는 자료의 수집, 분류, 정리, 해석 활동을 포함하고 있다.

2. 자료: 통계[1]

(1) 이론적 배경

1) 통계의 특징

통계학은 수학의 각 분야에서 탐구하는 영역과는 다른 영역을 탐구하며, 또한 수학적 개념과는 다른, 통계적 탐구를 안내하는 독특한 개념을 가지고 있다. 수학이 연역적 추론의 위력을 보여주는 학문이라면, 통계는 불확실성을 지닌 경험적 자료로부터의 귀납적 추론이 이와 유사한 강력하고 영향력 있는 위력을 지녔음을 보여주는 학문이다. 불확실성을 지닌 경험적 자료를 다루는 학문으로서 통계는 수학과는 다른 종류의 사고를 요구한다. 통계적 사고는 하나의 사고방식으로 통계적 개념과 아이디어를 올바르게 이해하고 적절히 사용하

1 본 절은 고은성 외(2018)의 연구를 일부 정리한 것이다.

기 위해 사고방식의 전환, 즉 비결정론적 사고로의 전환이 필요하다. 본 절에서는 통계적 사고에 대한 이해를 위해 통계의 주요 특징을 살펴본다.

① 자료 의존도

수학은 자료에 대한 분석 없이 연구가 가능하며, 주로 자료와 상관없이 연구가 수행된다. 수학자들은 자료를 조사할 때 주로 자료 안의 패턴을 탐지하고 분석하는데 초점을 맞춘다. 자료의 수집 방법은 순수한 수학적 분석과는 관련이 없다. 그러나 통계에서 자료는 수학에서의 자료와 다른 의미를 지닌다. 특히 자료 수집 방법은 도출할 수 있는 결론의 범위를 결정한다. 모집단으로 연구 결과를 일반화하는 것이 가능한지 여부는 표본이 무작위로 추출되었는지에 달려있다. 연구로부터 인과관계를 도출해낼 수 있는지 여부도 자료 수집 방법, 즉 자료가 통제된 무작위 실험을 통해 수집되었는지에 달려있다.

② 맥락의 역할

수학과 통계의 주요 차이 중 하나는 맥락의 역할에 있다. 수학은 추상적 분야를 연구하는 학문이다. 수학은 맥락과 독립적으로 존재할 수 있다. 수학자들은 근간이 되는 구조를 연구하는데 방해가 될 수 있는 맥락을 걷어내려고 노력한다. 예를 들면, 선형 함수를 다룰 때 응용을 염두에 두지 않고 선형 함수 나름의 수학적 성질을 위한 연구가 가능하다. 사실 실생활 맥락은 근간이 되는 수학적 아이디어로부터 학생들의 관심을 다른 곳으로 돌리는 부정적 영향을 가져오기도 한다. 그러나 통계에서는 자료를 분석할 때 맥락을 무시할 수 없다. 그림 6.1의 점그래프를 보자. 이 점그래프는 사실상 아무것도 알려주는 것이 없다. 이것은 아무런 의미 없이 그저 쌓여있는 점들에 지나지 않는다. 우리는 점들이 두 개의 무리로 구분된다는 정도만 알 수 있다. 이 점그래프를 해

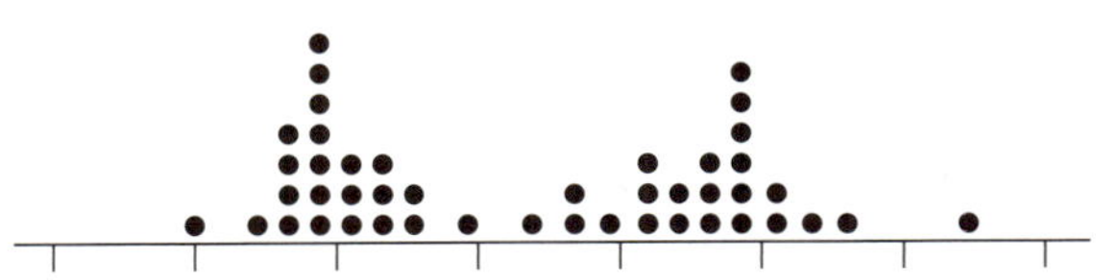

그림 6.1 맥락이 없는 점그래프

석하거나 어떠한 결론을 이끌어낼 수 없다. 그러나 점그래프에 맥락에 대한 정보를 제시한다고 생각해 보자(그림 6.2). 즉, 이 점그래프가 어느 학교 3학년 여학생과 5학년 여학생의 몸무게라는 정보가 주어졌다고 생각해 보자. 이러한 사실을 알고 나면 이 점그래프가 무엇을 드러내는지 요약할 수 있으며, 심지어 두드러진 예외적 값에 대한 설명 등 다양한 해석과 결론에 대한 논의가 가능해진다.

그림 6.3의 두 문제는 대푯값을 구하는 것으로, 유사한 듯 보이지만 서로 다르다. 그 차이는 맥락에서 비롯된다. [문제 1]은 통계 문제라기보다 수학 문제로 보는 것이 적절하다. 맥락에 대한 고려 없이 평균 알고리즘을 적용해 그 값을 구하면 된다. 이에 반해 [문제 2]에서 물체의 무게를 구하기 위해서는 맥락이 중요하다. 11개의 자료가 얻어진 맥락을 보면, 동일한 물체를 11명의 학생이 동일한 저울을 이용해 g 단위로 측정하여 얻은 것이다. 10개의 측정값은 서로 비슷하지만 15.3은 상당히 다르다. 물체의 무게를 예측하기 위해 평균, 최빈값, 중앙값 중 어느 것을 구해야 하는지, 대푯값으로 평균을 이용한다면 15.3을 배제해야 하는지 포함해야 하는지 결정해야 한다. 이러한 결정은 맥락과의 상호작용을 통해 이루어진다. 자료가 얻어진 맥락을 고려했을 때 15.3은 어떤 과오를

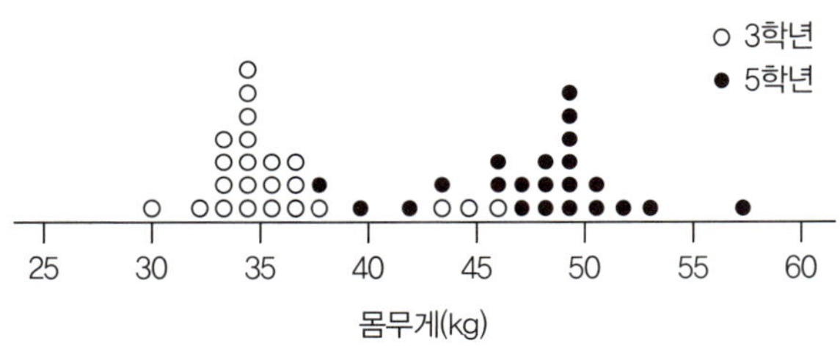

그림 6.2 맥락이 포함된 점그래프

[문제 1] 다음 자료의 평균을 구하시오.

6.2, 6.0, 6.0, 15.3, 6.1, 6.3, 6.2, 6.1, 6.2, 6.0, 6.0

[문제 2] 다음은 과학시간에 11명의 학생이 동일한 저울을 이용하여 동일한 물체의 무게[g]를 각자 측정하여 얻은 자료이다. 이 물체의 무게는 얼마인지 구하시오.

6.2, 6.0, 6.0, 15.3, 6.1, 6.3, 6.2, 6.1, 6.2, 6.0, 6.0

그림 6.3 대푯값 문제

통해 얻어진 값으로 보는 것이 타당하다. 따라서 중앙값이나 최빈값을 대푯값으로 이용하거나, 평균을 이용한다면 15.3을 배제하는 것이 타당하다.

③ 결론의 위상

수학과 통계는 서로 다른 종류의 질문에서 시작하여, 서로 다른 종류의 결론에 도달한다. 수학은 공리와 정의로부터 논리적으로 연결되는 결과를 증명하는 엄밀한 연역적 추론을 포함한다. 해결방법의 질은 증명의 정확성과 간결성에 의해 결정되며, 대부분 반박 불가능한 정확한 답이 존재한다. 반면, 통계는 귀납적 추론과 불확실한 결론을 수반한다. 통계학자들은 동일한 자료를 분석하더라도 종종 서로 다른, 그러나 모두 이치에 맞는 결론에 도달한다. 모든 통계적 추정은 귀납적 추론을 필요로 하는데, 왜냐하면 정보에 근거한 추정은 관찰된 결과들로부터 뒷받침되기 때문이다. 이렇게 도출된 결론은 불확실성을 갖는다. 통계에서 결론의 질은 그들의 주장을 지지하고 방어하는 분석 능력에 달려있다.

2) 통계적 문제해결 과정

전통적 통계교육은 통계적 기법들을 피상적으로 가르치고 기계적으로 적용한다는 비판을 받아왔다. 전통적 통계교육에서 탈피하고 통계의 실용성을 강조한 통계교육의 방향을 모색하기 위해 많은 연구자들은 통계적 문제해결에 주목하였다. 통계적 문제해결statistical problem-solving은 통계적 탐구statistical inquiry, 통계적 조사statistical investigation와 상호교환적으로 사용된다. 여기에서는 올바른 통계적 문제해결을 수행하기 위해 알아야 할, 통계적 문제해결 각 단계에서의 핵심 이슈들에 대해 살펴본다.

통계적 문제해결 과정은 대개 4 또는 5단계 정도로 구분되는데, 각 단계별 핵심 이슈는 곧 통계적 문제해결 과정의 지도를 위해 교사에게 필요한 지식으로 간주된다. 표 6.1은 GAISEGuidelines for assessment and instruction in statistics education, 2005에서 제시한 통계적 문제해결 단계[2]이다.

---

2 연구자에 따라 통계적 문제해결을 문제, 계획, 자료, 분석, 결론의 5단계로 구분하기도 한다.

표 6.1 GAISE에서 제시한 통계적 문제해결 단계

문제 설정	현안이 되는 문제를 구체화하기 자료를 가지고 해결할 수 있는 하나 또는 그 이상의 문제를 형식화하기
자료 수집	적합한 자료를 수집하기 위해 계획 설계하기 자료를 수집하기 위해 계획 이행하기
자료 분석	적합한 시각적 및 수치적 방법 선택하기 자료를 분석하기 위해 선택한 방법 사용하기
결과 해석	분석 결과 해석하기 해석을 원래 문제와 연결 짓기

그림 6.4와 그림 6.5[3]는 학생들이 통계적 문제해결 과정을 통해 만들어낸 통계포스터로, 통계적 문제해결 지도를 위해 사용되는 하나의 모델이다. 두 사례를 통해 통계적 문제해결 과정의 각 단계에서의 핵심 이슈를 살펴본다.

① 문제 설정 단계

문제 설정 단계에서 우리는 조사 내용을 명확히 기술하는 것이 중요함을 알아야 하고, 필요한 경우 조작적 정의의 제시가 필요함을 인식해야 하며, 또한 결과에 영향을 미치는 요인을 고려할 수 있어야 한다.

표 6.2 문제 설정 단계에서의 핵심 이슈

· 조사 내용의 명확한 기술
· 조작적 정의의 제시
· 결과에 영향을 미치는 요인의 고려

• 조사 내용의 명확한 기술

조사하고자 하는 내용이 무엇인지, 즉 연구 문제를 명확하게 기술해야 한다. 조사 내용을 정할 때는 막연한 목표보다 구체적이고 확실한 목표를 세우고 그

3 그림 6.4와 그림 6.5의 통계포스터는 전국학생통계활용대회의 작품(한국통계교육진흥원, 2014, 2015)을 각색한 것이다.

독립, 언제가 좋을까

[연구문제]

우리가 중학교 때부터 기숙사 생활을 하다 보니 여러 가지 좋은 점도 있지만 좋지 않은 점도 있는 것이 사실이다. 그래서 독립에 대해 생각해볼 때가 굉장히 많다. 그래서 중학생들은 언제 독립하는 것이 좋다고 생각하는지, 부모님들은 자녀들이 언제 독립하는 것이 좋다고 생각하는지, 그리고 그렇게 생각하는 이유는 무엇인지 조사하게 되었다.

[자료수집]

- 언제: 2014년 5월 1일 ~ 5월 31일
- 대상: 우리반 학생, 학부모
- 방법: 설문지 조사
- 설문지 내용(학생과 부모 동일)

1. 적절한 독립 시기는 언제라고 생각하십니까?
① 16세 이하 ② 고등학교 입학 후 ③ 대학교 입학 후 ④ 결혼 후 ⑤ 기타

2. '대학교 입학 후'가 가장 적절하다고 생각하는 이유는 무엇입니까?
① 인격이 성립되었기 때문 ② 스스로 경제문제를 해결 가능하기 때문
③ 스스로 사회생활이 가능하기 때문 ④ 스스로 공부할 수 있는 시기이므로

[통계자료 및 분석]

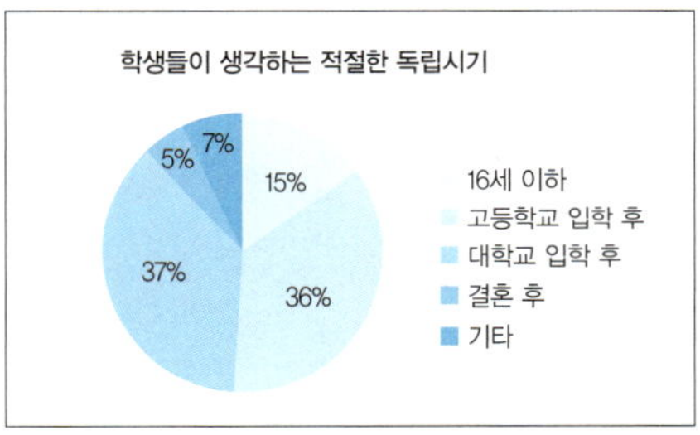

독립하는 시기가 어느 때가 가장 적절하다고 생각하는지에 대한 학생들의 의견을 조사한 결과, '16세 이하'는 15%, '고등학교 입학 후'는 36%, '대학교 입학 후'는 37%, '결혼 후'는 5%, '기타'는 7%가 나왔다.

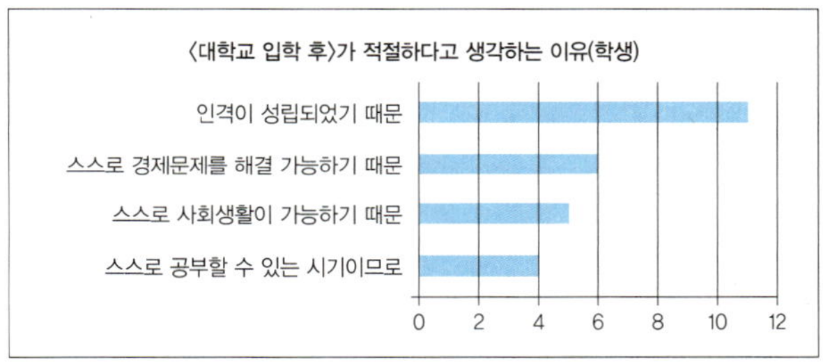

'대학교 입학 후'가 적절하다고 생각하는 이유에 대한 학생의 의견을 조사한 결과 '인격이 완성되었기 때문에'가 11명으로 가장 많이 나와, 인격 형성을 중요시 한다는 것을 알 수 있다.

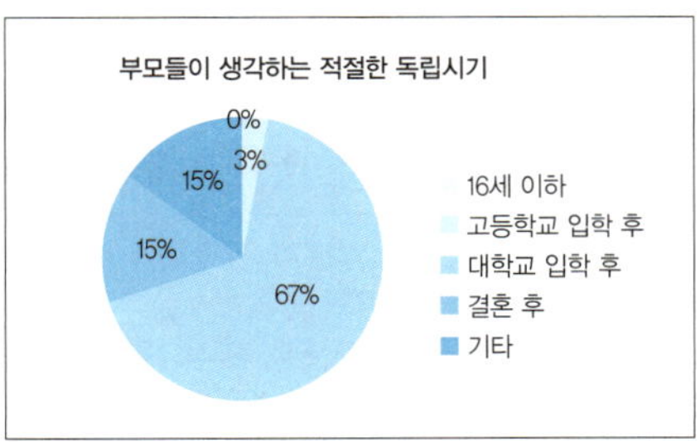

독립하는 시기가 어느 때가 가장 적절하다고 생각하는지에 대한 부모님들의 의견을 조사한 결과, '16세 이하'는 0%, '고등학교 입학 후'는 3%, '대학교 입학 후'는 57%, '결혼 후'는 15%, '기타'는 15%가 나왔다.

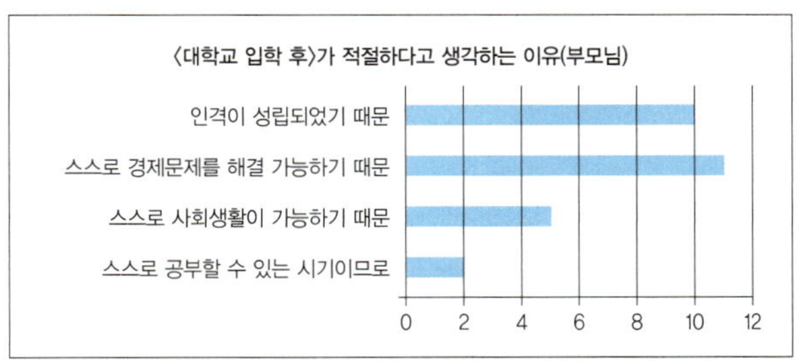

'대학교 입학 후'가 적절하다고 생각하는 이유에 대한 부모님의 의견을 조사한 결과 '스스로 경제문제를 해결 가능하기 때문'이 9명으로 가장 많이 나와, 부모님들은 경제적 능력을 가장 중요시하는 것으로 나타났다.

[결론]

적절한 독립시기에 대해서는 학생과 학부모가 일치되는 결과가 나왔다.

그림 6.4 사례1: 독립, 언제가 좋을까

중학생들과 시내버스

1. 조사내용은?

중학교에 다니면서 시내버스를 이용하는 친구들이 주변에 많아졌다. 그래서 중학생들이 시내버스에 대해 어떤 생각을 갖고 있는지 의문점이 들었다.

2. 어떻게 조사했는가?

- 기간: 2014.05.19 ~ 2014.06.13
- 대상: 우리학교 재학생 831명
- 방법: 설문지 조사
- 설문지

1. 다음 중 어느 방법으로 등교하십니까?
① 시내버스 ② 부모님 자가용 ③ 도보 ④ 자전거 ⑤ 기타
2. 다음 중 어느 방법으로 하교하십니까?
① 시내버스 ② 부모님 자가용 ③ 도보 ④ 자전거 ⑤ 기타
3. 1개월 동안 시내버스를 얼마나 자주 이용하십니까?
① 10번 미만 ② 10~15번 ③ 16~20번 ④ 21~25번
⑤ 26~30번 ⑥ 30번 초과
4. 시내버스에서 주로 무엇을 하는지 1가지 쓰시오.
5. 시내버스의 가장 편리한 점을 1가지 쓰시오.
6. 시내버스의 가장 불편한 점을 1가지 쓰시오.

3. 어떤 결과가 나왔을까?

〈등하교시 시내버스를 얼마나 이용하니?〉

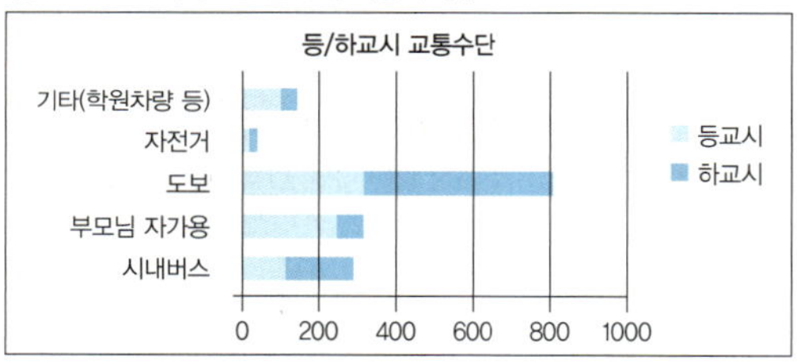

예상과 달리 등하교시에 시내버스를 이용하는 학생 비율이 16.4%로 별로 높지 않았다. 등교할 때는 도보나 부모님의 자가용을 많이 이용하였고, 하교할 때도 도보가 가장 높은 비율을 차지했다.

〈시내버스를 얼마나 자주 이용하니?〉

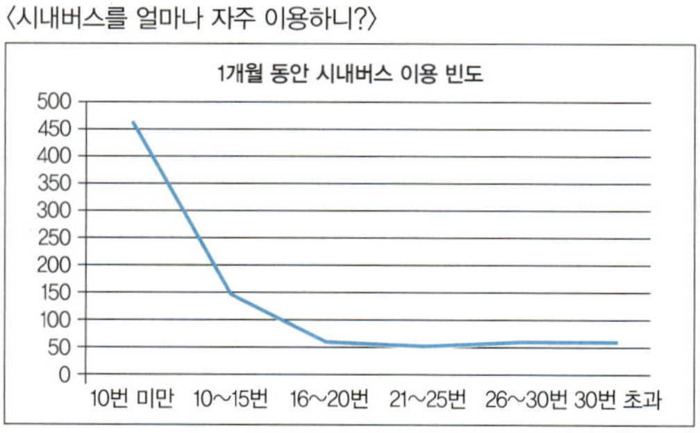

학생들이 시내버스를 얼마나 자주 이용하는지 한 달 평균이용 횟수를 조사한 결과, 등하교시는 물론 평소에도 시내버스를 자주 이용하지 않는 것으로 나타났다. 한 달에 10번 미만으로 이용하는 학생들이 55.6%로 절반 이상을 차지했다. 10~15번, 30번 초과, 25번~30번 순으로 나왔다. 조사를 통해 시내버스를 20번 넘게 이용해야 하는, 먼 거리를 이동하는 학생들도 19.9%정도 있다는 것을 알게 되었다.

〈시내버스에서 무엇을 할까?〉

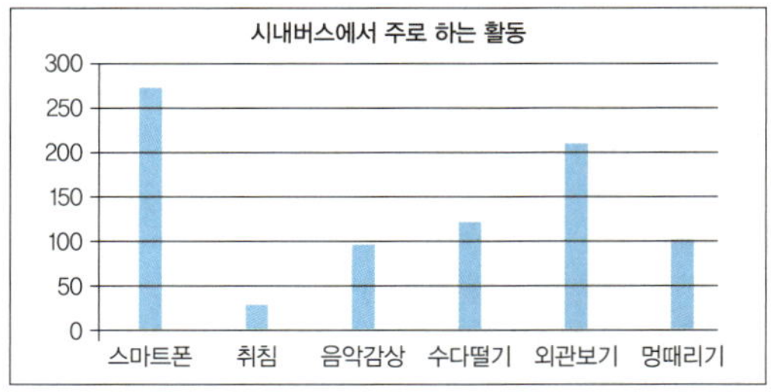

학생들이 시내버스에서 주로 하는 활동은 스마트폰을 하는 학생이 32.9%로 가장 많았고, 외관보기(25.2%), 수다떨기(14.7%), 멍때리기(12.4%), 음악감상(11.6%), 취침(3.1%) 순이었다. 학생들이 시내버스를 타고 이동하는 그 짧은 시간 동안에도 스마트폰을 손에서 놓지 않는다는 것을 알 수 있었다.

〈시내버스의 편리한 점, 불편한 점〉

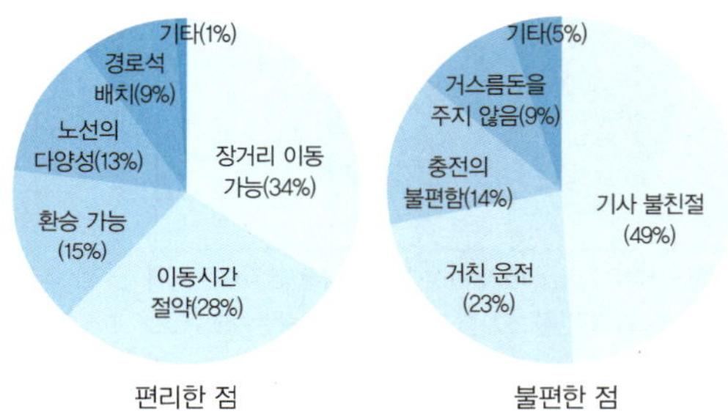

시내버스가 편리한 이유 순으로는 '장거리 이동 가능(34%)>이동시간 절약(28%)>환승 가능(15%)>노선의 다양성(13%)>경로석 배치(9%)>기타(1%)'가 있었다. 불편한 이유의 순으로는 '기사 불친절(49%)>거친 운전(23%)>충전의 불편함(14%)>거스름돈을 주지 않음(9%)>기타(5%)'라고 나왔다.

4. 결론

우리 학교 학생들은 등교할 때는 도보나 자가용을, 하교할 때는 도보로 다니는 수가 가장 많았다. 시내버스를 한 달 평균 10회 미만 이용하는 학생 수가 가장 많아 생각했던 것보다 시내버스를 자주 이용하지 않는다는 것을 알게 되었다. 버스 안에서는 주로 스마트폰을 하며 보낸다는 것을 알게 되었다. 시내버스의 편리한 점은 장거리 이동에 시간이 절약된다는 것이고, 가장 불편한 점은 기사의 불친절과 거친 운전으로 나타났다. 가장 많은 학생들이 불편하다고 지적했던 '기사 불친절'과 '거친 운전'은 탑승자에게 심리적 불안감을 주기 때문에 그만큼 빠른 개선을 필요하다고 생각된다. 따라서 버스 운전기사에 대한 지침이나 규정을 만들어 탑승자들의 안정을 보장해야 한다고 생각한다. 그리고 버스 도착 예정 시간을 미리 알려주는 버스 정보 시스템을 설치하여 시민들에게 편리함을 제공해야 한다.

그림 6.5 사례2: 중학생들과 시내버스

목표에 따라 문제를 설정해야 한다.

예를 들면, 사례2중학생들과 시내버스에서 조사 내용이 중학생들이 시내버스에 대해 어떠한 생각을 갖고 있는지 조사한다고 제시하고 있는데, 무엇을 조사하고자 하는지 불분명하다. 조사 내용을 명확히 하기 위해 '중학생들의 버스 이용 실태 조사' 등으로 기술하는 것이 바람직하다.

- 조작적 정의의 제시

조작적 정의는 사물 또는 현상을 객관적이고 경험적으로 기술하기 위한 정의를 의미한다. 예를 들면, 연구자가 온도를 '수은주에 나타난 눈금'으로 조작적 정의를 내림으로써 온도는 측정할 수 있는 대상이 된다. 또한 연구자가 지능을 'IQ 검사를 통해 획득한 점수'라고 정의내림으로써 지능은 측정 가능한 대상이 된다. 조작적 정의의 제시 여부에 따라 설문 문항이 달라질 수 있고, 설문의 결과 또한 달라질 수 있기 때문에 상황에 따라 서로 다른 의미로 해석될 수 있는 단어에 대해 조작적 정의를 제시하는 것은 문제 설정 단계에서 필수적으로 고려되어야 한다.

예를 들면, 사례1독립, 언제가 좋을까에서 설문의 응답자들이 '독립'을 서로 다른 의미로 해석하게 되면 설문 결과가 무의미하기 때문에 연구자가 독립에 대한 조작적 정의를 제시하는 것이 중요하다. 즉, 단순히 주거의 분리를 독립으로 볼 것인지, 경제적 자립을 독립으로 볼 것인지, 또는 주거의 분리와 경제적 자립 모두가 가능한 경우를 독립으로 볼 것인지 명확히 제시해 주어야 한다.

- 결과에 영향을 미치는 요인의 고려

설정한 문제와 관련하여 결과에 영향을 미치는 요인을 고려해야 한다. 결과에 영향을 미치는 요인을 파악하여 그 요인을 통제하거나 또는 새로운 연구 문제를 제기하는 것이 필요하다.

예를 들면, 사례1독립, 언제가 좋을까에서 학생과 학부모를 대상으로 독립 문제에 관한 인식을 조사하여 비교할 수도 있지만, 독립에 대해 남학생과 여학생의 인식이 다름을 고려하여 학생의 성별을 구분하여 분석할 수 있다. 또한 자녀가 남학생인지 여학생인지에 따라 학부모의 인식에 차이가 있을 수 있으므로 자녀의 성별에 따른 학부모의 인식도 조사하여 분석할 수 있다.

② 자료 수집 단계

자료 수집 단계에서 우리는 모집단을 대표할 수 있는 적절한 표본을 선정할 수 있어야 하며, 문제 해결에 적합한 자료 수집 방법을 사용해야 한다. 또한 학생들은 적절한 표본의 크기에 대해 이해해야 하고, 설문 문항을 구성할 경우 범주를 적절히 구성할 수 있어야 하며, 문제와 상호작용하는 것의 중요성을 이해해야 한다.

표 6.3 자료 수집 단계에서의 핵심 이슈

· 적절한 표집 선정
· 적절한 자료 수집
· 표본 크기 고려
· 범주의 적절성
· 문제와의 상호작용

- 적절한 표집 선정

표본은 모집단을 잘 대표하도록 선정되어야 한다. 설문 응답자를 선정할 때 모집단의 특성을 가장 정확하고 효과적으로 대변할 수 있는 대상을 선정하는 것이 좋다.

예를 들면, 사례1독립, 언제가 좋을까에서 한 학급의 학생이 전체 중학생을 대표하지 못하며, 기숙사 생활을 한 학생들만을 대상으로 조사했기 때문에 전체 중학생을 대표한다고 볼 수 없다. 이는 학생들이 모집단과 표본을 정확히 구분하지 못하기 때문이다. 만약 독립의 문제를 "○○중학교 3학년 4반 학생들이 생각하는 독립, 언제가 좋을까"라고 표현하였다면 모집단 전체를 조사한 전수조사이기 때문에 의미를 가질 수 있다. 하지만 우리나라 중학생 전체를 대표하기 위해서는 지역, 학년, 성별 등을 고려하여 조사 대상을 선정하여야 한다.

조사 대상자를 선정할 때는 응답자가 설문의 내용을 충분히 알고 있는 경우에 대상자로 선정하는 것이 좋다. 사례2중학생들과 시내버스에서 학생들이 시내버스를 자주 이용하지 않기 때문에 학생들의 응답 결과와 실제 버스를 이용하는 중학생들의 생각이 다를 수 있다. 따라서 시내버스를 이용하는 학생들만을 대상으로 조사하는 것이 바람직하다.

- 적절한 자료 수집

자료 수집 방법이 적절한지 생각해보아야 한다. 자료를 수집하는 방법은 크게 실험 및 관찰, 설문 조사, 문헌 조사로 구분할 수 있다. 실험 및 관찰이나 설문 조사와 같이 조사자가 직접 수집한 자료를 1차 자료라고 하며, 문헌 조사와 같이 다른 사람이 조사한 자료를 2차 자료라고 한다. 2차 자료를 사용할 때는 자료의 수집 경로, 조사기관, 조사 기간, 조사항목 등을 확인 후 사용하여야 한다.

설문 조사를 할 경우 주관식과 객관식 설문 조사의 방법적인 측면을 고려해야 한다. 주관식 설문의 경우 그 결과를 일일이 나열하고 분류하는 것이 복잡하며 분석하기 위한 시간이 많이 든다. 게다가 설문 대상자들은 주관식 질문을 선호하지 않는 경향이 많기 때문에 제시된 항목에서 선택할 수 있는 객관식으로 설문을 제시하는 것이 더 적절할 수도 있다.

예를 들면, 사례2중학생들과 시내버스에서 시내버스에서 주로 하는 행동이나 가장 편리한 점과 불편한 점을 주관식으로 묻고 있는데, 이때는 객관식 질문으로 제시하는 것이 더 적절하다.

- 표본 크기 고려

표본의 크기가 충분한지 또는 적절한지를 고려해야 한다. 표본의 크기는 모집단의 크기, 표준오차의 범위 등을 고려하여 계산할 수 있으며 표본의 크기가 클수록 표본오차가 작아지나 표본의 크기가 크면 조사 기간과 비용 등에서 문제가 생길 수 있다. 예를 들면, 사례1독립, 언제가 좋을까에서 학생 수가 적다는 것을 언급할 수 있는데 실제 결과와의 오차를 줄이기 위해 더 많은 표본이 필요할 수도 있다. 사례2중학생들과 시내버스에서는 시내버스를 이용하는 학생 수, 시내버스를 이용하는 빈도수가 작으므로 조사 결과의 신뢰성이 낮다고 볼 수 있다.

표본의 크기를 표현하는 것도 자료 수집 단계에서 고려해야 할 중요한 이슈이다. 표본의 크기를 표현할 경우 표준오차를 이용한 신뢰구간을 계산할 수 있기 때문이다. 하지만 사례1독립, 언제가 좋을까의 경우 표본의 크기가 제시되어 있지 않다.

두 집단을 비교할 때는 표본의 크기를 비슷하게 하거나 일치시키는 것이 좋다. 하지만 교사와 같이 특정 성별의 비율이 높은 경우 모집단의 비율과 비슷하게 표본의 크기를 정해도 된다.

• 범주의 적절성

자료 수집을 위한 객관식 설문 문항에서 범주를 잘 구분하여 보기를 제시하는 것이 중요하다. 보기 항목들의 내용의 적절성 여부를 고려해야 하며 내용의 중복이 없어야 한다. 보기에 기타 항목을 포함시킬 것인지 역시 고려해야 한다.

예를 들면, 사례1독립, 언제가 좋을까에서 적절한 독립 시기에 대한 설문 문항의 보기에서 결혼이 다른 시기와 겹칠 수 있으며 대학교를 진학하지 않는 학생이 있을 수 있으므로 보기를 나이로 제시하는 것이 더 바람직하다. 그리고 스스로 경제 문제를 해결 가능하다는 보기와 스스로 사회생활이 가능하다는 보기는 비슷한 의미를 내포하고 있으므로 하나만 사용하는 것이 좋다. 이유를 묻는 설문 문항에서는 보기 외에 다른 이유가 있을 수 있으므로 '기타'를 포함시키는 것이 좋다.

사례2중학생들과 시내버스에서는 등하교 시 교통수단을 묻는 설문 문항에서 시내버스, 자가용, 도보, 자전거 등 다양한 보기를 제시하기보다는 버스를 이용하는 학생과 그렇지 않은 학생으로만 나누는 것이 더 효과적일 수 있다.

• 문제와의 상호작용

설정한 문제와 관련된 자료를 수집할 수 있도록 설문 문항을 작성해야 한다. 예를 들면, 사례1독립, 언제가 좋을까에서 적절한 독립 시기에 대한 학생들과 학부모들의 생각과 그렇게 생각하는 이유를 조사하고자 하는데, 2번 문항에서 이미 '대학교 입학 후'라는 점을 가정하고 있기 때문에 이 문항은 연구문제를 고려할 때 적절하지 않다.

사례2중학생들과 시내버스에서는 버스 이용 정도를 조사하는 설문 문항인데 시내버스에서 무엇을 하는지를 조사하는 것은 조사 목적과 관련성이 낮다. 그리고 시내버스에 대한 인식 조사가 목적인데 등·하교 방법에 대해 조사하는 것은 조사 목적과 관련성이 낮다.

그 이외에도 설문 조사에서 설문 문항의 순서에 따라 답이 정해지는 경우가 없도록 하여야 하며 설문 문항을 진술할 때 조사자의 의도를 포함하지 않도록 해야 한다. 예를 들면, "당신은 남녀평등을 위해 여자의 군복무를 찬성하십니까?"라는 질문보다는 "당신은 여성의 군복무에 대해 어떻게 생각하십니까?"라고 진술하는 것이 좋다.

③ 자료 분석 단계

자료 분석 단계에서 우리는 자료에 적합한 그래프를 선택하여 표현할 수 있어야 하며, 수치적 표현과 시각적 표현의 필요성을 이해할 수 있어야 한다. 또한, 그래프의 시각적 효과를 고려할 수 있어야 한다.

표 6.4 자료 분석 단계에서의 핵심 이슈

· 그래프 표현의 적절성
· 수치적 표현과 시각적 표현 통합
· 그래프의 시각적 효과의 고려

- 그래프 표현의 적절성

효과적인 자료 분석을 위해 수집된 자료를 어떤 그래프로 나타낼지 선택하는 것이 중요하다. 그래프를 그릴 때 보기 쉽게 나타내고, 도수보다 상대도수로 나타내는 것이 자료 분석에 더 효과적일 때가 있으므로 도수와 상대도수의 적절한 사용 역시 고려해야 한다.

예를 들면, 사례1독립, 언제가 좋을까에서 조사 결과를 나타낼 때 상대도수를 높은 순서부터 제시하면서 색상을 맞춘다면 더욱 효과적인 자료 분석이 가능하다. 또한, 사례2중학생들과 시내버스에서 1개월 동안 시내버스 이용 빈도를 나타내기 위해서는 꺾은선그래프보다 막대그래프가 분석하기에 용이할 수 있다. 등·

하교의 조사 결과가 쌓는형 막대그래프로 제시되어 교통수단의 비교에 오류가 발생할 수 있으므로 나란형 또는 분리형 막대그래프로 제시하는 것이 좋다. 시내버스의 편리한 점과 불편한 점을 원그래프로 나타낼 때 비율이 높은 순서부터 색상을 맞추어 제시하면 효과적일 수 있다.

자료를 그래프로 표현하면 알아보기 쉽다. 다만 자료의 종류나 특징에 맞게 그래프를 적절하게 선택해서 표현해야 그래프를 보는 사람이 제대로 해석할 수 있다. 그래프는 보는 사람이 올바로 해석할 수 있도록 그려야 한다. 그리고 설문 조사 결과를 그래프로 표현할 때 설문 문항의 보기의 배열 순서에 맞게 조사 결과를 나타내는 경우가 많다. 하지만 순서에 의미가 있는 조사 결과라면 빈도또는 비율가 높은 순서부터 제시를 하면서 색상을 맞춘다면 그래프를 보는 사람이 조사 결과를 한눈에 알아보기 쉽다.

• 수치적 표현과 시각적 표현의 통합

자료를 분석할 때 수치와 그래프를 연결하는 것이 필요하다. 막대그래프나 원그래프를 나타낼 때 수치적 표현을 함께 제시함으로써 자료 분석의 정확성을 높이는 효과를 꾀할 수 있다. 그래프를 표현할 때 그래프만 제시하는 경우 한눈에 알아보기는 쉽지만 그래프를 보는 사람이 수치를 제대로 보지 못하여 그래프를 잘못 해석하는 경우가 있다. 그래프를 보는 사람을 위해 그래프와 수치를 함께 제시하면 보는 사람이 그래프를 정확하게 해석하는 데 도움이 된다.

• 그래프의 시각적 효과의 고려

그래프는 자료를 시각적으로 보여주는 효과적인 도구이다. 따라서 그래프에서 세로축과 가로축을 적절하게 조절하여 자료를 의미 있고 보기 편하게 나타내는 것이 중요하다.

예를 들면, 사례2중학생들과 시내버스의 시내버스 이용 빈도 그래프에서 16～20번 이용자 수와 30번 초과 이용자 수 사이의 차이를 시각적으로 제시하려면 세로축의 단위 간격을 조정하는 것이 바람직하다. 또한, 제시된 꺾은선그래프를 히스토그램으로 바꾼다면 계급의 크기가 같도록 도수분포표를 조정하고 히스토그램을 변경해야 한다.

④ 결과 해석 단계

결과 해석 단계에서 우리는 자료에 기초하여 결과를 해석할 수 있어야 하고, 문제 및 맥락과 상호작용할 수 있어야 하며, 자료가 모집단이 아닌 표본임을 고려할 수 있어야 한다.

표 6.5 결과 해석 단계에서의 핵심 이슈

· 자료에 기초한 결과 해석
· 문제와의 상호작용
· 맥락과의 상호작용
· 표본임을 고려한 해석

- 자료에 기초한 결과 해석

자료에 기초한 결과 해석은 비약 없이 자료를 해석하고 결과를 도출하는 것을 의미한다. 예를 들면, 사례1독립, 언제가 좋을까에서 대학교 입학 후에 독립하는 것이 적절하다는 의견에 대해 37%의 학생과 67%의 학부모가 찬성하였는데, 비율의 차이가 크기 때문에 단순히 가장 많은 의견이라는 점을 강조하여 학생과 학부모의 의견이 일치한다고 보는 것은 적절하지 않다. 사례2중학생들과 시내버스에서 분석된 자료에 아무런 관련 내용이 없음에도 불구하고, 시내버스 이용의 불편한 점으로 버스 도착 정보 시스템의 설치를 주장하는 것은 적절하지 않다. 시내버스에서 주로 하는 활동으로 스마트폰을 사용하는 활동이 가장 많이 나왔는데, 이를 두고 '짧은 시간 동안에도 스마트폰을 손에서 놓지 않는다는 것을 알 수 있었다'는 결론을 제시하는 것은 적절하지 않다.

- 문제와의 상호작용

문제와의 상호작용은 설정된 연구문제에 비추어 적절하게 결과를 해석하는 것과 관련된다. 예를 들면, 사례1독립, 언제가 좋을까에서 학생들과 학부모들이 적절하다고 생각하는 독립 시기가 언제이고, 그렇게 생각하는 이유가 무엇인지 조사하는 것이 연구문제임에도 불구하고, 결론에서는 학생과 학부모가 일치되는 결과가 나왔다고 기술하고 있다. 이는 연구문제와 일관성이 약하다고 볼 수 있다.

- 맥락과의 상호작용

맥락과의 상호작용은 맥락에 맞게 결과를 해석하는 것을 의미한다. 예를 들면, 사례2중학생들과 시내버스에서 1개월 동안 시내버스의 이용 빈도 그래프를 보면 시내버스를 20번 넘게 이용하는 학생이 19.9%라는 정보가 나오는데, 이에 대해 '시내버스를 20번 넘게 이용해야 하는 먼 거리를 이동하는 학생들도 19.9% 정도 있다는 것을 알게 되었다'고 결론을 내리고 있다. 하지만 가까운 동일 거리를 반복적으로 이용하는 경우도 있을 수 있기 때문에 이용 빈도가 많다고 해서 먼 거리를 이동하는 것은 아니다.

- 표본임을 고려한 해석

결과를 해석할 때 수집한 자료가 모집단이 아닌 표본임을 고려해야 한다. 예를 들면, 사례1독립, 언제가 좋을까에서 학생들이 생각하는 적절한 시기는 고등학교 입학 후와 대학교 입학 후가 각각 36%와 37%이다. 만약에 표본을 달리 선택했다면 1%의 차이는 얼마든지 바뀔 수 있는 결과이므로 표집을 고려했을 때 의미 있는 차이로 보기 어렵다. 또, 부모님들이 대학교 입학 후가 적절하다고 생각하는 이유에서 인성과 경제문제를 선택한 사람의 수가 1명밖에 차이가 나지 않으므로 부모님들이 경제적 능력을 가장 중요시한다고 결론을 내리는 것은 무리한 해석으로 볼 수 있다.

3) 자료의 요약

자료의 요약은 자료 집단의 특성을 포착하기 위한 필수 과정이다. 자료의 요약은 수치적 요약과 시각적 요약으로 구분된다. 중심경향성을 나타내는 평균, 중앙값, 최빈값, 그리고 퍼짐을 나타내는 범위, 분산, 표준편차 등이 수치적 요약에 해당된다. 표와 그래프는 시각적 요약에 해당된다. 자료 집단의 특성을 올바로 포착하기 위해서는 수치적 요약과 시각적 요약에 대한 통합적 이해가 필요하다. 예를 들어, 대칭이면서 단봉 분포인 경우 평균, 중앙값, 최빈값이 거의 유사해 모두 대푯값으로 적절하지만, 비대칭 분포의 경우 평균은 대푯값으로 적절하지 못하며 중앙값이 가장 적절하다. 대칭이지만 양봉 분포인 경우에는 평균, 중앙값, 최빈값이 유사하더라도 분포에 대한 정보 없이 수치적 요약만으로 자료 집단의 특성을 나타내면 잘못된 판단을 할 수 있다. 따라서 자료 집단의 특성을 올바로 알기 위해서는 수치적 요약과 시각적 요약을 모두 고려해야 한다.

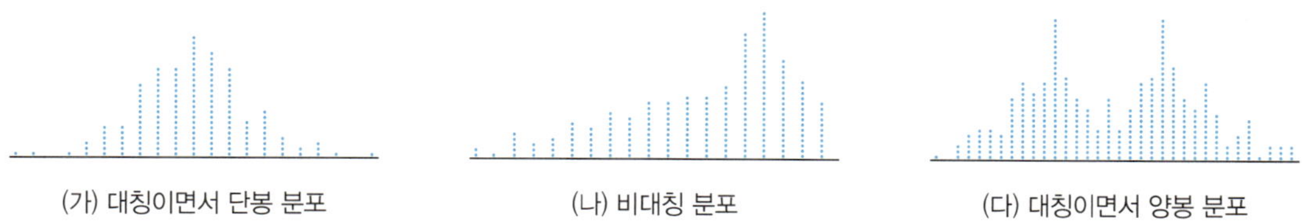

그림 6.6 여러 유형의 분포들(Kader 외, 2013)

그림 6.7은 평균이 5로 모두 동일하지만 서로 다른 분포를 갖는 자료 집합을 보여준다. (가)와 (나)의 표준편차는 각각 3.04와 3.08로 유사하지만, 분포는 서로 다른 형태를 갖는다. 따라서 자료 집단의 특성을 올바로 파악하기 위해서는 대푯값이나 퍼짐에 대한 수치적 요약뿐만 아니라 시각적 요약까지 함께 고려해야 한다.

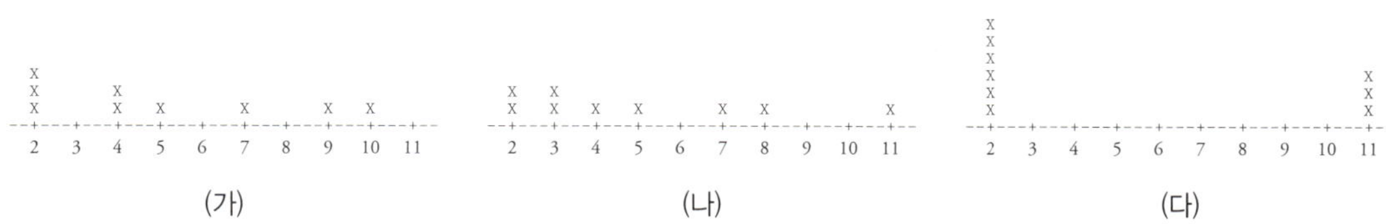

그림 6.7 동일한 대푯값을 갖지만 분포가 서로 다른 자료들

(2) 지도의 실제

자료는 주로 그래프를 이용해 표현한다. 그래프는 우선 이해하기 쉽게 작성되어야 한다. 그래프의 제목, 가로축과 세로축에 대한 설명, 단위 등이 포함되

어 있지 않으면 그래프를 이해하기 어려우므로 그래프는 가급적 완전한 형태로 만들어야 한다.

1) 그림그래프의 지도

① 그림그래프의 의미

조사한 수를 그림으로 나타낸 그래프를 그림그래프라고 한다. 그림그래프를 그리는 방법은 다음과 같다.

- 조사한 자료를 몇 가지 그림으로 나타낼 것인지 정한다.
- 자료를 나타내는 데 알맞은 그림을 정한다.
- 조사한 자료의 수에 맞도록 그림을 그린다.
- 그림그래프에 알맞은 제목을 붙인다.

② 그림그래프의 특징

그림그래프는 구체적인 실물을 본뜬 그림의 크기로 수량을 나타내므로 한눈에 알아보기 쉽고 자세한 설명이 없어도 무엇을 나타내려고 하는지 의미를 알 수 있다. 숫자의 취급에 익숙하지 않은 사람들에게도 이용되어 초등학교 저학년 단계의 학생들에게 통계를 설명하는 데 활용하기에 적합하다. 또한 자세한 숫자가 필요 없을 때, 많은 수량을 비교할 때 편리하다. 그림그래프는 절대적인 양의 비교에 활용되며, 통계 숫자나 추상적인 통계 그래프에 익숙하지 않은

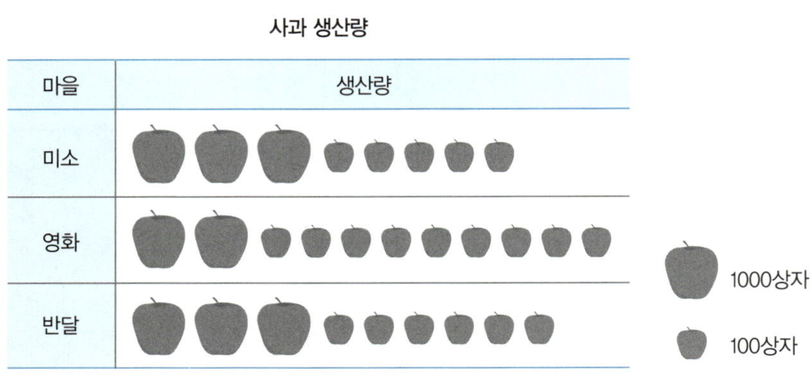

그림 6.8 그림그래프

사람에게도 사용이 가능하다.

2) 막대그래프의 지도

① 막대그래프의 의미

조사한 수를 막대 모양으로 나타낸 그래프를 막대그래프라고 한다. 막대그래프를 그리는 방법은 다음과 같다.

- 가로와 세로 눈금에 나타낼 것을 정한다.
- 세로 눈금 한 칸의 크기와 눈금 수를 정한다.
- 조사한 수에 알맞게 막대를 그린다.
- 그래프에 알맞은 제목을 붙인다.

② 막대그래프의 특징

막대그래프는 자료의 값을 한눈에 비교하기 쉬워서 가장 많이 활용되는 그래프 중의 하나이다. 막대는 크고 작거나 많고 적은 것을 한눈에 살펴보기에 가장 좋다. 때로는 막대그래프를 옆으로 그리기도 하고 막대 대신 그림으로 나타내기도 한다. 또한 막대그래프가 발전되면 누적 막대그래프를 그릴 수도 있다. 누적 막대그래프란 한 막대가 여러 가지 뜻을 가지고 있도록 그린 것이다. 예를 들면 0～14세, 15～64세, 65세 이상의 연도별 인구의 변화를 하나의 막

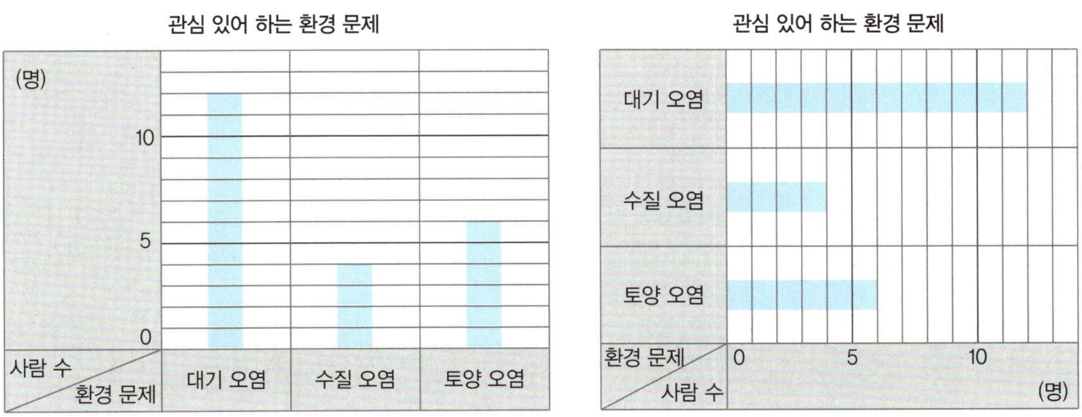

그림 6.9 막대그래프

대그래프로 나타내어서 설명할 때 유용하게 활용되는 그래프이다. 이처럼 막대그래프는 단순한 하나의 막대로 나타내기도 하지만 흥미와 편리함을 위해 다양한 방법으로 나타내기도 한다.

3) 꺾은선그래프의 지도

① 꺾은선그래프의 의미

변화하는 양을 점으로 찍고 그 점들을 선분으로 연결하여 한눈에 알아보기 쉽게 나타낸 그래프를 꺾은선그래프라고 한다. 꺾은선그래프를 그리는 방법은 다음과 같다.

- 가로와 세로 눈금에 나타낼 것을 정한다.
- 물결선으로 나타낼 부분을 정하고 물결선을 그린다.
- 세로 눈금 한 칸의 크기와 눈금 수를 정한다.
- 가로 눈금과 세로 눈금이 만나는 자리에 점을 찍는다.
- 점들을 선분으로 연결한다.
- 그래프에 알맞은 제목을 붙인다.

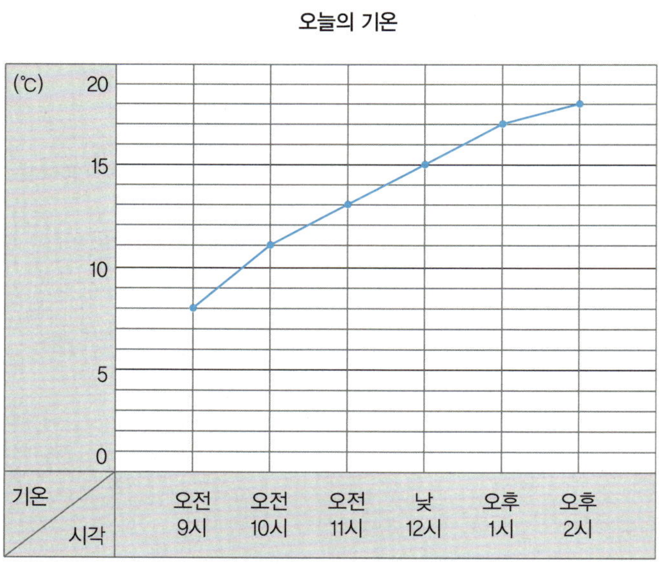

그림 6.10 꺾은선그래프

② 꺾은선그래프의 특징

꺾은선그래프는 연속적인 수의 척도를 같은 간격으로 구분된 구간에 들어가는 수 값이 있을 때 사용된다. 두 가지 관련된 자료 요소를 나타내는 점을 그리고 그 점을 연결하는 선분을 그린다. 꺾은선그래프는 시간에 따른 경향성을 나타내는 데 유용하다. 꺾은선그래프를 그릴 때는 변화의 경향이 잘 드러날 수 있도록 눈금의 크기를 적절히 선택한다. 그리고 변화하는 양의 크기가 작을 때는 변화하는 모습을 뚜렷하게 알기 위해 세로 눈금 한 칸의 크기를 작게 잡고, 필요 없는 부분을 물결선(≈)으로 줄여서 나타낼 수 있다. 예를 들어, 표 6.6은 어느 회사 제품의 월별 판매량을 정리한 것이다.

표 6.6 올해 상반기 가전제품 판매량 (단위: 만 개)

월	1월	2월	3월	4월	5월	6월
판매량	170	171	173	176	179	180

위의 표를 알아보기 쉽도록 그림 6.11과 같이 나타낼 수 있다. 같은 자료인데도 왼쪽 그래프는 월별 판매량의 변화가 크지 않은 것처럼 보이지만 오른쪽 그래프는 월별 판매량이 크게 증가한 것처럼 보인다.

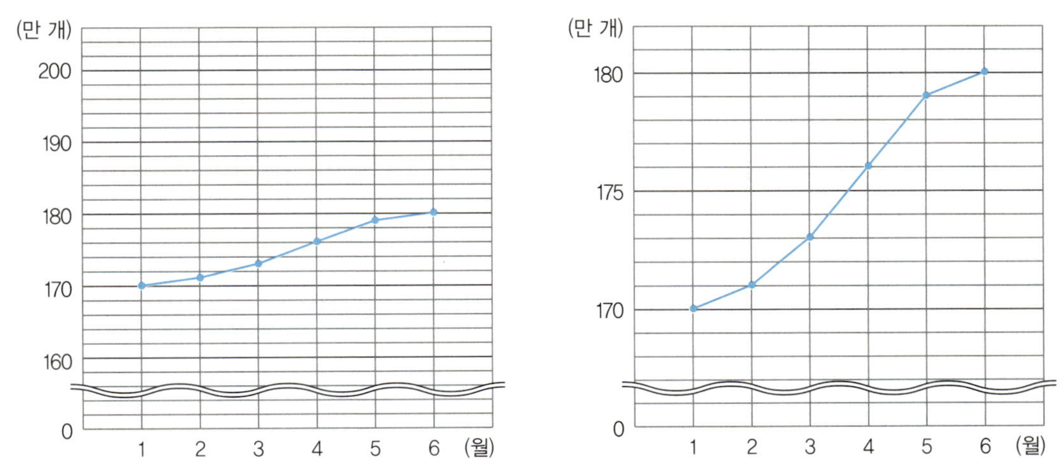

그림 6.11 올해 상반기 가전제품 판매량의 변화

4) 띠그래프의 지도

① 띠그래프의 의미

전체에 대한 각 부분의 비율을 띠 모양으로 나타낸 그래프를 띠그래프라고 한다. 띠그래프를 그리는 방법은 다음과 같다.

- 자료를 보고, 각 항목의 백분율을 구한다. 이때 백분율의 합계가 100%인지 꼭 확인한다.
- 각 항목들이 차지하는 백분율의 크기만큼 선을 그어 띠를 나눈다.
- 나눈 각 부분에 각 항목의 이름을 쓴 다음 ( ) 안에 백분율을 쓴다.
- 띠그래프의 이름을 붙인다.

② 띠그래프의 특징

띠그래프는 비율그래프의 한 종류이다. 그림 6.12의 띠그래프에서는 100%를 20칸으로 나누었기 때문에 한 칸은 100÷20 = 5(%)임을 알 수 있다. 산소공급은 30%이므로 6칸을 차지해야 한다. 띠그래프는 전체에 대한 각 부분의 비율을 한눈에 알아보기 쉬울 뿐만 아니라 각 항목끼리의 비율도 쉽게 비교할 수 있다. 길이로 비율을 나타내므로 보기 쉽고 읽기 쉬우며 그리기 또한 용이하다.

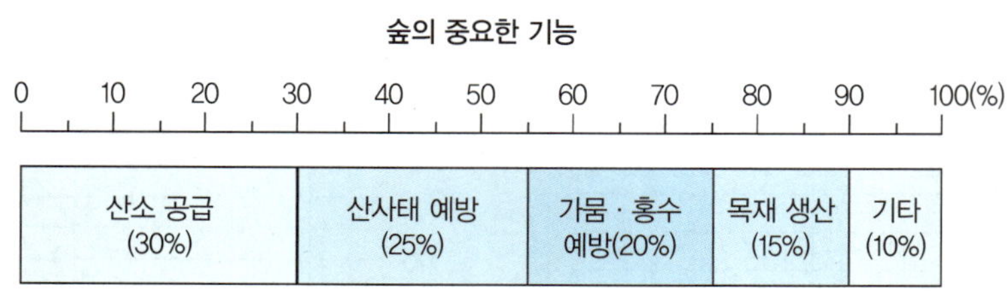

그림 6.12 띠그래프

5) 원그래프의 지도

① 원그래프의 의미

전체에 대한 각 부분의 비율을 원 모양으로 나타낸 그래프를 원그래프라고 한다. 원그래프를 그리는 방법은 다음과 같다.

- 각 항목이 차지하는 백분율을 구한다. 이때 백분율의 합계가 100%인지 확인한다.
- 각 항목들이 차지하는 백분율의 크기만큼 선을 그어 원을 나눈다.
- 나눈 원의 각 부분에 각 항목의 이름을 쓴 다음, ( ) 안에 백분율을 쓴다.
- 원그래프의 이름을 붙인다.

② 원그래프의 특징

원그래프도 비율그래프의 한 종류이다. 원그래프는 원 모양을 각 항목의 비율만큼 분할하여 나타낸 것이다. 원그래프를 그리려면 띠그래프처럼 먼저 각 항목별로 백분율을 구해야 한다. 원은 한 바퀴가 360°이므로 한 칸의 중심각의 크기는 360°÷20 = 18°가 된다. 그러나 초등학교에서는 원의 중심각을 구하는 대신 그림 6.13의 원그래프에서처럼 원주를 등분하여 제시한다. 원을 20칸으로 나누었으므로 띠그래프처럼 한 칸은 18%이다. 오렌지의 경우 4칸을 차지하므로 중심각의 크기가 18°×4 = 72°이다. 원그래프도 띠그래프와 마찬가지로 전체에 대한 각 부분의 비율을 한눈에 알아볼 수 있고, 각 항목끼리의 비율도 쉽게 비교할 수 있다. 원그래프를 그릴 때는 백분율의 크기가 큰 순서대로 나타내면 좀 더 알아보기가 쉽다.

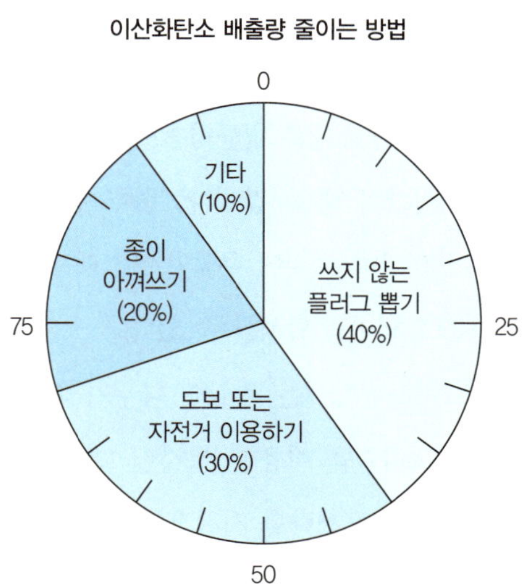

그림 6.13 원그래프

6) 평균의 지도

평균은 중앙값, 최빈값과 함께 대푯값을 나타내는 통계량이다. 초등학교 수학에서는 5-2단계에서 평균만을 다루고 있다. 평균은 그림 6.14에서와 같이 두 모둠 중 어느 모둠이 더 잘했는지 비교하기 위해 모둠의 기록을 대표하는 값을 어떻게 정하면 좋은지 생각해보는 활동을 거쳐 전체를 더한 합계를 자료의 수로 나눈 것으로 정의한다. 즉 "연수네 모둠의 투호 기록 5, 6, 4, 5를 모두 더해 자료의 수 4로 나눈 수 5는 연수네 모둠의 투호 기록을 대표하는 값으로 정할 수 있습니다. 이 값을 평균이라고 합니다."와 같이 정의한다.

연수네 모둠이 넣은 화살 수

이름	넣은 화살 수(개)
연수	5
승규	6
준기	4
진주	5

슬기네 모둠이 넣은 화살 수

이름	넣은 화살 수(개)
슬기	6
지혜	3
석진	0
성혁	7
다현	4

그림 6.14 두 모둠의 화살 수

초등학교에서는 평균의 알고리즘 지도에 초점을 맞추지 말고 비형식적이고 직관적인 개념을 토대로 평균의 의미를 탐색하도록 지도한다. 예를 들어, '하루 평균 게임 시간이 약 2시간이다', '하루 평균 수면 시간이 약 8시간이다'라고 할 때 평균이 의미하는 것이 무엇인지에 대해 토론함으로써 평균 알고리즘을 배우기 전에 그 의미를 탐색할 수 있다.

평균의 지도 전략에는 '똑같이 나누기'와 '균형점 찾기'가 있는데, 교과서에서는 평균 알고리즘을 이용한 '똑같이 나누기' 전략을 이용하고 있다. 그림 6.15는 똑같이 나누기 전략을 시각적으로 표현한 것으로, 시각적인 접근은 학생들의 이해를 돕는다.

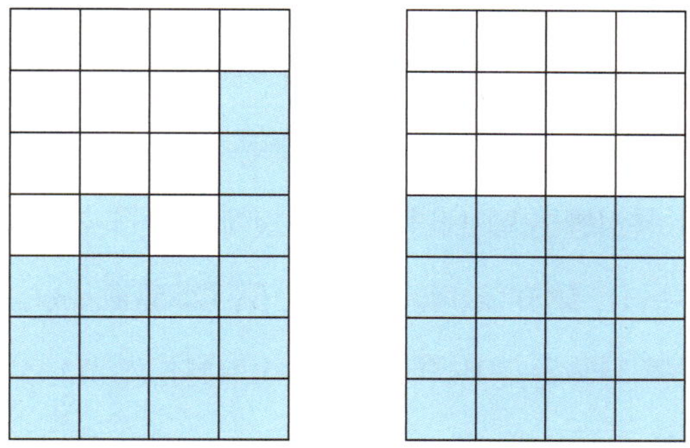

그림 6.15 시각적으로 표현한 평균의 의미

학생들이 오개념을 보이는 평균의 성질에는 다음과 같은 것이 있다.

- 평균은 최솟값과 최댓값 사이에 있다. 예를 들면, 우리 학급 학생들의 몸무게의 평균은 몸무게가 가장 큰 학생과 가장 작은 학생의 값 사이에 존재한다.
- 평균은 자료 중의 어느 하나와 반드시 일치하는 것은 아니다. 예를 들어, 1, 4, 4의 평균은 3이다.
- 평균은 추상적인 값이다. 예를 들어, '가족당 평균 자녀 수가 1.8명이다'와 같이 평균은 그에 대응하는 대상이 실제적으로 존재하는 것은 아니다.
- 평균을 계산할 때 0이 있다면 반드시 고려해야 한다. 예를 들어, 일주일에 게임을 하는 평균 시간을 계산할 때, 게임을 하지 않은 요일도 반드시 포함해야 한다.

3. 가능성: 확률

(1) 이론적 배경

확률은 형식적인 수학적 개념으로, 확률 개념에 대응하는 비형식적 개념이 가능성이다. 우연과 무작위성이라는 아이디어를 다루는 확률 개념은 가능성을 수량화하는 경험을 통해 발달해 왔다. 예를 들어, 과거 사람들은 주사위 세 개를 던져 나온 눈의 수의 합에 내기를 걸었다. 눈의 수의 합이 3부터

18까지로 16가지이지만 가장 큰 값과 가장 작은 값은 거의 나오지 않고 11이나 12와 같은 중간에 있는 값들은 자주 나오기 때문에 16가지에 대해 가능성이 같지 않다고 생각했다. 그런데 사람들은 주사위 세 개를 던져 나온 눈의 수의 합 가운데 어떤 특정한 경우들은 나올 가능성이 같은데, 전문 도박사들이 항상 특정한 수에 내기를 거는 것에 의문을 가졌다. 예를 들면, 11이 나오는 경우는 (1, 5, 5), (1, 4, 6), (2, 6, 3), (2, 5, 4), (3, 5, 3), (4, 4, 3)로 6가지, 그리고 12가 나오는 경우 역시 (1, 6, 5), (2, 6, 5), (2, 5, 5), (3, 6, 3), (3, 5, 4), (4, 4, 4)로 6가지인데 왜 전문 도박사들은 항상 11에 내기를 거는지 궁금해했다. 주사위 세 개의 눈의 합이 11과 12인 경우는 모두 겉보기 경우의 수가 6가지로 동일하여 나올 가능성이 같은 것처럼 보이지만, 실제 경우의 수는 각각 27과 25로 분명히 다르다. 제아무리 도박사라 해도 $\frac{25}{216}$의 가능성과 $\frac{27}{216}$의 가능성을 자신의 경험만으로 구별하는 것은 거의 불가능했을 것이다. 아마도 수백 년에 걸쳐 누적된 선배 도박사들의 경험이 도박사들 사이에 계속적으로 누적되어 왔을 것이다. 갈릴레오는 이러한 도박사들의 선택을 설명하기 위해 주사위 세 개에서 나오는 눈의 수에 순서를 고려하는 현대적인 방법에 따라 정확한 답을 구하였다.

주사위 2개와 3개에 대한 문제는 카르다노와 갈릴레이에 의해 해결되었다. 그 이상의 주사위에 대한 문제는 매우 복잡한데 몽모르는 많은 노력 끝에 2~9개의 주사위를 이용했을 때 눈의 수의 합의 분포표를 만들었다. 그림 6.17은 두 개의 주사위를 이용했을 때 눈의 수의 합에 대한 분포표이다. 이 이원표는 첫 번째 주사위의 눈의 수와 두 번째 주사위의 눈의 수를 연속적으로 결합해서 얻어지는 36가지의 경우의 수에 대한 분포를 나타낸다. 각각의 열에 있는 경우의 수를 더하면 각각의 합에 대한 경우의 수를 얻게 된다. 주사위 2~9개에 대한 몽모르의 이러한 발견은 중심극한정리를 설명하는 최초의 수치적인 예가 된다.

그림 6.18은 몽모르가 주사위 1, 2, 4, 8개를 사용했을 때 주사위 눈의 합에 대한 분포표를 그래프로 나타낸 것이다. 이와 같이 무작위 사건이 분포와 연결되면서 무작위성은 단지 각각의 자료가 아니라 자료집합 전체가 갖는 특성으로 이론화되었다.

도박사들의 주사위 세 개를 이용한 내기와 이에 대한 갈릴레오 및 몽모르의 접근을 살펴보면 가능성 개념이 자료, 분포, 큰 수의 법칙과 같은 다양한 아이디어와 연결되어 있음을 알 수 있다. 즉, 가능성 개념에 대한 학습은 관찰이나 실험을 통한 자료 수집 활동과 연결되어야 하며, 또한 자료의 분포를

11의 겉보기 경우의 수	실제 경우의 수
(1, 5, 5)	3가지
(1, 4, 6)	6가지
(2, 6, 3)	6가지
(2, 5, 4)	6가지
(3, 5, 3)	3가지
(4, 4, 3)	3가지
총 6가지	총 27가지

12의 겉보기 경우의 수	실제 경우의 수
(1, 6, 5)	6가지
(2, 6, 5)	6가지
(2, 5, 5)	3가지
(3, 6, 3)	3가지
(3, 5, 4)	6가지
(4, 4, 4)	1가지
총 6가지	총 25가지

그림 6.16 주사위 눈의 합에 대한 경우의 수

	2	3	4	5	6	7	8	9	10	11	12
	1	2	3	4	5	6					
1	1	1	1	1	1	1					
2		1	1	1	1	1	1				
3			1	1	1	1	1	1			
4				1	1	1	1	1	1		
5					1	1	1	1	1	1	
6						1	1	1	1	1	1
경우의 수	1	2	3	4	5	6	5	4	3	2	1

그림 6.17 주사위 눈의 수의 합에 대한 몽모르의 분포표(Hald, 2003)

통해 가능성을 탐색하는 활동과 연결되어야 함을 확률 개념의 발달 과정은 보여준다.

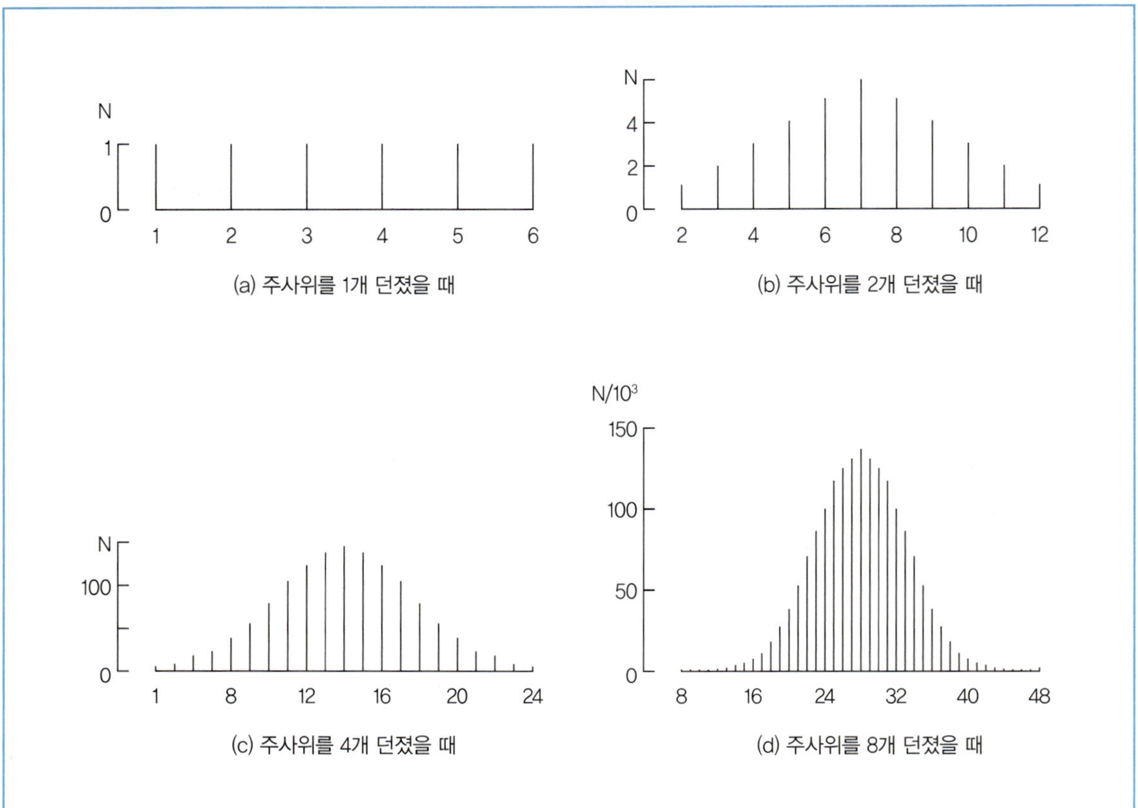

그림 6.18 주사위 눈의 수의 합에 대한 확률분포(Hald, 2003)

(2) 지도의 실제

확률 개념은 중학교에서 다루지만, 확률 개념의 기초가 되는 '일이 일어날 가능성'은 초등학교에서 다룬다. 초등수학 5-2단계에서는 '가능성은 어떠한 상황에서 특정한 일이 일어나길 기대할 수 있는 정도를 말한다. 가능성의 정도는 불가능하다, ~이 아닐 것 같다, 반반이다, ~일 것 같다, 확실하다 등으로 표현할 수 있다.'로 소개된다. 먼저 생활 속의 예를 통해 사건이 일어날 가능성의 정도를 불가능하다, ~이 아닐 것 같다, 반반이다, ~일 것 같다, 확실하다와 같은 일상 언어로 표현하도록 한다. 이어서 그림 6.19와 같은 회전판을 이용하여 가능성을 0, 1/2, 1의 수로 표현하도록 지도한다. (가), (나), (다) 회전판에서 화살이 검은 부분에 멈출 가능성은 각각 0, 1/2, 1이다.

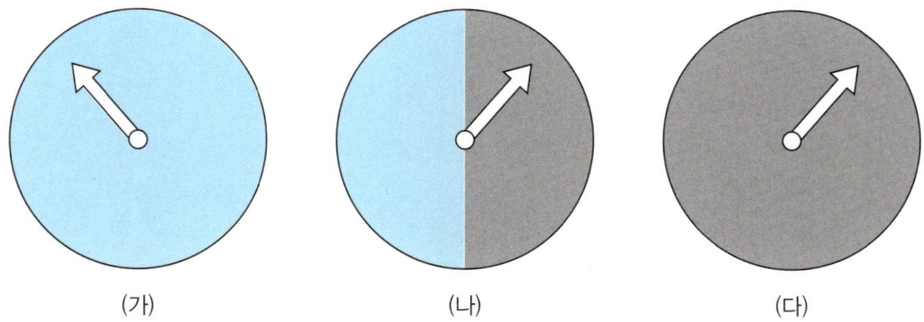

그림 6.19 가능성이 서로 다른 회전판

2015 개정 초등수학과 교육과정

자료와 가능성 영역

초등학교 1~2학년

자료의 분류와 정리는 중요한 통계 활동이다. 다양한 자료를 분류하고 정리함으로써 미래를 예측하고 합리적인 의사 결정을 하는 민주 시민으로서의 기본 소양을 기를 수 있다.

[1] 분류하기

· 교실 및 생활 주변에 있는 사물들을 정해진 기준 또는 자신이 정한 기준으로 분류하여 개수를 세어보고, 기준에 따른 결과를 말할 수 있다.

[2] 표 만들기

· 분류한 자료를 표로 나타내고, 표로 나타내면 편리한 점을 말할 수 있다.

[3] 그래프 그리기

· 분류한 자료를 ○, ×, ／ 등을 이용하여 그래프로 나타내고, 그래프로 나타내면 편리한 점을 말할 수 있다.

(가) 학습 요소

- 표, 그래프

(나) 교수·학습 방법 및 유의 사항

- 분류하기에서는 학생들이 실생활에서 친근하게 느낄 수 있는 소재를 활용한다.
- 기준을 정하여 분류할 때 학생들이 정한 다양한 기준을 존중하되, 분명하지 않은 기준일 경우에는 분류하는 것이 어려움을 인식하게 한다.
- 표를 만들 때 자료가 중복되거나 빠지지 않도록 세어보는 방법을 함께 지도한다.
- 표와 그래프로 나타내기는 생활 주변에 있는 자료들을 활용하되, 그 기준이 분명하

고 간단한 것을 다룬다.

- 자료와 가능성 영역의 문제 상황에 적합한 문제 해결 전략을 지도하여 문제 해결 능력을 기르게 한다.

(다) 평가 방법 및 유의 사항

- 분류하기를 평가할 때 학생들의 수준에 비해 어려운 분류 대상이나 분류 기준을 사용하지 않는다.

초등학교 3~4학년

자료의 수집, 분류, 정리, 해석은 통계의 주요 과정이다. 다양한 자료를 수집, 분류, 정리, 해석함으로써 미래를 예측하고 합리적인 의사 결정을 하는 민주 시민으로서의 기본 소양을 기를 수 있다.

[1] **자료의 정리**

- 실생활 자료를 수집하여 간단한 그림그래프나 막대그래프로 나타낼 수 있다.
- 연속적인 변량에 대한 자료를 수집하여 꺾은선그래프로 나타낼 수 있다.
- 여러 가지 자료를 수집, 분류, 정리하여 자료의 특성에 맞는 그래프로 나타내고, 그래프를 해석할 수 있다.

(가) 학습 요소

- 그림그래프, 막대그래프, 꺾은선그래프

(나) 교수·학습 방법 및 유의 사항

- 그래프로 나타내면 자료의 특성을 알아보는 데 편리함을 설명하게 한다.
- 꺾은선그래프를 그릴 때 변화의 경향이 잘 드러날 수 있도록 눈금의 크기를 적절히 선택하게 한다.
- 간단한 그림그래프, 막대그래프, 꺾은선그래프의 특성을 비교하여 자료의 특성에 맞는 그래프로 나타내게 한다.
- 자료와 가능성 영역의 문제 상황에 적합한 문제 해결 전략을 지도하고, 문제 해결 과정을 설명하게 하여 문제 해결 능력을 기르게 한다.

(다) 평가 방법 및 유의 사항

- 꺾은선그래프에서는 변화의 경향을 파악하는지에 중점을 두어 평가한다.

초등학교 5~6학년

자료의 수집, 분류, 정리, 해석은 통계의 주요 과정이고, 사건이 일어날 가능성을 수치화하는 경험은 확률의 기초가 된다. 다양한 자료를 수집, 분류, 정리, 해석하고, 생활 속의 가능성을 이해함으로써, 미래를 예측하고 합리적인 의사 결정을 하는 민주 시민으로서의 기본 소양을 기를 수 있다.

1 평균

· 평균의 의미를 알고, 주어진 자료의 평균을 구할 수 있으며, 이를 활용할 수 있다.

2 자료의 정리

· 실생활 자료를 그림그래프로 나타내고, 이를 활용할 수 있다.
· 주어진 자료를 띠그래프와 원그래프로 나타낼 수 있다.
· 자료를 수집, 분류, 정리하여 목적에 맞는 그래프로 나타내고, 그래프를 해석할 수 있다.

3 가능성

· 실생활에서 가능성과 관련된 상황을 '불가능하다', '~아닐 것 같다', '반반이다', '~일 것 같다', '확실하다' 등으로 나타낼 수 있다.
· 가능성을 수나 말로 나타낸 예를 찾아보고, 가능성을 비교할 수 있다.
· 사건이 일어날 가능성을 수로 표현할 수 있다.

(가) 학습 요소

- 평균, 띠그래프, 원그래프, 가능성

(나) 교수·학습 방법 및 유의 사항

- 평균을 구하는 방법뿐만 아니라 그 의미를 직관적으로 파악하게 한다.
- 띠그래프와 원그래프를 지도할 때 신문, 인터넷 등에 있는 표나 그래프를 소재로 활용할 수 있게 한다.
- 원그래프를 그릴 때는 눈금이 표시된 원을 사용하게 한다.

- 복잡한 자료의 평균이나 백분율을 구할 때 계산기를 사용하게 할 수 있다.
- 막대그래프, 꺾은선그래프, 그림그래프, 띠그래프, 원그래프의 특성을 비교하여 목적에 맞는 그래프로 나타내게 한다.
- 가능성을 수로 표현할 때 0, $\frac{1}{2}$, 1 등 직관적으로 파악되는 경우를 다룬다.
- 자료와 가능성 영역의 문제 상황에서 문제 해결 전략 비교하기, 주어진 문제에서 필요 없는 정보나 부족한 정보 찾기, 조건을 바꾸어 새로운 문제 만들기, 문제 해결 과정의 타당성 검토하기 등을 통하여 문제 해결 능력을 기르게 한다.

(다) 평가 방법 및 유의 사항

- 평균을 구하는 것뿐만 아니라 평균이 사용된 상황에서 그 의미를 파악하는지 평가한다.

[참고문헌]

고은성, 강현영, 신보미, 김은하, 정승호, 홍창섭, 지영명, 이자미, 하병수, 탁병주(2018). 실용통계 교육을 위한 교사용 가이드북. 한국과학창의재단.

고은성, 박민선(2017). 통계적 문제해결 지도를 위한 예비초등교사들의 통계적 소양 조사 연구. 학교수학, 19(3), 443－459.

고은성, 이경화(2010). 예비교사들의 무작위성 개념 이해 조사. 학교수학, 12(4), 455－471.

김성준, 김수환, 신준식, 이대현, 이종영, 임문규, 정은실, 최창우(2013). 초등학교 수학과 교재연구와 지도법. 서울: 동명사.

방정숙, 김상화, 박금란(2005). 초등교사의 수학과 교수법적 내용 지식 정립을 위한 교수학습 자료 개발. KRF－2005－030－B00045.

한국통계교육진흥원(2014). 제15회 전국학생통계활용대회 수상작품집. 한국통계진흥원.

한국통계교육진흥원(2015). 제16회 전국학생통계활용대회 수상작품집. 한국통계진흥원.

Friel, S. N. (1998). Teaching statistics what's average? In L. J. Morrow (Ed.), The teaching and learning of algorithms in school mathematics (1998 yearbook, pp.208－217). Reston, VA: National Council of Teacher of Mathematics.

Hald, A. (2003). *History of probability and statistics and their applications before 1750.* Hoboken, NJ: John Wiley & Sons.

Hare, C., Hoerl, R., Hromi, J., & Snee, R. (1995). The role of statistical thinking in management. *Quality Progress*, 28(2), 53－60.

Kader, G. D., Jacobbe, T., Wilson, P. S., & Zbiek, R. M. (2013). *Developing essential understanding of statistics for teaching mathematics in grades 6-8.* Reston, VA: National Council of Teachers of Mathematics.

GAISE(2005). *Guidelines for assessment and instruction in statistics education (GAISE) report: A curriculum framework for PreK-12 statistics education.* The American Statistical Association (ASA).

Moore, D. S. (1990). Uncertainty. In L. A. Steen (Ed.), *On the shoulders of giants* (pp. 95–137). Washington, DC: National Academy Press.

Moore, D. S. (1992). Teaching statistics as a respectable subject. In F. S. Gordon & S. P. Gordon (Eds.), *Statistics for the twenty-first century,* (MAA Notes, #26, pp. 14–25). Mathematical Association of America.

Moore, D. S. & Cobb, G. W. (2000). Statistics and Mathematics: Tension and Cooperation. *The American Mathematical Monthly*, 107(7), 615–630.

Pfannkuch, M. (2005). Thinking tools and variation. *Statistics Education Research Journal*, 4(1), 83–91.

Pfannkuch, M. & Wild, C. J. (2004). Towards an understanding of statistical thinking. In D. Ben-Zvi & J. Garfield (Eds.), *The challenge of developing statistical literacy, reasoning, and thinking* (pp.17–46). Dordrecht, The Netherlands: Kluwer Academic Publishers.

Reading, C. & Shaughnessy, J. M. (2004). Reasoning about variation. In D. Ben-Zvi & J. Garfield (Eds.), *The challenge of developing statistical literacy, reasoning, and thinking* (pp.201–226). Dordrecht, The Netherlands: Kluwer Academic Publishers.

Rossman, A., Chance, B., & Medina, E. (2006). Some important comparisons between statistics and mathematics, and why teachers should care. In G. F. Burrill & P. C. Elliott (Eds.), *Thinking and reasoning with data and chance: Sixty-eighth yearbook* (pp.323–333). Reston, VA: NCTM.

Stigler, S. M. (2002). 통계학의 역사. (조재근 역). 서울: 한길사. (영어 원작은 1986년 출판)

Torok, R. & Watson, J. (2000). Development of the concept of statistical variation: An exploratory study. *Mathematics Education Research Journal*, 12(2), 147–169.

Wild, C. J. & Pfannkuch, M. (1999). Statistical thinking in empirical enquiry. *International Statistical Review*, 67(3), 223–265.